晚清厘金
与中国早期现代化建设

杨华山　著

人民出版社

责任编辑:马长虹

装帧设计:雅思雅特

图书在版编目(CIP)数据

晚清厘金与中国早期现代化建设/杨华山 著.
-北京:人民出版社,2011.11
ISBN 978－7－01－009874－6

Ⅰ.①晚⋯　Ⅱ.①杨⋯　Ⅲ.①厘金制度-经济史-研究-中国-清后期
Ⅳ.①F812.952

中国版本图书馆 CIP 数据核字(2011)第 077990 号

晚清厘金与中国早期现代化建设

WANQING LIJIN YU ZHONGGUO ZAOQI XIANDAIHUA JIANSHE

杨华山　著

人民出版社 出版发行
(100706　北京朝阳门内大街166号)

北京集惠印刷有限责任公司印刷　新华书店经销

2011 年 11 月第 1 版　2011 年 11 月北京第 1 次印刷
开本:710 毫米×1000 毫米 1/16　印张:16
字数:250 千字　印数:0,001-3,000 册

ISBN 978－7－01－009874－6　定价:38.00 元

邮购地址 100706　北京朝阳门内大街 166 号
人民东方图书销售中心　电话 (010)65250042　65289539

序

　　杨华山教授在其博士论文基础上经多年增补、修改而撰成的专著《晚清厘金与中国早期现代化建设》即将付梓出版了，在祝贺之余，作为他曾经的"导师"，我觉得实有必要写几句话，向广大读者作一简要推介。

　　厘金问题，是中国近代历史研究的一个老课题，研究成果亦不在少数，尤其罗玉东先生的《中国厘金史》在此领域的研究中，可谓最为详备，不仅考察了厘金制度的源流、演变，而且分述了各省厘金征收及支出的详细情况，尤其依据大量第一手资料胪列出的详细统计数据及大量表格，更使后人望尘莫及，必须在研究中大量引用，高度重视。

　　但是，类似厘金这样的前人研究较多的"老问题"，是否就没有进一步研究的价值了呢？答案是否定的。历史是丰富多样、千姿百态的，任何前人的研究都会留有不足和遗憾，不可能穷尽一切资料和问题，这就为后续的研究提供了空间和可能。诚如杨著的分析，罗玉东先生的大著虽然资料详备，条分缕析，但在理论分析和深度上似还留有缺陷，另因主要只写到晚清，所以基本上是一本晚清厘金史。而其他学者的论著也多是从财政史的角度研究厘金问题，远未解决厘金制度所包含的所有问题。

　　"老问题"还是可以实现新突破的。而要在"老问题"上做出创新性的研究，最根本的有两点：要么有新的材料予以补充，要么有从新的视角进行阐发，得出与前人不同的新结论，由此方能体现学术的进步。杨著虽然在材料上依据新近出版的商会档案等有所补充，但更主要是从新的视角出发，提出了若干新的问题和见解，我以为这是杨著的主要学术贡献。

通常认为，"厘金"是晚清的一项"苛政"，早该予以革除，所谓："厘税之苛虐，关卡之刁难，实商人切肤之痛耳"。但这项"苛政"为何从1853年（咸丰三年）开征，到1930年底废除，前后竟延续了77年之久！其间虽"裁厘"之声不绝，方案层出不穷，但厘金制度却依然故我，尤其在北洋军阀混战时期，甚至变本加厉，愈演愈烈。对个中奥秘，杨著独树一帜，以现代化过程中一柄犀利的"双刃剑"的理论解之。

杨著认为，厘金虽然是因应清政府镇压太平军起义的临时筹饷举措，但旋即作为洋务运动的资金来源之一而大力举办，无论是在中央财政还是地方政府支出，厘金都参与了早期现代化的建设，成为早期现代化资本原始积累的重要组成部分。从这一意义而言，厘金的产生有其一定的必然性和合理性。"以往的研究主要集中于对厘金弊窦的揭露与抨击，没有从厘金于资本积累的积极功用上作深入研究。"

我不敢保证杨著的见解就一定正确，但他至少提出了一种新思路，使我们能更深入地思考为什么厘金在不断的"裁废"声浪中能如此长久的存在。这是否真与中国近代不同于西方的"资本原始积累"方式有关？其实，在中国近代特殊的历史环境下，许多西方认为合理的、理性的制度，必须经过"变异"之后方能移植于中国，不"合理"但却"合情"的现象，在近代中国可谓屡见不鲜。如过去我们就曾注意到，在近代企业制度史研究中，一些非常"西化"、"现代化"的企业（如穆藕初按西方科学管理方法经营的棉纺织企业），其实际经营业绩和后劲，有时反倒不如不那么"西化"和"现代化"的家族式企业（如著名的荣氏兄弟企业）。这是否意味着，在中国本身就不那么现代化的环境之中，未臻充分现代化的形式，即"不完全的西化"，可能反倒是最适用的形式。这也提醒我们，在制度变迁史研究中，有时非理性的制度往往能"合情"地存在，"存在的即是合理的"。对厘金制度，作为研究者，我们与其跟着去谴责它的种种不合理和遗害无穷，不如更客观、理性地分析它之所以能长时期存在的各种理由和社会环境。在这方面，杨著同样给我们诸多的启示。

我另外想说的一点，是在治学态度的严谨上，杨著同样可以给一些更年轻的学者以启示。我们常说"十年磨一剑"，一本学术专著的写成到出版应当有一个适当长的周期，以便对自己的学术成果进行反复的提炼与思考，最终奉献给读者成熟的学术精品。我也时常劝一些博士学位获得者，要对自己的博士论文花费较长的时间进行反复的推敲、补充和修改，然后再拿去出版。学问是慢功出细活，千万不要以一种"只争朝夕"的态度，"赶"字当头，急匆匆地写，急匆匆地出，否则会留下许多无法弥补的学术遗憾。这些话，华山至少是听进去了，从他 2000 年博士毕业至今，已整整过去了 11 个年头，期间经过反反复复的修改和不断进行补充，才有了今天这本专著。相比起他当初的博士论文，眼下这本专著已显然成熟许多，避免了很多"硬伤"。我还是相信那句话："流水不争先"，只要是金子总会发光。"文如其人"、"学如其人"，做学问与做人之间存在一致性，只有做好了人，才能真正做好学问，治学始自做人。让我们常以此共勉吧！

马　敏

2011 年 6 月 3 日于新迁之"淡泊斋"

目 录

MuLu

导　论

一、选题旨趣

　　按照马克思主义政治经济学的基本原理,现代资本主义大工业的产生首先必须具备两个不可缺少的基本条件,其一是资本原始积累的完成,大量货币财富在少数人手中积累,他们有可能和条件进行大规模的资本主义工业投资和生产。其二是失去生产资料的自由劳动者的普遍出现,他们虽有人身自由,但由于没有生产资料和生活资料,为了生存被迫受雇于资本家,出卖自己仅有的劳动力。没有资本的原始积累,就不可能有现代资本主义生产方式的产生、发展和壮大。"资本积累以剩余价值为前提,剩余价值以资本主义生产为前提,而资本主义生产又以商品生产者握有较大量的资本和劳动力为前提。因此,这整个运动好像是在一个恶性循环中兜圈子,要脱出这个循环,就只有假定在资本主义积累之前有一种'原始'积累(亚当·斯密称为'预先积累'),这种积累不是资本主义生产方式的结果,而是它的起点。"①

　　无论是内源型(或曰"内生型"、"源发型"等)现代化国家,还是外源型(或曰"外生型"、"后发型"等)现代化国家,就资本主义大工业的产生而言,以上两个条件具有相对普遍的指导意义。一般来说,外源

---

　　① 《马克思恩格斯选集》第 2 卷,人民出版社 1995 年版,第 260 页。

型现代化国家都是被动地蹒跚于现代化的轨道上,中国可谓典型之一。作为一个有着悠久历史文化传统的农业宗法社会,中国以农立国,烂熟的小农自然经济,特有的生育文化的影响,清朝初期社会经济的恢复和发展,故自大清帝国中期以来,中国人口压力严重,人地矛盾愈演愈烈,致使许多人或者流亡各地,形成流民、棚民;或者海外谋生,漂流南洋。这预示着中国蕴涵着成本低廉、潜力巨大的劳动力市场,在一定条件下,这一潜在的市场很容易凸显为现实的市场。因此,在中国早期现代化启动时期,几乎从未形成过雇佣工人的卖方市场,这从大量的农村剩余劳动力不得不背井离乡远赴外洋以及苦力贸易的繁荣等亦可得到说明。史载福建、广东"人稠地狭,田园不足于耕,望海谋生,十居五、六"①。苦力贸易兴起后,被西方殖民者掠贩到美洲等地的华工苦力迅速增加。19 世纪上半期出国华工为 32 万人;1850 年到 1875 年猛增到 128 万人,其中前往美洲的为 53.5 万人。此后由于美国的经济危机而掀起的排华运动使到美华工减少,1876年到 1900 年出国华工总数降至 75 万人,其中去美洲的仅为 2.1 万人。② 从 18 世纪至 20 世纪 30 年代的两个世纪里以各种形式出国的华工大约有 1000 万人,世界各地几乎都能看到勤劳而不幸的华工的身影。③

但非常不幸的是,中国的资本原始积累则完全是另一个极端。在整个近代历史时期,中国的现代化建设的资本原始积累始终没有完成,这是中国现代化未能成功的重要原因之一。中国早期现代化失败的原因非常复杂,学术界分别从不同角度有所论述,但纯从资本原始积累这一侧面着眼,仍有值得深入检讨之处。

厘金的创设带有一定的偶然性。它本是为镇压太平天国农民运

---

① 蓝鼎元:《论南洋事宜书》。贺长龄辑:《皇朝经世文编》卷八三,兵政十四,海防上,页十三。

② 彭家礼:《十九世纪西方侵略者对中国劳工的掠掠》。载《中国社会科学院经济研究所集刊》第一集,中国社会科学出版社 1979 年版。

③ 也有学者认为,1840—1949 年间中国外迁移民总数大约在 1500 万左右,平均每年的外迁人口为 15 万人。见葛剑雄主编:《中国移民史》第六卷,福建人民出版社 1997 年版,第 531页。

动筹募军饷的临时性捐税,但事平以后不仅未遵行裁撤的许诺,反而更加普及和苛烦。从时人到今天的学术界对这一长久性的"临时"恶税的危害倍加诟病与讨伐。学术界对厘金的研究大体上仅限于对这一恶税的抨击上。然而,厘金从晚清一直延续到南京国民政府时期,前后累计达近 80 年之久,即使晚清政府,也未尝不知道厘金的种种祸国病民的弊窦,但却未能断然裁撤,这其中肯定有其相对的必然性和合理性,否则也绝对不会存留历经如此之久。如何将厘金与晚清现代化建设初期的资本原始积累结合起来探讨,史学界尚无具体研究。本书选择厘金为主要探讨对象,试图由此透视厘金与晚清资本原始积累及早期现代化建设之间、裁厘与加税之间、裁厘与统捐认捐之间的互动关系,这是一个颇富意义的选题。仅以厘金而论,围绕其整顿、减降、转换与裁撤,这不仅是近代经济史、财政史、税制税收史的重要研究内容,而且因为厘金"是前四十年(指新商约谈判前)许多国际摩擦的因素"①,因此它也是近代政治史以至于外交史上的焦点之一,有待进一步探讨的地方颇多。

二、"现代化"含义的界定

"近代"与"现代"在英语中是同一个词,即 modern;同理,"近代化"与"现代化"在英语中亦为同一个词,即 modernization。由于在汉语中没有一个十分准确的语词与之对应,故学术界在使用它时曾经比较混乱,尽管现在学术界比较一致地倾向于译为"现代化",而较少使用"近代化",但仍有相当部分学者沿用"近代化"。有学者认为,"近代化与现代化是一个有联系又不完全相同的概念",并将从封建主义向资本主义的过渡称为"近代化",而将 1949 年中华人民共和国成立后的发展称之为中国"现代化"。这种区分貌似有一定道理。但是,如果把由资本主义向社会主义的转变称为"现代化",那么西方发达的

① 马士:《中华帝国对外关系史》第三卷,商务印书馆 1960 年版,第 396 页。

资本主义国家似乎不能称为"现代化",因为尽管社会主义是人类历史发展的必然趋势,而从目前形势看,他们在今后相当长的一段时期内还很难向社会主义过渡。但是他们不仅早就实现了现代化,而且正在或已经进入"后现代"、"后工业"社会。对比之下,我国的现代化是一个迄今尚未完成的艰巨任务。因此,以资本主义和社会主义作为划分"近代化"与"现代化"的标准是不够缜密的。其实,既然"近代化"与"现代化"是由于日文和中文翻译时人为制造出来的歧义,不如还其英文中的本来面目;"近代化"也好,"现代化"也好,既然源于西方,仍应按照其本意来使用。为了分别 1949 年前后不同性质的现代化,不妨将前者称为"早期现代化,把后者称为现代化"①。本书探讨的时限是晚清时期,即是从这一意义上使用"现代化"。

有人认为,中国较早明确提出"现代化"问题的是胡适。胡适于 1929 年为《中国基督教年鉴》用英文写了一篇《文化的冲突》,文中提出中国应"一心一意"地接受现代化。②"现代化"一词在报刊上的广泛流行大约肇始于 1933 年。是年 7 月《申报月刊》为创刊周年纪念,发行特大号,刊出"中国现代化问题号"特辑,共收到 10 篇短论和 16 篇专论,反映了当时知识界对中国"现代化"的理解和思考。③

建国后学习苏联的经验,照搬老大哥的范式。上世纪 50 年代提出的目标是实现工业化,即"变落后的农业国为先进的工业国"。1964年毛泽东审阅周恩来在第三届全国人民代表大会第一次会议上的政府工作报告草稿时加写了一段文字,其中有一句说"我们必须打破常规,尽量采用先进技术,在一个不太长的历史时期内,把我国建设成为一个社会主义的现代化的强国"。④ 这大约是建国后党和国家最高领导人明确提出"社会主义现代化"之嚆矢。周恩来根据这一思想,在政府工作报告中,正式提出了著名的"四个现代化"(即农业、工业、

---

① 章开沅、罗福惠主编:《比较中的审视:中国早期现代研究》,浙江人民出版社 1993 年版,第 29 页。

② 欧阳哲生编:《胡适文集》第 11 册,北京大学出版社 1998 年版,第 169 页。

③ 见罗荣渠:《中国近百年来现代化思潮演变的反思》。罗荣渠主编:《从"西化"到现代化——五四以来有关中国的文化道向和发展道路论争文选》,北京大学出版社 1990 年版。

④ 《毛泽东文集》第八卷,人民出版社 1999 年版,第 341 页。

科学技术和国防现代化)概念。但毛泽东用"大跃进"进而以"阶级斗争"、"文化大革命"的运作方式,最终与"社会主义现代化"的目标背道而驰,成为现代化的逆动。

现代化的含义更是丰富多彩。总体来说,中外学术界越来越普遍地认为现代化是一个整体和系统,绝不止是简单的工业化。如布罗代尔说:现代化"是比工业化范围更广的一个整体运动"[①]。亨廷顿认为:"现代化是一个多层面的进程,它涉及到人类思想和行为所有领域里的变革。"[②]章开沅先生在《比较中的审视:中国早期现代化研究》一书的"序"中也说:"现代化不等于是'西化',也不是简单的'工业化+民主化',它是一个完整的社会变革系统工程。"[③]有的学者强调现代化是一个变革的过程,"现代化是人类历史上最剧烈、最深远并且显然是无可避免的一场社会变革",它是"各社会在技术革命的冲击下,业已经历或正在进行的转变过程"[④]。这一转变过程不是单向的,而是涉及社会各个层面。

相对来说,我们过去频繁使用的"四个现代化"实际上是有意或无意地对现代化的片面和简单的理解,因为它至少没有包容政治、文化、教育的现代化,尤其是它漠视作为主体的人的现代化,使"四个现代化"最终只能成为苍白乏力的政治宣传口号。既往的历史和演进的现实已经充分诠释了人的现代化的极端重要性。如果一个国家的民众缺乏一种能赋予现代制度"以真实生命力的广泛的现代心理基础,如果执行和运用着这些现代制度的人,自身还没有从心理、思想、态度和行为方式上都经历一个向现代化的转变,失败和畸形发展的悲剧结局是不可避免的。再完美的现代制度和管理方式,再先进的技术工艺,也会在一群传统人的手中变成废纸一堆"[⑤]。以此来评述中国现代化之路错乱曲折的原因不可不谓颇中肯綮。也许正因为如

---

① 费尔南·布罗代尔:《15至18世纪的物质文明、经济和资本主义》第三卷,三联书店1993年版,第682页。

② 亨廷顿:《变化社会中的政治秩序》,三联书店1989年版,第30页。

③ 章开沅、罗福惠主编:《比较中的审视:中国早期现代化研究》,"序言"。

④ 罗兹曼主编:《中国的现代化》,江苏人民出版社1995年版,第5、4页。

⑤ 阿历克斯·英格尔斯等:《人的现代化》,四川人民出版社1985年版,第4页。

此，自上世纪 80 年代中期以来，"四个现代化"的使用频率渐少，实现"四化"的目标被代之以"高度民主、文明、富强的社会主义现代化强国"（1987 年中共十三大提出的目标是"为把我国建设成为富强、民主、文明的社会主义现代化国家而奋斗"），这无疑比"四个现代化"的化约更趋合理和完整。现代化的整体含义决定了现代化建设任务的多样性。

总体上看，现代化有广义和狭义之分。后者主要是指经济和科技的现代化，前者则不仅包括生产力的现代化，而且包括生产关系和上层建筑的现代化，即整个社会生活各方面的现代化和人的现代化。历史愈往前发展，愈应从广义上理解现代化。对晚清的现代化建设问题，本书没有必要、也不可能面面俱到，这里仅撷取晚清早期现代化建设进程中的两项内容，即国防建设和举办现代工商业。前者包括兴办军事工业及新式陆海军建设。大清帝国被逼打开国门之时，就面临着被沦为殖民地和半殖民地的危险，如果没有起码的国防能力，国家的独立尚不能保，则毋庸奢谈其他现代化建设；何况，军事工业不仅是中国早期现代化启动之龙头，也是其重要组成部分之一。基于此点考虑，本书将晚清的国防建设亦纳于讨论的范围之内。至于工业化，则是现代化的核心内容，当然更在探讨之列。

资本的原始积累是资本主义生产方式的起点，从某种意义上说也就是现代化启动的起点。没有资本原始积累，就不可能有现代化的发生；资本原始积累不充分，现代化也不可能完成。资本原始积累虽然是现代化建设不可或缺的前提条件和基础，但资本原始积累的完成并不等于现代化的实现，原因很简单，现代化是一个完整系统的社会变革工程。本书主要不是讨论现代化建设本身，而是以厘金为中心，讨论晚清早期现代化启动阶段的资本原始积累问题。

三、研究现状及学术背景

研究中国的现代化问题国外比国内起步要早。罗兹曼主编的

《中国的现代化》是西方,尤其是美国学者研究中国现代化历史与问题的最系统的代表作。该书上自鸦片战争,下沿 1980 年,从国际关系、政治结构、经济结构与经济增长、社会整合以及知识与教育等五个大的方面探讨了中国现代化的历史过程,这正体现了该书作者们的现代化观,即现代化是一个涉及社会各层面的激烈变革的过程。在国内,自上世纪 80 年代学术界掀起了"现代化"研究热,迄今未见冷却的迹象。历史学、经济学、哲学、社会学、政治学以至于文学界纷纷厕身其中,取得了大量成果。在史学界,章开沅、罗福惠主编的《比较中的审视:中国早期现代化研究》以及罗荣渠主编的"世界现代化进程研究丛书"(尤其是罗荣渠亲自著作的《现代化新论》和《现代化新论续编》①二书)即极为引人注目,这些无疑是本书的重要理论基础及出发点。

关于厘金问题,罗玉东的《中国厘金史》②最为完备。该书考察了厘金制度源流、演变史,不仅叙述了全国,而且还分述了各省的厘金的征收及支出的较详备情况。该书的不足之处是缺乏理论分析和深度,但它依据当时的第一手资料,胪列出详细的统计数据,制作了大量的分类表格,诚为该书的最大长处和特色,非常便于检索和再利用。这为本书进行理论分析提供了较便利的量化基础。另外,该书实际上只写到清末,故书名应为《晚清厘金史》而不应是《中国厘金史》。台湾学者何烈著《厘金制度新探》③主要探讨厘金制度在清末财政上的地位,及其在不同的时代中对于各方而引起的不同影响,借以确定厘金制度在中国近代史上扮演的角色。近人新作郑备军的《中国近代厘金制度研究》④在前人成果的基础上,从税费改革的角度研究厘金。无论何著还是郑著,主要从财政的角度研究厘金,远未解决厘金制度的所有问题。

---

① 罗荣渠:《现代化新论》,北京大学出版社 1993 年版;《现代化新论续编》,北京大学出版社 1997 年版。

② 罗玉东:《中国厘金史》,商务印书馆 1936 年版。

③ 何烈:《厘金制度新探》,台湾东吴大学出版 1972 年版。

④ 郑备军:《中国近代厘金制度研究》,中国财政经济出版社 2004 年版。

关于资本原始积累，虞和平在《比较中的审视：中国早期现代化研究》一书中略有陈述，但其范围是整个近代时期（1840—1949），时间跨度虽大，而内容较为简略，单纯探讨晚清资本原始积累的内容极少。

关于"裁厘加税"。由于裁厘加税在晚清主要只是一个提议，虽然《辛丑条约》后英、美、日等国与清政府举行的新商约谈判中的核心内容之一就是"裁厘加税"，虽然也订立了条约，但因种种复杂因素的制约，有关"裁厘加税"的条款并未执行，因此史学界对此问题缺乏研究。丁名楠等著《帝国主义侵华史》第二卷[①]第三章的第一节"中英、中美、中日等新商约的签订"记述了新商约谈判的简略过程，其中对"裁厘加税"问题当然有所叙述。徐鼎新曾写过一篇短文简要介绍了中英"商约"谈判[②]，周育民的《晚清厘金、子口税与加税免厘》[③]探讨了厘金、子口税与加税免厘之间的关系。此外更全面、更深入的研究尚不多见。晚清为了给"裁厘加税"做准备，对厘金着手整顿，试图改厘金为统捐。虽然史学界对"裁厘统捐"研究不够，但对以江苏商民为代表掀起的"裁厘认捐"活动的研究有多篇论文，如马敏、王翔、张海林以及韩国学者申义植等都或多或少的涉及到该问题，这些将在下文的"裁厘认捐"部分的注释中说明。对"裁厘统捐"与"裁厘认捐"的比较及与之相关的印花税等问题仍有探讨的必要。

近时财政部科研所的"中国近代厘金研究"课题组对厘金问题也进行了研究。该课题组主要是从税费改革的角度研究厘金，认为"目前，费税改革是我国财税改革中的重头戏，而研究清末民初的'厘金'对这一工作的圆满成功会有不少有益的启示"。在《清末财政状况恶化对社会的影响》[④]一文，他们认为"乱收费"、"乱摊派"式的厘金主要是在中央财政日益恶化、地方擅自筹饷权力日益膨胀的社会历史背景下产生的。在《"厘金"的弊害及费税改革》[⑤]一文中他们列举了厘

---

① 丁名楠等著：《帝国主义侵华史》第二卷，人民出版社 1986 年版。
② 徐鼎新：《1902 年在上海举行的中英"商约"谈判》，《社会科学》1983 年第 11 期。
③ 周育民：《晚清厘金、子口税与加税免厘》，《上海历史学会 1987 年年会论文集》。
④ 《清末财政状况恶化对社会的影响》，《中国财经报》1999 年 6 月 11 日。
⑤ 《"厘金"的弊害及费税改革》，《中国财经报》1999 年 6 月 18 日。

金的弊害及对费税改革的几点启示。总体来说,除了"税"与"费"的视角之外,似乎没有太大的突破。其实,清政府对厘金的改革也是试图向着"税"的路径发展,"裁厘统捐"就是要将厘金演变为出产税和销场税。

四、本书讨论的主要问题

在以往学术界研究成果的基础上,本书将试图从一个新的视角来讨论厘金及与之相关的问题。

第一,通过对前现代中国社会的国家财政投向、民间资本状况与走向及其原因的考察,透视出当晚清早期现代化启动时,资本原始积累严重不足。

第二,厘金虽然是因应清政府镇压太平天国农民起义的临时筹饷举措,但旋即是作为中国早期现代化的洋务运动的大力举办,无论是在中央财政投向还是在地方政府支出,厘金都参与了早期现代化的建设,成为资本原始积累的重要组成部分。从这一意义而言,厘金的产生有其一定的必然性和合理性。本书将厘金纳入早期现代化的资本原始积累的范畴之中探讨。以往的研究主要集中于对厘金弊窦的揭露与抨击,没有从厘金于资本原始积累的积极功用上做深入研究。

第三,厘金的诸多弊害引起中外的普遍烦言并提出了各种应对之方。先有"裁厘加税",继有"裁厘统捐"、"裁厘征印(印花税)"、"裁厘认捐",四者出现的背景、联系及未能实现的原因。鉴于厘金在晚清财政收入中的不可或缺的重要地位(约占整个财政收入的1/5),厘金成为晚清现代化建设过程中的一柄犀利的"双刃剑",使清政府在厘金的裁与留之间处于二难境地。尤其是甲午战败以后,巨额赔款使清政府财政极端艰难,庚子赔款更是雪上加霜,厘金已不可能轻言裁撤,而只能采取转换与抵补的方式,增加关税、开征印花税、统捐、认捐等等都是如此。在裁厘问题上,不仅是清政府,即使同意加税的列强也处于二难之中,最终只能是基本上维持原状。

第四,资本原始积累的一般规律。通过对内源型现代化国家英国和外源型现代化成功的典型日本在其现代化建设进程中的资本原始积累的比较研究,总结出资本原始积累的一般规律。资本原始积累主要是由对内和对外的两条路径而实现。前者主要是对本国农民的剥夺(如英国的"圈地运动"、日本的地税改革等),这在两种类型的现代化国家中是相同的。内源型现代化国家的对外路径主要是殖民掠夺,而后发外源型现代化国家对外的路径则以举借外债和引资的方式来进行。晚清的厘金是对本应大力保护的工商的剥夺而不是对农民的剥夺,这是对内路径的政策颠倒。在对外上,既无殖民掠夺,所借外债又主要用于战败赔款,这是对外路径的失误。可以看出晚清在早期现代化建设中的资本原始积累过程中的作用和教训。对于外源型现代化国家来说,国家政权在资本原始积累过程中的作用尤为重要。清政府在此过程中扮演的角色从整体上来说是不成功的,这与清政府的封建性质及其制定的政策直接相关。

最后,南京国民政府时期"裁厘加税"最终告竣及其对民族工商业的促进作用,但现代化的目标依然遥不可及。建国后以农民和农业的贡献与牺牲建立起了比较完整的工业体系,尤其是改革开放后的巨大成就,使中国基本完成了工业化,"中国制造"遍及世界。但工业化不等于现代化,中国已经进入工业反哺农业、城市支持农村的发展新阶段,全面现代化的长远目标将在本世纪中期实现。但正确的目标需要正确的路径。

本书不以厘金论厘金,而是从更为宏观的视阈,综合采用传统史学、经济学、计量史学、比较史学,尤其是思想史的研究方法,探讨晚清厘金与中国早期现代化建设之间的关系。

第一章
早期现代化启动时的资本状况^①

一、"盛世"的衰落

清兵入关之初,战乱频仍,经济萧条。经过几十年的恢复,社会经济得到发展,中历康熙、雍正、乾隆,达到所谓的"康乾盛世"。

如果不作横向的比较,仅看纵向的发展,以中国固有的封建社会的治乱特征来衡量,称康雍乾时期为"盛世"、"治世"也不为过。国家统一,社会相对稳定,农业经济繁荣,人口剧增。从表面上看,这些都似乎是"盛世"的表征。但是,与不久影响并冲击整个世界的西欧正在蓬勃发展的新型资本主义文明相比,大清帝国的"盛世"只能是中国封建制度衰亡前的回光返照。不管当时的封建经济表面上如何繁荣,却无法从其母体内孕育出异己的新型生产方式。当它处于一个相对封闭的系统中,没有外界的影响或者外界影响极小时,中国仍然可以在其固有的轨道上缓慢滚动,在一个相当长的时期内看不出有"越轨"的可能性。

传统的"盛世"之所以至此成为绝响,并非偶然,其间有极为复杂的必然因素。首先,兴盛与衰落是相比较而言的。相对于此时蒸蒸

①　资本的本义是指能够产生剩余价值的货币及生产资料。为便于论述及说明问题,本书对"资本"作广义之理解。

而上的西欧来说，大清帝国只能用日薄西山、气息奄奄形容。其实，这一衰落早在明代就已经开始了。

明太祖极力强化小农经济，他斥责历代治财能手如桑弘羊、杨炎、王安石等人都是"聚敛之臣"，而实行所谓"藏富于民"的政策，"自此将唐宋以来扩张性的财政税收反拨而为收敛性。宋代向经济科技最前进的部门靠齐，着重开矿、铸钱、造船、发展纺织业。明代向落后的部门靠齐，着重农村内的'里甲'和'粮长'。"①明代正是西欧发生翻天覆地巨变的时期，明朝却在竭力向内收敛，这无异于逆历史潮流而动了（朱元璋废除沿袭了一千多年的宰相制度而空前独裁即是一例）。清承明制，其保守性更是有过之而无不及。"中国原始的农村性格较前更为显明，内向（introvertive）及非竞争（non-competitive）性的风格使突破环境的机会更为渺茫，经济的发展注重全面扁平而轻于质量。政府的职责注重保扬社会秩序，其税收幅度狭小，也只能维持旧式衙门的开销。"②这样坐井观天的"盛世"只能是自欺欺人。以现代的 GDP 数据来衡量，中国康乾"盛世"时期的确是当时世界上最高的，以至于同整个欧洲相当，但以人的经济权利来考量，康乾"盛世"时代甚至不如中世纪的英国。如雇工工资，在 1500 年左右的英国，个普通的三口之家，只要他们愿意劳动，每天可以获得 8 便士的工资，而家庭食物的支出只需 3 便士。反观康乾时期的清王朝，国"富"而民穷，雇工的工资除自己吃饭外几无所剩。至于人身权利，中世纪时的欧洲人与人之间的权利与义务已有规定，即使农奴也有法律保护。康乾时期中国雇工谈不上有什么人身权利。这只是与中世纪的欧洲相比，如果与同时代的英国对照，实在不可同日而语。这种云泥之别，实际上已经注定了日后鸦片战争的结局。

其次，中国的衰落与中国封建社会的诸多独有特征密切相关。

重农抑商是建立在小农自然经济基础之上的中国封建社会始终坚定奉行的一项重要的基本国策。与此前一样，农业当然是清代最重要

① 黄仁宇：《放宽历史的视界》，中国社会科学出版社 1998 年版，第 280 页。
② 黄仁宇：《放宽历史的视界》，中国社会科学出版社 1998 年版，第 224 页。

的物质生产部门,也是国家财政收入的主要源泉。明清社会随着商品经济在某种程度上的发展,崇本抑末政策不仅未见松动,反而载诸会典,作为最高国策,而更趋顽固。雍正帝曾说:"朕观四民之业,士之外,农为最贵,凡士工商贾,皆赖食于农,以故农为天下之本务,而工贾皆其末也。今若于器用玩服,争尚华巧,必将多用工匠,市肆中多一工作之人,则田亩中少一耕稼之人。"故他要"中外臣民,黜奢贱末,专力于本"①。在封建统治阶级看来,只有农业才是创造社会财富的经济部门,而工商不仅不能创造财富,反而还同农业部门争夺劳力和物力;他们还十分担心商业的兴盛和流行还将导致逐利之风在社会上播扬泛滥,使人们竞相逐利,人心不古,世风不正,社会不稳,不利于他们的统治。工商在黜抑之列,对外贸易更无足轻重。1793年英国马戛尔尼使华时,乾隆皇帝给英王的敕谕中说:"天朝物产丰盈,无所不有,原不藉外夷货物以通有无。"②清初因战争的原因,一直禁止臣民出外经商,但国家统一后,这一政策并无实质上的变化。"中国王朝固守自己的方针,他们认为自己处于幸福的天堂,不愿意同外国打交道,不愿意自己的臣民同外国人有来往。"③清政府总是害怕由于和外人接触而引起自己的国家不安和道德败坏。《大清律例》第二百二十五条规定:"一切官员及军人等,如有私自出海经商者,或移住外洋海岛等,应照交通反叛律处斩立决。府县官员通同舞弊,或知情不举者,皆斩立决。"满清最高统治者对被迫出洋谋生的中国百姓的生命财产安全不仅不予保护,反而认为这些人不守根本,自弃天朝王化,甘心流移外方,受虐遭杀也是咎由自取,不值得同情悯惜,"人已出洋,已非我民,我亦不管。"④雍正还禁止已经出洋的华人回归祖国。乾隆五年(1740年),移民巴达维亚的中国人为反抗当地殖民政府的残酷统治掀起了暴动,遭到荷兰殖民政府的镇压,中国人的财产被抢掠,城内所有中国家长被斩尽杀绝。荷兰东印度公司的董事们深恐此事得罪中国皇帝而影响他们的生意,次年该公司派

① 《清世宗实录》卷五十七,雍正五年五月己未。
② 《东华续录》乾隆朝,卷一一八。
③ 斯当东《英使谒见乾隆纪实》,上海书店出版社2005年版,第11页。
④ 《旅居南洋华商约大臣公禀》,《外交报》,光绪二十八年第30期。

代表到北京道歉。但"代表们非常惊异而又高兴地听到中国皇帝毫不介意地回答说:'我对于这些贪图发财远离祖国、舍弃自己祖宗坟墓的不肖臣民并无丝毫的关怀!'"①对外来的通商贸易清廷同样规定了种种苛虐的限制。清政府的这一国策虽是其封建性质所决定,但对比于此时竞相跃入现代化跑道的西欧诸国,似乎很难对满清朝廷作出简单的"理解之同情"。

与小农自然经济相对应,大清王朝的基本阶级基础是地主阶级,其中缙绅地主既是其主体,又是大中地主的主要来源。他们成为大中地主的途径基本上既不是因力农致富,也主要不是继承前人财产的结果。其前提首先必须是熟读传统经典的儒生,通过科举考试中第最终厕身于享有政治、法律和经济等特权阶层之列。朝廷官员的特权使之合法与非法地积聚起可观的社会财富,进而成为拥有大量土地的大中地主。这些特权既是其占有土地、取得大中地主资格的手段与途径,更是其日后繁殖财富、保持以至扩大其经济、政治地位的护身符。因此他们的利益同商品生产和市场基本上没有直接的联系,至少市场不是他们获取财富的最主要途径。由于他们必须精通儒家经典,故深受传统"重义轻利"思想的影响。从社会价值取向讲,读书与做官是黎民百姓人人向往的最佳人生选择。学而优则仕,社会精英都须通过科举应试以证明并实现自己的当官发财、光宗耀祖的人生价值。科举制度把社会上最优秀的人才吸引到埋首于经史子集等故纸堆之中,而经营工商者的数量和质量无疑受到软硬条件的极大限制。即使成功的工商经营者,也多具有高度后退的倾向。一旦经营致富,他们常会通过买功名、捐官爵而变为缙绅地主。这一点将在下文再作深入探讨。"士"作为四民之首获有政府给予和大众认可的特权地位,而纯粹的工商经营者无论如何富有却得不到社会的真正承认,这是一种典型的"单轨社会"。与之相反,在西欧"双轨社会"里,官僚贵族与工商地主可以双向流动。因此,中国封建晚期商品经济虽有较大发展,但不可能产生出异己的力量。在18世纪的中

---

① 斯当东:《英使谒见乾隆纪实》,上海书店出版社 2005 年版,第 123 页。

国,从一个普通老百姓的角度来看,"商业的发展大概并不意味着他可以致富或他的生活变得更加安全,反而意味着在一个充满竞争并十分拥挤的社会中,他的生存空间更小了"①。

　　清代严重的人口问题也对社会的发展带来了极其重要的影响。由于中国的封建王朝大多不精于数字统计②,所以历朝历代的人口统计总是一个模糊的数字。据统计,清朝入关之初,因长期战乱,人口不足 1500 万,康熙末年近 2500 万,到乾隆初年暴涨至 1.4 万万,乾隆末年达到 3 万万,而到鸦片战争前夕更超过了 4 万万。③ 从清朝入关到乾隆时期的人口增长不符常态,这是因为在摊丁入亩之前统计的是纳税的"丁口"而非实际的"人口",即使丁口也多有隐匿。康雍乾时期人口的急剧膨胀使传统农业在精耕细作的道路上愈走愈精。当时社会的这一特征十分显眼,连一些到过中国走马观花的外国人也很容易地注意到了这一点。"中国的土地几乎都得到很好的利用。因为人口密度高,人口过多。"④ 从表面上看,由于人口的增加开垦出了更多的田地,田地数量有所增加,农业产量的绝对数当然相应增长,但是从内涵来说,农业不仅没有发展,反而趋于停滞和下降,即所谓"没有发展的增长"(growth without development)或"过密型增长"(involutionary growth)或农业"内卷化"(agricultural involution)。这种增长通过增加边际劳动投入获得全家或全年总收入的增加,但是单位的人工产出却下降了。⑤ 换句话说,如果没有众多的劳动力,作

---

　　① 孔飞力:《叫魂:1768 年中国妖术大恐慌》,上海三联书店 1999 年版,第 43 页。
　　② 黄仁宇的"大历史观"从"技术的角度看历史",认为中国传统社会不能实现"数目字管理",导致中国未能发展成资本主义和现代化。参见其《万历十五年》(中华书局 1982 年版)、《中国大历史》(三联书店 1997 年版)及《资本主义与二十一世纪》(三联书店 1997 年版)等书。黄氏的史观提供了另一种探究中国历史的视角,一度在学术界引起很大反响,誉之者众,毁之者亦有,如有人认为"数目字管理"本身就是一个"伪命题"。
　　③ 有学者统计,乾隆五十五年(1790 年)清王朝人口超过 3 亿,道光十四年(1834 年)超过 4 亿。参见严中平:《中国近代经济史统计资料选辑》,科学出版社 1955 年版,第 362—364 页。
　　④ 费尔南·门德斯·平托等著:《葡萄牙人在华见闻录——十六世纪手稿》,澳门文化司署等 1998 年版,第 108 页。
　　⑤ 黄宗智提出中国传统农业的"没有发展的增长"观点后(见黄宗智:《长江三角洲小农家庭与乡村发展》,中华书局 1992 年版),中国学术界对此有较大分歧。但作为一家之言,自有其言之成理之处。

为中国农业显著特征的密集精耕细作就不可能实行。虽然中国土地的单位产量远远超过同时期的欧美,但如果以雇佣的劳动力而不是以土地面积为计算单位,那么欧美的农业生产方式比中国更高产。过剩的劳动力无法输出或另谋生计,大部分处于低度就业(under-employed)的状态之中。

耕地不足而人口暴涨的情况全国各地相似,如福建和广东两省,从康熙继位的顺治十八年(1661 年)至嘉庆十七年(1812 年)的一个半世纪,福建人口增加了 9 倍,但耕地仅增加了 32%,人均耕地从 7.11 亩降为 0.9 亩;广东人口增加了 20 倍,但耕地仅增加了 27%,人均耕地从 25 亩降为 1.67 亩。① 大清帝国越来越严重的人多地少而导致的庞大的剩余劳动力及众多的无地少地百姓的生活问题引起了一些关注现实的知识分子的思考,其中以洪亮吉和汪士铎为代表。

洪亮吉(1746 —1809)生活的年代差不多与乾隆朝相始终,其青壮年时期正是乾隆朝人口增长最快的时期。"治平至百余年,可谓久矣。然言其户口,则视三十年以前增五倍焉,视六十年以前增十倍焉,视百年、百数十年以前不啻增二十倍焉。"生产资料和生活资料虽也有增长,却缓慢得多,田地房屋等只增一倍二倍或五倍,"田与屋之数常处其不足,而户与口之数常处其有余也"。② 洪亮吉认识到人口过剩带来了众多的社会问题,不仅使人均拥有的田地房屋减少,物价上涨,百姓生活水平降低,而且使大批人口失业,导致社会动荡不安甚至引发民变,"户口既十倍于前,则游手好闲者更数十倍于前,此数十倍之游手好闲者,遇有水旱疾疫,其不能束手以待毙也明矣。"③ 为了解决人口过剩的问题,洪亮吉提出了"天地调剂之法"和"君相调剂之法",亦即自然调剂和政府调剂。前者是水旱疾病等自然灾害使人遭不幸,但数量有限,不过十之一二。"君相调剂之法"就是朝廷制定相应的政策,如开垦荒地,使野无闲田;安置无业人员,使民无剩力;将中原地区的过剩人口移民到新辟疆土;减轻赋税;禁止浮靡,提倡

① 李文治编:《中国近代农业史资料》第一辑,三联书店 1957 年版,第 6、9 页。
② 洪亮吉:《卷施阁文集甲集》卷一,《意言·治平篇第六》。
③ 洪亮吉:《卷施阁文集甲集》卷一,《意言·生计篇第七》。

节俭;抑止土地兼并;遇水旱灾害时,政府开仓救济灾民,等等。总体来说,洪亮吉认识到了清王朝的人口快速增长及其产生的社会经济问题,并试图找出解决问题的办法。但他也知道其"天地调剂之法"不能从根本上解决问题,而其"君相调剂之法"与其说是解决人口过剩问题的办法,不如说是对因为人口过剩而引起的社会问题及贫困人口的救济措施。

  在解决人口过剩问题方面,经历过太平天国的汪士铎又向前走了一步,因此被称为中国的"马尔萨斯"。与洪亮吉一样,汪士铎也认为天下人丁三十年增加一倍,但生活资料的增长却赶不上人口增长的需要:"人多之害,山顶已植黍稷,江中已有洲田,苗洞已开深箐,犹不足养,天地之力穷矣;种植之法既精,糠核亦所吝惜,蔬果尽以助食,草木几无孑遗,犹不足养,人事之权殚矣。"[①]在承平时期,喜欢早婚、追求多子等风俗是人口快速增长的重要的原因。对于人口过剩导致的社会问题,汪士铎明确指出人多则穷、世乱之由在于人多。为抑制人口过快增长,汪士铎提倡溺婴、刑杀如"凡男子有子而续取,妇人有子而再嫁,皆斩立决"等非人道的办法。但同时,他也提出了合乎科学的计划生育措施。其一,提倡晚婚。"严禁男子二十五岁以内,女子二十岁以内嫁娶"[②],"定三十而娶,二十五而嫁"[③]。其二,使用药物节育。他要求"广施不生育之方药",从而达到节育、堕胎和减少人口的目的。他还提出了独生子女的主张:"妇人服冷药,生一子后服之"。这一人口思想已经颇富近代性质。

  社会经济发展、科技进步以及计划生育是解决人口过剩问题的有效办法,这是现代科学的理论与常识。无论是洪亮吉还是汪士铎,都清醒地看到了人口过剩这一社会现象,并试图探讨产生的原因及应对良策。相对来说,毕竟晚了一个时代,汪士铎比洪亮吉更进了一步,其计划生育的措施不止是符合科学,而是大大的超前了。正因为大大超前,清政府绝不可能实行,所以中国的人口过剩问题不仅在清

---

① 汪士铎:《乙丙日记》卷三。
② 汪士铎:《乙丙日记》卷二。
③ 汪士铎:《乙丙日记》卷三。

朝、而且在整个近代始终未能解决。

为了生存,政府不能解决,老百姓只能自寻出路。对于安土重迁的中国人来说,除非万不得已,不会移徙他乡,更不会远涉重洋客居海外。

实际上,由于明清长期战乱导致人口的大量减少,清初即有大规模的省际大移民,如"湖广填四川,江西填湖广",填补明末清初长期战乱的人口损失,这是清初移民的特征。随着社会的稳定和经济的发展,到清朝中期人满为患,开始向偏远、边缘地区和山区以及边疆、台湾、关东地区移民。鸦片战争后沙俄加强对我国新疆和东北地区的渗透与侵略,国内开禁放垦移民招垦的呼声日益高涨,清政府被迫逐渐开放了向东北地区的大规模移民,并组织边疆地区的屯垦移民。

向海外的移民在明朝即已出现,清朝最初移居海外的有些是不认同清朝统治的明朝遗民,随着人口的快速增长,为生活所迫移民海外者不断增多。清初爪哇的华侨已达十多万人,雍正时噶喇巴的华人数万,出洋者"大约闽省居十之六七,粤省与江、浙等省居十之三四"。"噶喇巴米粮甚贱,工艺之人易于获利,是以蓄发居住,婚娶生育,竟不作故土之想。"[1]"粤东无业游民,居暹罗者,不下十余万。"[2]其地土旷人稀而田地非常肥沃,易于耕获,故移民者甚众,有自海道往者,有由钦州之王光十万山穿越南境而往者。马戛尔尼使团前往中国途经东南亚时,在印尼、菲律宾等地均看到大量勤劳俭朴的中国移民。

清初人口的膨胀既是一种灾难,同时又意味着消费人口的巨大增长,因而促进了国内市场经济的发展,增加了对土特产品的需求。但市场的大小又受到因人口的过度增长而导致的农业的内卷化的影响。农业劳动价值不能增加或虽有增加但却转化为或主要转化为必要产品价值——其中主要表现为农民尤其是新增人口的生活必需消费品而不是转化为剩余产品价值时,商品市场就不可能扩大。因此

---

① 陈翰笙主编:《华工出国史料汇编》第一辑,中华书局 1985 年版,第 2 页。
② 徐继畬:《瀛环考略》"南洋图说"。

清代严峻的人口问题更主要的是负面消极作用。"人口的增长最终破坏了作为人口增长原因的繁荣与和平"①。这的确是"一个很大的历史嘲弄:作为人口增长的推动力之一的康熙、雍正的'仁政'却播下了大清帝国衰落灭亡的种子,并在很大程度上间接导致了近代中国的经济困难。"②

应该说,中国传统社会在其前期是很具活力的,有一套较强的自我调适的机制,富于创新和发展,曾经长期走在世界的前列,"当西洋还不知道那些根本的生活技术的时候,中国已经精通了某些根本的生活技术。当西洋用木犁耕作的时候,中国的农民已经用铁犁耕作"。但由于中国特殊的地理环境,身陷一种相当封闭的系统之中自我欣赏以至自高自大,逐渐形成了"天朝上国"的意识,自我孤立于外界;同时,经过几千年的发展,早期富于创新的机制逐步陷于"超稳定结构"之中,无法有质的突破和发展,或者说缺乏质的突破与发展的动力,因此,"当西洋已经用钢犁的时候,他们(中国人)还是继续用铁犁耕作——中国,好像这种情形一个样,早已把经济制度和社会组织之一种型式达于一种高的水平线了,可是不会感悟到去改良它或是去革除它之需要。"③有学者进一步指出,到明清时期尤其是清代社会陷入了"高水平均衡陷阱"之中。在人口增长的推动下劳动密集型的经济与技术得到高度发展,密集的人口与高度劳动密集型的经济与技术达到了一种难以打破的平衡关系,使经济技术发展进入了一种难以自拔的陷阱,趋于停滞状态,难以完成由传统经济向现代工业经济的转变。这种以高度劳动密集型为特征的均衡关系使传统方式的投入如水利工程、肥料和劳动力等的投入达到了再增加便会导致收益递减的极限,把传统农业提高到一个很高的水平,一个不可能通过内生力量来改变、而只有通过工业——科学革命才能突破的高水平。科学化、工业化生产需要大量资本投入,然而由于传统经济的高度发展,即使投入了大量的资本,短期内仍难有望在产出方面有较大幅度

① 费正清、赖肖尔:《中国:传统与变革》,江苏人民出版社 1996 年版,第 241 页。
② 何炳棣:《明初以降人口及其相关问题:1368—1953》,三联书店 2000 年版,第 323 页。
③ 陶内:《中国之农业与工业》,正中书局 1937 年版,第 1 页。

第一章　早期现代化启动时的资本状况

的增长。"强劲的体力多于良田。中国农民经不起把他们的劳力用于广种薄收上,因为那样做的结果,单位面积的产量只有一半。至于用机械化的或大规模的方式来耕作,他们又缺少土地和资本。"①人口的稠密与精耕细作相依为命,彼此缺一不可。"在中国传统社会后期,由于农业中减少的剩余、降低的人均收入和人均需求,由于日益低廉的劳动力但日益昂贵的原材料和资本,由于农业和运输技术发展的那样完好,以致任何简单的改进都难以取得,农民和商人理性的战略主要不在节省劳动的机器方面,而是在经济地利用资源和固定资本上。"②相比之下,西欧封建农业的发展主要在以土地垦殖为特征的外延的扩张方面,而非在以精耕细作、提高产量为主要内容的内涵的强化上。这使西欧的经济、同时也影响了人们的心态把发展的着重点不是放在对已有资源的强化利用上,而是对未占资源的扩展掠取上。

另外,大清帝国的缔建者是满洲贵族。他们曾经只是远离华夏中心区域的边远落后的少数民族,由原始部落因缘际会,迅速跃进到成熟的封建社会,同化于正统的儒家文化之中。他们从被排斥、压抑的夷狄戏剧化地演变为帝国的最高统治者,但他们内心对"夷夏大防"观念反过来也更强固。他们残忍地要求汉人接受其剃发蓄辫陋俗的野蛮政策反衬出其内心的虚弱。满洲贵族角色的反转、满洲社会跳跃的发展,这本已是历史的惊人进化,再苛求他们迎合以至领导世界潮流,这只能是痴人说梦了。如果大清王朝是一个汉族王朝,帝国的封闭程度也许不至于如此冥顽不化。满族贵族统治者"在鼓吹最最排外的汉化时正是想巩固他们对中国人民的统治:闭关锁国的反应由于这个来自外部的王朝的脆弱而更为强烈了。"③"外部"虽然不是"外国",却是一个汉族文明中心外围的落后少数民族部落,这也是导致大清帝国"盛"极而衰、自闭于世界的一个重要的但也常为人

---

① 费正清:《美国与中国》(第四版),世界知识出版社 1999 年版,第 13 页。
② 埃尔温:《中国历史的类型》,伦敦,1973 年版,第 314 页。转见丁建弘主编:《发达国家的现代化道路——一种历史社会学的研究》,北京大学出版社 1999 年版,第 71 页。
③ 佩雷菲特:《停滞的帝国——两个世界的撞击》,三联书店 1993 年版,第 625 页。

们有意或无意忽略的因素。正如马克思所指出的那样：排外在满洲贵族征服全国以后成为一种政治原则，欧洲各国彼此间的剧烈纷争，有力地助长了满族人实行排外的政策，"可是，更主要的是，这个新的王朝害怕外国人会支持一大部分中国人在中国被鞑靼人征服以后大约最初半个世纪里所怀抱的不满情绪。出于此种考虑，它那时禁止外国人同中国人有任何来往。"①包括历史学家在内，后人大多以为康熙皇帝是中国历史上少有的英明神武的大帝，他马上打天下，平定叛乱；马下治天下，盛世太平。不仅琴棋书画俱佳，还从传教士那里学到一些西洋近代科技知识，甚至能自制日晷，预测日影，这更增添了康熙的"伟大"。但作为一个庞大帝国的皇帝，需要的是其治国安邦的雄才传略，缺乏了这一点，其他的琴棋书画再优秀，不仅于国事无补，反而可能成为误国亡国的根由之一。在康熙的统治之下，削平三藩，统一台湾，表面上看国泰民安，似乎一片盛世景象。但问题在于，此时的大清帝国已迥异于以往的封建王朝，睁眼看世界，横向作比较，与同时期的西欧相比，大清帝国已是大大的落伍了。对此康熙实在难辞其咎。而且，康熙自己略懂西洋科技、天文历算，甚至可以自制日晷预测日影，但他并未利用其至高无上的权威去推广、普及这些新生事物。他害怕"算学知识普及之后，本国人能算出日食月食来，能制出历本来，皇帝在老百姓中的威信就要降低了"②，所谓君权神授的神秘说教就会被拆穿，这样就不利于其愚民政策和专制独裁的统治。可见所谓"英明神武"的康熙大帝的阴险与狭隘。他虽然会玩西洋科技的小聪明，却缺乏领导一个帝国迎接新时代的大智慧。从康熙、雍正，到乾隆、嘉庆，这些大清帝国的皇帝们一再决绝地拒绝和平地甚至别人主动送上门来的学习西方以顺应历史潮流的机会，终于到道光朝时开始受到无情的惩罚，不仅使近代中国深陷屈辱与灾难之中，而且，前清历朝皇帝皇子众多，为争帝位乃至兄弟相残，而到晚清居然接连三个皇帝未有子嗣。追根溯源，这与"英明神武"的康熙

---

① 《马克思恩格斯选集》第 1 卷，人民出版社 1995 年版，第 696 页。

② 斯当东：《英使谒见乾隆纪实》，上海书店出版社 2005 年版，第 495 页。

的祖制祖训难道没有关联？这是对古人"始作俑者，其无后乎"的偶然的巧合还是必然的印证？

如果大清帝国没有学习西方的丝毫基础和条件，那也可以稍加通融。但事实是，欧洲最新科学技术早在明朝末年就有徐光启等人在西方早期传教士的影响下初步掌握并力图推广；而在思想文化领域，比徐光启更早的李贽及其稍后的黄宗羲、王夫之、顾炎武等杰出的思想家已经萌发了近代民主意识，他们的先进思想并不是舶来品，而是在中华大地上土生土长出来的。假如顺其自然，不加扼杀，一场类似西欧的资本主义性质的"文艺复兴"思潮不是完全没有可能在中国产生和发展，从而引导中国自然而然地走上近代文明的健康发展之路。① 然而残酷的史实早已淹没了所有的"假设"。从这一意义而言，康雍乾们尤其不可原谅。

创造、领导世界前进潮流的帝王才是最伟大的帝王；退而求其次，顺应、追逐世界历史潮流的帝王也不失为英明的帝王。从这一意义而言，前现代的历代满清皇帝以天朝自居，闭关自守，坐井观天，虚骄自大，连西方送上门来的近代文明也拒绝接受，其实都是愚不可及的昏君庸帝。相比之下，名义上在位34年，自小在慈禧太后淫威下长大的傀儡光绪皇帝则胜过了他所有的前辈。光绪"亲政"之后，尽管仍无法摆脱慈禧的阴影，但他努力接触西方文化，了解世界大势。甲午战败后，为了促使光绪皇帝毅然变法，康有为多次上书，并说"自古非常之事，必待大有为之君"②，激励光绪皇帝下定决心，变法救国。光绪也痛感非变法无以救国家、保大清，力主变法，表示自己不愿当亡国之君，若慈禧不给他变法的事权，他宁愿退位。平心而论，性格懦弱的光绪并无治理非常之世、处理非常之事的雄才大略，他虽有成

----

① 一定意义上说，中国从来就不缺乏能工巧匠式的技术人才。据西方人记载，马戛尔尼使华所携带的礼品中有一台非常先进复杂的行星运行仪，由两个过去从未见过这类东西的中国工人在很短时间内把几千个零件一一卸下来，又不差分毫地重新安装好。更让西方人惊异地发觉中国工人赋有技巧天才的是，行星运行仪顶上一块玻璃片在运输路上被打碎了，英国工匠未能修补成功，一个中国工人居然巧妙地解决了。见斯当东：《英使谒见乾隆纪实》，上海书店出版社2005年版，第371页。

② 汤志钧编：《康有为政论集》上册，中华书局1981年版，第136页。

为"大有为之君"之心却无成就"大有为之君"之才,他的失败也说明了这一点。但其开放的世界眼光以及力求顺应社会发展潮流、不计个人名位(如果他不主变法,甘当傀儡,万事悉听慈禧懿旨,大可高枕无忧,也不至于沦到囚死瀛台的悲惨结局)的思想和举动足以盖过乃祖康雍乾之辈所有的"丰功伟绩"。

具有讽刺意味的是,大清帝国从总体上拒绝西方文明,但西洋的日用器具等当时的奢侈消费品却能被帝王贵族们享用,如西洋八音盒、机械种、毛织品及其他新奇物品。其中内装弹簧齿轮、外镶珍贵宝石的八音匣,虽然价格昂贵,也没有什么实际用处,但中国官吏们却醉心追求,被源源不断地运进中国,乾隆末年即价值达100万英镑之巨。这些东西大部分落于皇帝及大臣们手中。

马戛尔尼使团所携带的礼品中既有奢侈消费品,也有当时欧洲最先进的天体运行仪、望远镜、地球仪、工业机械;更难能可贵的是,还有当时最先进的武器和军舰模型(马戛尔尼特使本人所乘坐的"狮子"号军舰本身就是当时英国先进军舰的实物),如铜炮、榴弹炮、毛瑟枪和连珠枪,一艘全套装备的英国最大的军舰模型(上有108门重炮装备的巨大军舰上的各个微细部分都在舰模上表现无遗)等等。按理,自视为天朝上国的清王朝为了保持自己的地位,最应该对外人的武器装备感兴趣。但是正好相反,中国人最喜欢的还是英国的五金器具,如有弹簧和轮盘的人形和动物玩具等等。即使再愚昧的人,当其面对英国使团所带来的武器时,也不得不承认其先进性。但正因为英国的武器先进,所以不能让中国人知道。例如,英国使团携带的礼品中有六门非常精致的架在车上的小铜炮,每门炮每分钟可以连续发若干响,计划在热河行宫当着乾隆皇帝的面试放,但被负责接待的中国官员拒绝,因为他深怕中国人认识到英国的威力高出于中国人。承认起码的事实如此艰难,而鸵鸟心态则充斥帝国上下。先进的思想、制度不能引进,先进的仪器、武器无须引进,但享受型的奢侈品则多多益善,这一特色并非大清帝国所独有。然而,历史的演进并不因大清帝国不愿睁开暗昧的眼睛而改变方向,当真正体验到西洋"坚船利炮"的威力时,闭关锁国的沉重大门被迫徐徐拉开;当真正意识到泰西思想、制度的优越时,也开始摸索着自觉踏入现代的门槛;但是,自我"文化中心"基本上始终难以撼摇。

大清帝国的"天朝上国"心态,用现代话语代替就是"世界中心论"或"文明中心论"。这种心态不仅不被西方世界所认同,而且由于自鸦片战争以降中国在西方列强包括后起的日本的侵略扩张面前节节败退,一些知识分子也在反思中开始对中国的传统文化与文明失去信心,而将眼光转向了西方,其中最激进的构成了后人所称的"全盘西化派"。他们与西方大多数学者一样,嘲讽大清帝国的"天朝上国"虚骄心态是夜郎自大,不谙世事,认为中国传统儒家文化保守、落后,是中国失败的文化根源。一方面丑化自己的文明,另一方面接受被神化的西方文明,主张只有全盘西化接受西方文明,才能拯救中国与中国文化。这虽然不是全无道理,但却忽视了文明演进的规律。

实际上,任何一个民族都有着自己独特的历史、文化、伦理道德与理想,并以此教化本族,物以类聚,人以群分,视自己为世界或文明的中心,这种与生俱来的"自我中心主义",将其他民族视为野蛮民族或边缘人,"非我族类,其心必异"。中国人的华夏与夷狄之辨、古希腊与罗马以及近代西方的文明与野蛮之分、宗教世界中的上帝与魔鬼之别,表述不同而内涵却如出一辙。如果一个民族连对自己的文明也不认同、失去信心,那么这个民族及其文明不是衰落消失,就是被同化或消灭。"每一个文明都把自己视为世界的中心,并把自己的历史当做人类历史主要的戏剧性场面来撰写。"①由于古代社会人类生活彼此隔绝与封闭,决定了人类文明的多元性,既有四大文明古国之说,也有更多文明之说(汤因比即认为人类社会产生过二十多种文明)。在各个文明相互隔绝的情况下,文明发展有两大特点,一是演进速度十分缓慢,二是"自我中心主义"意识浓厚。每个独立形成发展的文明对其他文明所知甚少或一无所知,因而都自成为世界文明的中心,夜郎的"自大"就是生动的写照。夜郎如此,世界上每种文明莫不如此,不管是已经消失了的或消灭了的文明,还是仍在发展中的

---

① 塞缪尔·亨廷顿:《文明的冲突与世界秩序的重建》,新华出版社1999年版,第41页。

文明。每一个封闭的社会都会把自己看成是世界上独一无二的幸福社会,而将世界的其他地方看成是野蛮的未开化的黑暗地带。"所有国家都有自以为天下第一的倾向,所有民族都有本民族中心主义的影响。"巴西中部印第安人中的格族人在人种学家库尔特·安凯尔离开他们时痛哭流涕,"因为他们无法想象人在离开他们这个唯一生活还有意思的民族后还能生存下去"。① 公元1200年前后印第安国王曼科·卡帕克带领部众,从的喀喀湖迁都到库斯科城,并以此为中心,建立起庞大的印加帝国。而"库斯科"在克丘亚印第安语中的意思就是"世界的中心"。这与东方的"夜郎自大"更加"自大"。一个民族的文明或文化是本民族共同的信仰支柱与精神归宿,是构成这一民族的核心成分,其他文明或文化只能处于边缘地位或根本没有地位,因而每个民族都有着天然的本民族"世界中心"意识,"与其他文明相比较,西方文明可能更是如此。"② 犹太人称自己是上帝唯一的"选民",其他民族则是"异教徒",希腊人将其他民族称为"蛮族"。由于近代西方文明在物质方面的世界性胜利,西方人将所有非西方人称为"土著",认为"文明的河流只有我们西方这一条,其余所有的文明不是它的支流,便是消失在沙漠里的死河。"③ 在中英早期交往史上,尤其是在马戛尔尼和阿美士德使华的礼节问题上,西方人对要求英国使臣行中国式的跪拜礼仪愤愤不平,这其实是以英国的傲慢对抗清朝的自大,双方都自以为是世界文明的中心,而对方则是野蛮人。对于英国人的傲慢,在圣赫勒拿岛上当囚徒的拿破仑曾有精彩的点评。他说:"不管一国的习俗如何,只要该国政府的主要人物都遵守它,外国人入乡随俗就不算丢脸。在意大利,您吻教皇的骡子,但这并不视为卑躬屈膝。阿美士德好像中国最高官员一样对皇帝施礼一点也不会有损名誉。"如果英国使节准备像对自己国王那样向中国皇帝行礼,但无法要求中国人服从英国的礼节。为此拿破仑甚至戏谑道:"如果英国的习俗不是吻国王的手,而是吻他的屁股,是否也

---

① 佩雷菲特:《停滞的帝国——两个世界的撞击》,三联书店1993年版,第627页。
② 塞缪尔·亨廷顿:《文明的冲突与世界秩序的重建》,新华出版社1999年版,第41页。
③ 汤因比:《历史研究》,上海人民出版社1966年版,第46页。

要中国皇帝脱裤子呢?"①他说如果他要派使节到中国就让使节服从中国的礼节,一切有理智的英国人应该把拒绝叩头看成是不可原谅的事。从法兰西帝国的皇帝到圣赫勒拿岛的囚徒,拿破仑未必真心尊重大清帝国,但也提供了不同于中英两国傲慢模式的思路。

从一定意义上说,这种天然本性其实没有什么道理与逻辑可讲,就如同一个人,即使是现代人,其心灵皈依最终是他的"家",这个"家"既是有形的,也是无形的,对于每个人来说,"家"就是世界的或地球的中心。

五千年绵延不绝、长期居于世界领先地位的中华文明没有理由不把自己视为世界的中心,而将其他民族包括现代西方国家视作蛮夷。中国人不仅是世界上"唯一能将自己的思想记载下来并长久流传的民族,而且他们也是唯一拥有自己的文学知识的民族。因此,他们自然会将世界的其他民族都视为无知的、未开化的野蛮人,而将自己视为高人一等的优秀民族、天朝上国。"②虽然面对现代西方文明的坚船利炮时,大清帝国显得是那么无措与无能,但仍然"声称只有自己是文明的,从野蛮的西方人那里学不到任何东西"。③ 即使败于西方的坚船利炮,但仍然坚持认为中国"文武制度事事远出西人之上"。后人完全可以责备时人的暗昧无知,但换一个角度看,中华文明同样具有自己的优势与长处,无须全盘接受"普世"的西方文明。其实世上并没有超出每一文明之上的"普世"价值,"普世"价值只有在自己文明范围内才有普世("普族"更确切)的意义,超出了自己的范畴就会变成对外扩张与征服的旗号,从而披着"正义"与"文明"的外衣,做的却是强盗与野蛮的勾当。如西方帝国主义的殖民侵略、美国白种人对当地土著人的驱赶与屠杀等等。每一种文明都有自己的长短优劣,或者说都有自己的理想标准与现实丑态。问题在于,不能拿一种文明的理想标准去诟病另一种文明的现实丑态。中华文明虽有低层面的劣性,但这绝不是否定中华文明

① 佩雷菲特:《停滞的帝国——两个世界的撞击》,三联书店1993年版,第580—581页。

② 古德诺:《解析中国》,国际文化出版公司1998年版,第36页。

③ 李提摩太:《亲历晚清四十五年——李提摩太在华回忆录》,天津人民出版社2005年版,第113页。

的理由。中华文明的最高理想标准并不逊色于西方文明的最高理想标准。只是对于晚清时期来说,在世界正逐渐被自觉或不自觉地纳入到资本主义世界体系之时,整个帝国缺乏必要的正视西方世界的胸襟与胆识,更遑论学习西方了。既然自己是天下文明的中心,自然不需要了解与沟通外部世界,"天朝上国"的"闭关锁国"就是逻辑的必然了。长期的闭关自守进一步助长了传统的排外偏见,"这种偏见不仅表现在中国人的行为当中,而且由于他们对自己文化的高度优越感,这种狭隘的观念已经形成为一种思想体系。"①

但是,中华文明与大清帝国毕竟是两回事。中华文明的理想标准远未达到,与仗"剑"叩关而来的西方新兴资本主义国家相比,大清帝国却不可避免地加速衰落颓废。

中西距离的反转,满清统治者的虚骄自大、麻木不仁,整个社会"万马齐喑"的死寂状态,与其说康雍乾时期是专制社会的"太平盛世",毋宁说是封建末世的"太平间"。

经过多年的恢复和发展,清廷的国库收入逐年增长。从国家的财政投向来看,长年的战争是财政投入的大端。清初镇压农民起义及剿灭南明政权、统一台湾、平定三藩,尤其是长期的西北和青、藏的用兵(西北用兵直至道光八年的张格尔叛乱被彻底平定),抗击沙俄的入侵等等,耗费了无数的人力、物力和财力。所谓的"十全老人"乾隆皇帝尚未驾崩即爆发了大规模的持续九年(1796—1804)之久的白莲教起义,单是镇压这次农民起义,清廷就费银二亿两之多,相当于当时清政府四年多的全部财政收入。② 康雍乾时期所炫耀的国库存银如何如何之多,至此成为永不复再开的明日黄花。除了战费之外,官僚行政机构运转、兴修河工等水利事业、赈济水旱灾荒等开支,都

----

① 斯当东:《英使谒见乾隆纪实》,上海书店出版社 2005 年版,第 7 页。
② 史载"乾隆初次金川之役,二千余万两。准回之役,三千三百余万两。缅甸之役,九百余万两。二次金川之役,七千余万两。廓尔喀之役,一千有五十二万两。台湾之役,八百余万两。嘉庆川、湖、陕教匪之役,二万万两。红苗之役,湖南一省请销一千有九十两。洋匪之役,广东一省请销三百万两。道光初次回疆之役,一千一百余万两。二次回疆之役,七百三十万两"(赵尔巽等:《清史稿·食货六》,中华书局 1977 年版,第 3709 页)。以上自乾隆四十二年(1747年)到道光八年(1828 年)的 11 次战争共费银 38272 万两之巨,尚未包括此前的战争费用。

是国家财政支出的常用大项。而统治阶级从上到下的竞相奢靡腐化,更是社会财富的巨大浪费。康熙六次南巡,尚称"节俭",乾隆仗着国库稍裕模仿乃祖六巡江南,其挥霍无度、劳民伤财已非笔墨所能形容。满清统治阶级的大兴土木与前朝相比实有过之而无不及,如修建圆明园、热河行宫等。在鸦片战争前,国家财政主要投向没有、也不可能由旧有路径向新式工商路径的转移,以催化出由封建帝国向近代社会演变与过渡的异质因子的萌发与壮大。

尽管"满族王朝的声威一遇到英国的枪炮就扫地以尽,天朝帝国万世长存的迷信破了产,野蛮的、闭关自守的、与文明世界隔绝的状态被打破,开始同外界发生联系"①,但这仍需一个极度痛苦的渐变过程。实际上,开启中国近代之门的鸦片战争的硝烟未散,大清帝国社会从总体上来说复归于阒寂的黑屋之中,"中国政府在较为现代化国家的挑战面前,显得腐败无能"②。"师夷之长技以制夷"对魏源等个别人来说或许是强音呐喊,但放在整个社会之中绝非春天惊雷,而犹如死水微澜,与天朝的失语状态的"太平"局面是那么的不谐调。而作为早期现代化启动的洋务运动又是在空前的战争进程及其废墟上起步的,其财政困境可想而知。中国现代化启动之时,正是太平天国对峙江南与英法联军入侵中国之际。大清帝国"内忧外患",财政艰难,故因应农民起义的厘金产生之后,很快成为国家财政的大宗,不仅于"同治中兴"功不可没,而且是洋务企业的财政基础之一,构成了中国早期现代化建设资本原始积累的重要部分。

二、民间资本概貌

一般而言,国强民富,国贫民穷。但也不尽然,而且富与穷也是相对而言的。在中国历史上,往往在国家财政困难、民不聊生之时,

---

① 《马克思恩格斯选集》第1卷,人民出版社1995年版,第691页。
② 罗兹曼主编:《中国的现代化》,江苏人民出版社1995年版,第669页。

正是大量贪官污吏聚财暴敛之际。清朝同样不乏聚敛起巨额财产的官僚、贵族、地主和商人。

直观地看，清朝前期与清朝后期是两个绝然不同的世界。历史的表象似乎确实如此，清朝前期有中国封建社会史上最后一个"盛世"即"康乾盛世"，镇压了吴三桂的叛乱，平定了西北，统一了台湾，还打败了野心勃勃的俄国，建立并巩固了版图超过明王朝的统一的多民族的大帝国。而清朝后期，继鸦片战争败于英国之后，对外战争屡战屡败，不平等条约一个接着一个，丧师辱国，割地赔款，尤其是居然惨败于东邻蕞尔小国日本，无不使人拍案而起；如果与欧美资本主义强国作横向的比较，则更使人切齿痛恨于清政府的腐败无能。但感性的表象毕竟不同于历史的真实。从政治的层面来说，自鸦片战争后大清帝国由主权独立的封建帝国逐渐陷入半独立的半殖民地帝国，这是在沦落；但从社会经济发展的层面来说，由封建经济逐渐转变为半封建半资本主义的经济，则是在发展。清朝后期与前期相比，在社会经济层面，除人均占有耕地数由于人口的大量增加而有所减少外，其他在各方面都在进步而非退步、都在发展而非衰退，如农业（生产技术的进步及耕地单位产量的大幅提高）、手工业、商业的发展，更有代表历史前进方向的现代资本主义工商业、服务业的出现。清朝前期虽有资本主义的萌芽，但毕竟始终处于萌芽的状态，不可能突破封建经济的藩篱，与晚清时期的资本主义新成分不可同日而语。

从国家的财政收入来说，前清鼎盛时期年收入为 4000 多万两白银，晚清则翻了一番，达到了 8000 多万两。清朝到近现代的国民收入虽然增长较缓，但毕竟是在增长而不是在减少，下表反映了中国近现代国民收入增长的情况。[1]

① 刘佛丁主编：《中国近代经济发展史》，高等教育出版社 2001 年版，第 66 页。

中国国民收入(1850—1936 年)　　(1936 年币值:亿元)

	1850 年	1887 年	1914 年	1936 年
农业		99.87	128.01	166.41
工矿交通		14.49	24.80	40.06
服务业		29.07	34.72	51.51
总计	181.64	143.43	187.64	257.98
时期	1850—1887 年	1887—1914 年		1914—1936 年
平均增长(%)	−0.64	1.00		1.45

　　1850—1887 年间之所以出现负增长,除了第二次鸦片战争的影响外,主要是由于清政府镇压太平天国运动对社会经济造成的巨大破坏。虽然社会经济在缓慢发展,但普通中国人的生活水平仍然十分低下,生活资料极其匮乏,基本的温饱得不到满足,必须十分节俭才能生存下去。"中国人在生活的一切方面都是十分崇尚节俭的,在欧洲人眼里看来节俭到几乎接近于吝啬的程度,这里不会浪费任何东西,在其他任何国家都会被丢进垃圾堆的东西在中国也会被当做一件家当仔细保藏。"根据西方人的观察,在任何有人聚集的地方都可以发现有人将一大堆各式各样的显然已没有什么利用价值的物品摆出来出售,比如旧纽扣、空铁罐、旧玻璃瓶或废金属片。购买这些东西并非垃圾回收处理,而是日常使用。一个美国人有一次在中国的乡村旅行,遇上了一个卖废旧物品的商人,"摆在地上卖的东西当中,最有希望卖出去的东西恐怕就是一只死猫。"①这毋宁说是中国人节俭的极端程度,不如说中国的物质资料是何等的匮乏。

　　晚清时期的中国普通老百姓是如此,社会经济更加落后的前清时期的普通老百姓的生活自然好不到哪里。农民深受田赋徭役的剥削和政治的压迫,生活穷困,每岁所入难敷一年口食,"衣牛马之衣,食猪狗之食"。无独有偶,与前述近代外国人在中国看到卖死猫的情节一样,据来华外人记载,清朝前期也有吃死狗或死猫的现象。在广州附近,有数以百计、千计的家庭没有在陆地上的房屋,常常生活在

---

　　①　古德诺:《解析中国》,国际文化出版公司 1998 年版,第 72—73 页。

各种河道上的小小渔船中。他们缺衣少食，"以至于渴望捞到欧洲船只所抛下的最肮脏的垃圾。任何腐臭的肉，例如死狗或死猫，虽已腐烂发臭，他们也十分喜欢，就像其他欧洲国家的人们喜欢最卫生的食物那样。"这里可能有习俗的差异，更有偏见的成分，但即使是"康乾盛世"时期，中国生活资料的匮乏和底层百姓的贫穷却是历史的真实。"中国最下层人民的贫困，远远超过了欧洲最贫穷国家人民的贫困状况。"①所谓的民间资本与财富的积累，实在与众多的普通农民相距遥远。能够积累起可观资本及财富的，除了官僚、贵族就是大地主、大商人。

关于贪官污吏巧取豪夺聚敛起来的巨额财富，清代大约达到了空前的程度，"三年清知府，十万雪花银"并非纯粹的文学夸张。贪婪专权的和珅可谓极端的典型。他仗恃长年得到乾隆的宠幸，利用各种手段积聚起的财富让人真正领略到什么叫做"富可敌国"。乾隆死后，嘉庆立即以其犯"二十大罪"将他治罪抄家。其"二十大罪"之中，除僭越犯上外，其他多与贪腐有关。根据《查钞和珅住宅花园清单》，其家财累计达到 22389 万多两，"内有八十三号，尚未估价"②。当时清政府一年的财政总收入也不过 4000 万两，按以上数字则相当于清政府五年多的财政收入，这里似有夸大之嫌，但减去一半的水分，也达一亿多两；即使仅只其中的十分之一，也有两千多万两，同样是惊人的财富。③ "和珅跌倒，嘉庆吃饱"的民谚正是生动的写照。

---

① 亚当·斯密：《国富论》，华夏出版社 2005 年版，第 56 页。这里所述中国人"渴望捞到欧洲船只所抛下的最肮脏的垃圾"，不禁使人联想起今天的"洋垃圾"。

② 薛福成：《庸庵笔记》，江苏人民出版社 1983 年版，第 64 页。另据《清朝野史大观》之"和珅之家财"记载："其家财先后抄出，值八百兆两有奇。甲午庚子两次偿金总额，仅和珅一人之家产足以当之。政府岁入七千万(指光绪时期)，而和珅以二十年之宰相，其所蓄当一国二十年岁入之半额而强。"(李秉新等校勘：《清朝野史大观》，河北人民出版社 1997 年版，第 649 页。)《庸庵笔记》和《清朝野史大观》当有民间传闻演义放大的成分，但作为正史的《清史稿·和珅传》的记载应当可信：所藏珍珠手串二百余，多于大内数倍，大珠大于御用冠顶；宝石顶非所应用，乃有数十，整块大宝石不计其数，胜于大内；藏银、衣服逾千万；夹墙藏金二万六千余两，私库藏金六千余两，地窖埋银三百余万两；通州、蓟州当铺、钱店赀本十余万。就连家奴刘全的家产也多至二十余万，并有大珍珠手串。以此而论，说和珅"富可敌国"当不夸张。

③ 一般来说，官员的财产在被查抄的过程中，有部分财产会在查抄的各个环节中"流失"或"损耗"，如被有关官员贪占或隐匿，因此贪官被查抄公布的财产总是少于其实际的财产。

除了这些达官贵人之外,普通政府官员、绅士地主、各类大商人等都拥有相当数量的不动产和动产,如果把他们的财产累加起来,其总额之庞大,肯定超出想象。

清王朝的空前统一,尤其是西北、西南、蒙古的安定,使以驿道为枢纽的陆路长远距离交通更加顺畅,为长途贩运的发展提供了便利条件。水运则主要有纵穿南北的大运河以及横贯东西的长江、黄河、珠江等水系。台湾统一,海禁开后,海路又成为沿海商业活动的主要运输线。对于以小农自然经济占绝对优势的封建社会来说,当时的国内水陆交通运输网络诚然蔚为大观了。因此在清代前期已经形成了一个相对比较完善的国内市场。这为商人的经商牟利聚财致富提供了极好的机会,使经商成功比读书成功的概率更高,以至于时有"士而成功也十一,贾而成功也十九"之语。京师及各省省会既为政治、文化重地,亦是经济中心,如北京、南京、苏州、杭州、广州等,另外还形成了一些以商业为主体而闻名遐迩的工商都市,如汉口、佛山、景德镇等。中小市镇及农村集市则更为普及。商业的繁茂,商人势力的强大,促进了商业组织的发展,地缘性质的商业会馆相当活跃,如乾隆年间苏州就有工商会馆共47所。地域色彩颇为浓厚的商帮的规模和力量的壮大是这一时期商业发展的一个重要特色,其中晋商和徽商是名扬天下、难分伯仲的两大商帮。实际上,经商致富绝非明清才出现,而是自社会大分工以来即已有之。司马迁认为追逐利益、满足享乐是人的正常需求,但也有其经济伦理。他认为"本富为上,末富次之,奸富最下",而"用贫求富,农不如工,工不如商"。他在《史记·货殖列传》中记述了全国各地各类经商致富的大商巨贾,如自春秋战国至秦朝的管仲、记然、范蠡、白圭、子贡、猗顿、郭纵、乌氏倮、巴寡妇清等,都是富比王侯、名显天下的巨富。至于汉兴以后,海内为一,富商大贾周流天下,如蜀卓氏、程郑、宛孔氏、曹邴氏、刀间、师史、宣曲任氏、桥姚、无盐氏、韦家栗氏、安陵杜氏、杜杜氏等都是当时的富商大贾,各行各业,甚至从事盗墓、赌博、兽医等而致富者也大有人在,总之经商致富"大者倾郡,中者倾县,下者倾乡里者,不可胜数"。以后历朝历代莫如此,可谓"江山代有富商出"。

封建商品经济的繁荣和巨商大贾的发展在清代能够达到一个超越历史的高度,还有人口剧增的催化和刺激因素。清代人口的暴涨,虽是社会的祸患,但随着消费人口的增多,对商品的需求量尤其是各类土特产品的需求量增加。一个在中国旅行过的外国人认为,这也是"中国人很少关心对外贸易的一种极妙的理由",即国内贸易规模的巨大,"中国是个如此广大、如此富裕、如此多样的国家,光是它的国内贸易就足以供养这个国家从事于商业活动的全部人口"。① 另一方面,人口膨胀更使许多地区人满为患,土地狭窄,生存空间日形逼仄,迫使人们不得不另谋生路,沿海居民背井离乡,出洋漂泊,内地贫民迁入深山野地,形成流民、棚户,相对而言,能有条件经商谋生者,实属幸事。"晋俗以商贾为重,非弃本而逐末,土狭人满,田不足于耕也。"② 徽商的形成也是因为"徽之本土,仅贫篓而不能出"③。山多田少,人众地寡,使徽州地区业田者十之三,而经商者十之七。可见他们经商并非出于崇本抑末正统观念反动之初衷,而实是为生存现实的权宜之计。

晋商、徽商积累起来的商业资本是十分雄厚可观的。其实,无论是晋商还是徽商,在明朝就已形成为财力雄厚的地域性商帮了。明朝中后期资本主义萌芽的出现正是商品经济发展到一定高度的产物,朝廷分派矿监税吏到各地与民争利从另一侧面正好说明了当时商品经济的发达程度。

如山西亢氏号称数千万两,这虽属个别,但数十乃至数百万两者当然不在少数。徽商的财富亦堪侔晋商。徽商中的盐商因享有经营食盐这一特殊生活必需品的垄断特权,其财富盛时达到七八千万两,这相当于清王朝鼎盛时期国库的存银总额(乾隆四十六年户部库存银为七千万两)。徽商之富,时人概而言之曰:上贾藏锱百万,中贾数十万,十数万者只能算作下贾。

地域商帮之中,晋、徽二巨帮之外,广东、福建、浙江、江苏、山东、

---

① 何炳棣:《明初以降人口及其相关问题:1369—1953》,三联书店 2000 年版,第 239 页。
② 《五台新志·生计》卷二。
③ 康熙《徽州府志·风俗》卷二。

江西等各省都有拥资不菲的大商户。

尽管进出口贸易在当时整个国民经济的份额中所占比重极微，但因进出口贸易主要集中在广州一口，如盐商类似，广东行商又享有从事进出口贸易的世袭垄断特权，这项高额垄断利润集中在一个地方的极少数人身上，故其财富的绝对值就非同小可了。如怡和行伍秉鉴一年挥霍后的余款即达千万两有奇，1834 年其财产"共约值二千六百万元"①。另据外人记载，同孚行潘启官"从他的父亲那里继承的遗产超过 2000 万元，不到浩官财产的三分之一"，"据说他拥有的财产超过 1 亿法郎"②。

如果与地理大发现时期的西欧相比，中西富人财产的差异几若天渊。为了远航，哥伦布向西班牙、葡萄牙和英国的王公贵族筹措经费，但每每碰壁。1492 年哥伦布首次远征的船只、武器、给养等各项物资，共费去 150 万马拉维迪斯，加上队员的工资，全部投资约 200 万马拉维迪斯，约合第二次世界大战前夕的美金价值 14000 元。其中哥伦布由借债而来的个人投资为 25 万马拉维迪斯。这次远航虽然得到了西班牙国王费迪南王后伊萨拜拉的鼎力相助，但国王穷困得拿不出钱来，王后则横下一条心，变卖钻石首饰，进行投资。另外还有一些是和哥伦布与伊萨拜拉做着同样发财美梦的富翁提供赞助。尽管与哥伦布同时代的明朝民间私人的富有程度可能不及清代的豪富巨贾，尽管比哥伦布更早的郑和七下西洋的壮举是大明帝国的政府行为，但当时社会上的财富资本绝不至于羞涩到哥伦布筹措在中国人眼中为数实在不丰的经费时的狼狈窘状。十六七世纪欧洲帝王的财富同样让人难以启齿，如"英国的伊丽莎白经常债台高筑，日耳曼的马克西米伦（Maxinilian）和西班牙的费迪南死后都穷得没有安葬费，而法兰西王亨利第四听说自己有 150 万镑的财产，则大喜过望"③。难怪在当时西方人的心目中，东方是黄金遍地的人间天堂了。

从一定意义上说，中国封建历史上并无真正意义的私有财产，

---

① 《鸦片战争》第一册，神州国光社 1954 年版，第 270 页。
② 亨特：《旧中国杂记》，广东人民出版社 1992 年版，第 89 页。
③ 严中平：《老殖民主义史话选》，北京出版社 1984 年版，第 96—97 页。

"溥天之下,莫非王土;率土之滨,莫非王臣"。所谓私有财产占有者不过是皇帝私人财产的暂时保管者和经营者,皇帝可以在任何时候以任何理由随意处置和剥夺其他人的财产权利。但即使如此,那些"临时"的富豪们的巨额资本应该可以为资本主义萌芽的发展壮大以至突破提供坚强的原始资本基础。然而,这些资本的行走路径绝大多数并未指向工商业。

三、置地买官:投资理念的误区

如前所述,中国的大中地主主要是通过读书做官而成的缙绅地主,其合法或非法积聚财富的途径主要是依其政治特权,不是经商致富,这决定了他们的资本不可能投向正常的商品市场。对于商人来说则不一样,其财富资本是商业运行的结果,为了使财富增值,他们理应追加资本,扩大生产。但事实却并非如此简单。

在前现代的中国社会,无论是官员还是商人,一旦手中有可观的财富,他们投资的首选对象往往是土地,以从事封建地租剥削。这与中国封建社会几千年来的"重农抑商"政策直接相关,"本末"思想深入人们骨髓,成为"集体无意识"。因此,商人也将他们经商所得的收入部分转投土地,或者干脆放弃经商而成为绅士地主。即使近代工商业兴起后,在现代工业资本困难、急需积累的情况下,仍有部分资本家将经营现代工商业而获得的部分利润转向农村田地。他们总认为,田产虽然可能没有商业那样利厚,但从事封建地租剥削最为安全稳固。中国人的这种浓厚的"土地情结"是投资理念的重大误区之一。这也正是孔子"君子怀德,小人怀土"[①]思想的反映。

稳定的高地租率是阻止商人资本投入生产的一个重要因素。中国的地租率自秦汉至明清大体上固定为50%,有时甚至高达60%至70%。这在古代世界是相当高的水平。日本的贡租率一直在45%以

---

① 《论语·里仁第四》。

下,1770 年以后更保持在 30％—35％之间。① 即使到上世纪 20 年代,在直隶、山东、江苏、安徽、浙江等地有时一年之租就可能购得该田,这当然是极个别的例外,中国各省、各地差异很大,购买年数一般在 6 年到 16 年之间,大多在 10 年左右。"与欧罗巴的购买年数相比较,可以明白现代中国的佃租很高。即俾斯麦时代普鲁士的购买年数,为二十八至三十二年;十八世纪英国产业革命时代为二十至二十五年;欧战后的德意志为二十年,英国为二十七至三十年。由此,可知中国的佃农,如何地在佃租的过重下呻吟着。"②出租土地坐食地租合理合法,既稳定又安全。商业既被视作末业,其利润的获取更要承担市场风险。而且资本在运动过程中,商业利润率存在着下降的倾向,只是因为同时存在各种相反因素的作用与抵消,使之只停留于倾向性质,并伴随利润量的增加。在传统中国,由于各种超经济因素的制约,利润率下降很容易由倾向性质转化为现实存在,而利润量的上升却又常常没有与此相伴随。因此,商业利润缺乏足够的吸引力驱使商人将流通领域内的资本提前投入生产领域,以获取预期的资本增值。商人对利润增值的希望值远不如对地租的期望值的估计高。与极少量的资本投入商品生产形成反差的是,大量资本投入土地买卖,而且其土地种植并不具备商品生产的性质。商人资本向土地流动,商业利润向土地回归。富裕的商人大量购买土地,形成商人—地主阶层,由商人而成为田连阡陌的大中地主,再也不必为经商的风险而担惊受怕,正所谓"与时俯仰,获其赢利,以末致财,用本守之,以武一切,用文持之,变化有概,故足术也"③。

对于拥有巨资的非官僚来说,其资本的另一重要投向是官爵功名。由于这种钱权交易在清朝是为政府所倡导的合法行为,因此凡有余钱的商人、地主几乎没有不从事这项交易的,尽管他们所买来的大多是一种虚衔,但毕竟取得了相应的官员品级及社会政治地位。

---

① 古岛敏雄:《近世经济史的基础过程》,岩波书屋 1978 年版,第 138—139 页。龙登高:《商人资本向生产领域渗透的历史进程》,《云南社会科学》1998 年第 4 期。

② 章有义编:《中国近代农业史资料》第二辑,三联书店 1958 年版,第 112—113 页。

③ 司马迁:《史记·货殖列传》。

对政府来说，当其出现财政困难时，亦以卖官鬻爵作为敛财的重要手段之一，二者各取所需，相得益彰。即使在近代，非科举出身的买办、资本家几乎无一不捐得某一官衔；新政时期，朝廷亦以官品、顶戴来奖励工商业者。这一"官本位情结"是投资理念的又一误区。

中国是一个官本位意识极为浓厚的国度，在"士农工商"四民等级之中，工商的地位尚在农之下，成为"士"这一社会上层等级是普通老百姓梦寐以求的幸事。经营工商的人无论多么富有，但却缺乏相应的社会政治地位，不仅得不到人们的尊重和承认，反而作为市侩而遭鄙视。所以商人致富后热衷于攀缘官府的志趣和偏好并不是少数人的情感冲动，"他们的个性是受非常具体的阶级关系所制约和决定的"①。

以盐商为例，他们耗费巨资攀附封建势力，既是为了寻求官府的庇护，获得政治的护身符，以保全其财富，也是为了继续保持其经营盐业的垄断特权，或者借助官府权势，官商勾结，徇私舞弊。时人语之为"官以商之富也而朘之，商以官之可以护己也而豢之"。盐商们经商家业兴隆之后，他们大多不是考虑如何扩大生产。从其获取财富的方式来说，他们以封建政治势力为倚傍，凭借特权在流通领域牟取厚利，不必向生产投资。这堵塞了商业资本可能向产业资本转化的渠道，使其封建性更加强固。反之亦然，其资本愈是局限在流通领域内，愈需封建政治势力的荫庇，形成了一个利益相关的恶性圈套。

盐商发富后的头等大事是如何读书应试而获得"正途"出身，"张儒扬名"，以实现"大吾门"、"亢吾宗"的政治意愿。在这里，经商仅仅是改变家庭经济条件的手段而已，并非目的，读书做官才是他们的终极追求目标和人生价值的体现。这是一条经商——从政曲径通幽之路。从此极至彼极的媒介主要有两条，其一是读经应试中举。有些人早年因家贫而无力读书，故经商致富后转攻儒业；有的尽管商业成功，但已年老体衰，自己不能业儒应试只能引为终生憾事，于是只好将平生这一夙愿志向转移给下一代，倾力培养督促其子孙攻取举业。

---

① 《马克思恩格斯选集》第 1 卷，人民出版社 1972 年版，第 84 页。

其二是捐官。捐官虽有别于正途出身，但毕竟取得了相应的身份和地位。

这样的例子是很多的。如徽商金赦经商致富后，其妻对他说："乃今所不足者，非刀布也。二子能受儒矣，幸毕君志而归儒。"于是遣其二子入太学读书。盐商汪才生甚至告诫儿子发愤攻儒时说："毋效贾竖子为也"，老子竟然在儿子面前自贬为"贾竖子"，可见其贵儒贱商思想倾向程度之强烈。已是"上贾"的汪海命其子入太学治经攻儒，希望"庶几异日大吾门"。他们普遍认为"非儒术无以亢吾宗"。①这里并不是从纯粹学术的角度重视"儒"，而是因为业儒才可通过科举考试，因此"崇儒"的深层心理即是崇官。个人的社会政治地位主要取决于功名禄位，而非财富之多寡。乾隆年间的盐商总商鲍志道经艰苦奋斗，任总商二十年，为完其夙愿，他全力培养其子读经应试，次子鲍勋茂不负父望，进士中第，官至内阁中书兼军机行走，实现了正途为官之愿，此后鲍氏子弟基本上放弃了经商。从商虽可富埒王侯，但只有读经入仕方可扬名立功，光宗耀祖。

捐官之外，凡遇军用、河工、赈济等事，清政府也以报效、捐输等名屡向商人勒索敲诈。盐商报效军需之例肇于雍正年间，当时芦商曾捐银十万两，"嗣乾隆中金川两次用兵，西域荡平，伊犁屯田，平定台匪，后藏用兵，及嘉庆初川楚之乱，淮、浙、芦、东各商所捐，自数十万、百万以至八百万，通计不下三千万。"②根据现代学者的研究，乾隆三十九年（1773 年）盐商报效军需达 610 万两，乾隆四十七年（1782年）盐商报效河工达 380 万两。"由康熙十年（1671 年）至道光二十二年（1842 年）止，盐商先后报效的银数共达 50829161 两，其中最大的用途是军需报效，其次是河工报效，又其次是助赈。"③这种账面的数字往往比实际"劝捐"的数目小得多，因为在劝捐、报效的过程中，各

---

① 转见张海鹏、王廷元主编：《徽商研究》，安徽人民出版社 1995 年版，第 409—410 页。
② 赵尔巽等：《清史稿·食货四》，中华书局 1977 年版，第 3613 页。有近代学者研究，乾隆和嘉庆两朝，盐商和广东行商的报效款共达 4000 万两左右，但有些报效可能有名无实。参见王业键：《清代田赋刍论（1750—1911）》，人民出版社 2008 年版，第 12 页。
③ 汤象龙：《中国近代财政经济史论文选》，西南财经大学出版社 1987 年版，第 206 页。

级官员抑勒、吏胥需索之数不止少数。如太平天国运动爆发后，户部奏准商民出资助饷，但在山西有些州县即出现借劝捐以肥己的现象，"如富民愿捐五百，必勒令捐一千。迨至遵捐一千，则又止令书五百。其余五百但令缴纳，不令登写，明为公捐，暗饱私囊。"①抑勒与需索当是普遍的现象。这种"报效"直到晚清现代工商企业产生后仍被沿袭，从而成为现代企业额外的沉重负担。因战争之外的其他事情捐输，迄至光绪、宣统不可胜举。

传统的儒家义利伦理观念对商人们既有积极的意义，如诚信经商、见利思义等，但更有消极的影响，因为"君子喻于义，小人喻于利"，经商牟利似乎是"小人"之举，这也是商人或其后代弃商从学的重要原因。这其实是对孔子义利思想的误解。作为儒家学说的创立者，孔子虽然说过"君子谋道不谋食"、"君子忧道不忧贫"(《论语·卫灵公第十五》)，但他绝没有笼统地反对和排斥追富求贵，只是反对无"义"之富、无"道"之贵。《论语》中有很多经典的话语阐述了富与贵在道与义的前提下的正当合理性，如"富与贵，是人之所欲也，不以其道得之，不处也。贫与贱，是人之所恶也，不以其道得之，不去也"(《论语·里仁第四》)。富与贵是人性的正当欲望，但要以道得之。孔子还说："不义而富且贵，于我如浮云"，"富而可求也，虽执鞭之士，吾亦为之，如不可求，从吾所好"(《论语·述而第七》)。孔子在这里明确地表示出了对富与贵的向往，但他鄙视不义的富与贵。当国家政治与政策无道时，只追求个人的富与贵是可耻的，但是"邦有道，贫且贱焉，耻也"(《论语·泰伯第八》)。当国家政治清明、社会公平时，如果还是又贫穷又卑贱，对于个人来说是可耻的，对于国家来说同样是可耻的。国家的政策如果不能激励民众公平合法地追求富贵，如果不能有效保障民众的基本生活，反而造成贫富的两极分化，那么所谓宣传上的正义与道德就是虚伪的。富贵本身并不可耻，但前提是符合"道"与"义"，所谓"君子爱财，取之有道"。契合道义与公平的富贵不仅应该是光荣的，而且应该是值得社会尊重和提倡的。孔子的义利伦理体

第一章 早期现代化启动时的资本状况

系本来是一架平衡的天平,问题在于,后人阉割了"利"而畸重了"义",在打破了天平的平衡的同时,也造就了无数满口仁义道德实际贪得无厌的伪君子。中国的封建王朝历来以商人为勒索的最佳对象,而不问其财富的来路是否正当合法,士人耻于与商人为伍,无商不奸成为大众意识,使处于四民之末的商人自己也失去了主体的自信与自尊。于是曾经被迫经商的商人一部分转向土地,一部分投入士林,还有一部分商人干脆生活在金钱享受的世界里。这使中国古代少有经商世家而多有官僚贵族世家。

显贵富豪们骄奢淫逸,奢靡享乐,大量资本被耗于非生产性的生活消费上,这也不能不算是又一个"投资"理念的误区。

上自皇帝下至普通官员是追求排场、穷奢极欲的导向。前述康熙及乾隆的南巡正是示范。南河河道总督"每岁经费银数百万两,实用之工程者十不及一,其余以供文武员弁之挥霍、大小衙门之酬应、过客游士之余润。凡饮食衣服车马玩好之类,莫不斗奇竞巧,务极奢侈。"如一豆腐有二十余种,一猪肉有五十余种。一碗豚脯要用数十头猪之背肉,余肉则尽弃之。他如鹅掌、驼峰、猴脑、鱼羹等珍怪之品皆类是。"食品既繁,虽历三昼夜之长,而一席之宴不能毕。故河工宴客,往往酒阑人倦,各自引去,从未有终席者。此仅举宴席以为例,而其余若衣服,若车马,若玩好,豪侈之风,莫不称是。"[1]相比之下,普通官员的奢靡程度可能要逊色不少,但漕运官员当然是有过之而无不及了。这些官员的耗费尽管源自国家财政,但毕竟是社会财富。

富商大贾们当然也竞相奢华,豪宅花园,妻妾成群。如行商潘启官在广州的一处房产"比一个王国的领地还大",每年花在这处房产上的花费达 300 万法郎,而在中国北方还拥有另一处更好的房产。[2]中国的贵族"都娇生惯养,非常讲究穿及佣人的服侍,并在吃喝上面花费大量金钱和时间,因为顿顿都是宴会,长达整日整夜"[3]。盐商巨额财富除了用于捐官、报效和捐输之外,大多被耗费在非生产性的挥

① 薛福成:《庸庵笔记》,江苏人民出版社 1983 年版,第 71—72 页。
② 亨特:《旧中国杂记》,广东人民出版社 1992 年版,第 89—90 页。
③ 平托等:《葡萄牙人在华见闻录》,澳门文化司署 1998 年版,第 133 页。

霍上,其排场甚至"越礼犯份"而引起清朝皇帝的注意和不满。雍正皇帝曾下旨要"敦风俗、崇节俭",而奢靡之习莫甚于商人,其中尤以盐商特别是淮扬盐商为甚。他说:"朕闻各省盐商内实空虚而外奢靡,衣服屋宇穷极华靡,饮食器具备求工巧,俳优妓乐恒舞酣歌,宴会对游殆无虚日,金钱珠贝视为泥沙。甚至悍仆豪奴,服食起居同于仕宦,越礼犯分罔知自检,骄奢淫逸相习成风,各处盐商皆然,而淮扬为尤甚。"①他们大建园林府第,纳妾蓄婢,奢侈腐化,挥金如土。其实不仅是商人,就是中国普通老百姓在生活消费上的"潇洒"也是早已闻名世界的,"博大精深"的"食文化"、"酒文化"等等"国粹"至今仍是人们钟情乐道以至于专题研究的偏好话语与课题。早期到过中国的葡萄牙人即看出中国人的挥霍浪费:中国不仅人口过多,而且"又挥霍,非常讲究吃、喝、穿以及家里的其他服务,特别是非常能吃"②。

"资本耗散"还体现在其他方面。赞助家族及社会公益事业。前者如直接援助本家族较贫穷的成员,以及编写族谱,修建宗祠,设立义塾、义田、祭田等等;后者如赈灾、建桥、修路、设书院、捐寺庙等等。徽州著名的紫阳书院就是盐商捐建。明清以降至近现代安徽的文化学术之所以比较繁荣,重要的原因即在于徽商的大力襄助文教事业。

缺乏长子继承制,众子平均继承财产的制度也是资本耗散的极为重要的因素,"富不过三代"并不仅仅是经营才能的递失,它还使个人财富有趋零的倾向。

资本耗散之外,"财不外露"也是中国人恪守的古训之一,他们常将相当部分的财富以金银珠宝等的形式窖藏地下,并不总是倾其所有用于买地捐官。

崇本抑末观念的限制,官本位意识的羁绊,儒家义利伦理的约束,封建政府的掣肘,使前现代中国的商人资本具有比较明显的后退态势,极大地钳制了商人对资本利润追求的无限欲望。与之相反,西方新教上帝选民的"天职"观则认为,上帝的选民必须最大限度地获

---

① 《清朝文献通考》卷二十八,征榷考·盐。
② 平托等:《葡萄牙人在华见闻录》,澳门文化司署 1998 年版,第 108 页。

取财富,一种职业能否博得上帝的青睐,"必须根据它为社会所提供的财富的多寡来衡量","而最重要的标准乃是私人获利的程度"。①获利是上帝的直接意愿,这种观念较彻底地破除了获利冲动的各种束缚,为"选民"们无限制地追逐利润提供了绝好的正当理由,对于"资本主义精神的那种生活态度的扩张肯定发挥过巨大无比的杠杆作用"。两相对照,在商业运作的整个过程中,中国的商人如逆水行舟,行事维艰,进难退易;西方商人则似离弦之箭,义无反顾,一往无前。因此,在中国前现代社会的富商及其子弟之中,只能产生一批商人地主和官僚政客,而不可能发展出最新的资产阶级分子。而一旦现代工商业自外移植,富官豪商们面对这些新奇事物,绝大多数并无投身其中的思想准备和外在行为,资本的原始积累始终处于严重的饥渴状态,迫使厘金为它本不应有的资本原始积累的职能超期服役。

四、专利与官利:诱力与阻力

在前现代社会,国家财政和官僚、绅士、地主的财富不可能投向工商,商人经商所得的商业利润大量被封建土地和官爵举业吸收。现代化不能从封建社会自身母体内孕育成熟,破腹而出,一旦被迫从外移植现代化时,现代化建设必备条件之简陋就是必然的了。晚清的"专利"和"官利"制度既是为了推进现代化的建设性政策,同时也是现代化继续深入的破坏性措施。

19世纪60年代,因迫在眉睫的军事急需,清政府移植的西方现代工业首先是军工企业,其特殊的性质决定了企业创办的资本来源是国家的财富拨款。70年代民用工业应运而生时,本来处处捉襟见肘的清廷财政再也不可能事事包揽,而不得不倡导民间投资现代工商业。当时社会上存在着相当数量的闲散资金,除上述传统民间财富之外,手握巨资的买办阶层的兴起是现代工业产生之前的中国民

---

① 马克斯·韦伯:《新教伦理与资本主义精神》,三联书店1987年版,第127页。

间资本状况的一个新现象。鸦片战争后的二十年间,尽管进出口贸易的相对值不足大观,但其累计的绝对值仍不可小觑。1840 年后的二十年进出口贸易总额当在 10 亿元左右。进出口贸易少不了买办商人的中介,他们通过为外国资产阶级积累资本的方式,分得残羹余沥而积累起自己的资本。买办的中介费即使以从低的 2%—3% 计算,则二十年中买办阶层积累的佣金也可达 2000 万—3000 万元左右。[①]与旧式商人资本不同的是,买办资本是从现代进出口贸易中获得的,他们一般又附股洋行投资现代商业以至工业。如上节所述,因政治、经济、投资理念等一系列复杂因素的影响,旧式的民间资本难以投向现代工商业。洋务运动时期的顽固派刘锡鸿在反对清朝自己造船时曾说:洋人花费巨资造船的目的是为了贩运牟利,"若中国如伍怡和等巨富余力可兼及此者良不多觏,其他家赀十万以至数十万,自有本土田宅店肆可以衣租食税,履坦途以为安,必不肯舍孤注以临不测。即使意在贩运,亦第僦诸洋人而航之可矣,何肯竭家赀萃于一船乎?"[②]刘锡鸿反对中国自造轮船是其顽固的表现,但他所言中国普通商人不愿投资现代工商业却是不争的事实。买办资本虽有投资意向,但又无条件。清政府兴办民用工业时,为筹集资本,鼓励民众投资工商,特意制定优惠政策以保证投资者的收益,专利与官利正是如此。

晚清的专利是给予某企业在一定年限和区域的独家垄断经营权。

洋务运动中创办的第一个官督商办大型民用企业轮船招商局,在中国航运业中获得了清政府全力支持的独尊的地位。它是否明文享有"五十年内只许华商附股","不准另树一帜"的专利权学术界尚有争议[③],但在实际运行过程中,其他筹组航运公司的设想和活动都因招商局的存在而夭折。如光绪八年"沪商叶成忠禀置造轮船,另立广运局。以直督李鸿章批饬'不准独树一帜'"[④]。其实,"独树一帜"

---

① 张国辉:《洋务运动与中国近代企业》,中国社会科学出版社 1979 年版,第 123 页。
② 刘锡鸿:《刘光禄遗稿》,台北文海出版社 1988 年影印版,第 184 页。
③ 参见张后铨主编:《招商局史(近代部分)》,人民交通出版社 1988 年版,第 57 页。
④ 交通史编纂委员会编:《交通史航政编》第一册,1935 年印,页二二二。

的正是李鸿章本人。同年李培松、郑观应等人拟组建一个行驶内河的小型轮船公司,"自沪至苏、自镇至扬,先行试办"①,准备用小火轮五只,只搭客,不载货,虽禀准了两江总督左宗棠,但仍因招商局的阻挠而无果。另外还有任雨中、杨志中、汪玉亭等人请求试用小轮船,航行岳州、沙洲及苏、杭、湖、扬等处,亦未能行。此间,广州、香港、南洋及苏、杭、沪等地均有华商拟组织轮船公司从事近海、内河及远洋航运的尝试,大多未取得成功,少数成行者也只能打着洋人的旗号。未成功的原因很复杂,地方当局害怕外国势力乘机涌入及担心偷漏厘税,也有守旧势力的反对,但招商局的垄断也是重要因素。②

上海机器织布局在筹建过程中,创办人之一郑观应于1881年向李鸿章请求给予专利,"嗣后上海一隅,无论何人,有志织务者,只准附入本局合办,不准另立一局,显分畛域,则成本愈厚,利效可久,而风气益开矣。"③这是较早提出"专利"保护的记载。但是这里的专利只限于上海一隅。不久郑观应又禀请李鸿章,"请准给年限以防外人争利","请宪恩酌给十五年或十年之限,饬行通商各口无论华人、洋人,均不得于限内另自纺织。卑局数年来苦心巨资,不致徒为他人争衡,即利效未敢预期,而后患庶几可免矣。"④这时的专利又由上海一隅扩大到通商各口。李鸿章根据郑观应的建议,以"泰西通例"为由,奏请清政府对上海机器织布局"自应酌定十年以内,只准华商附股搭办,不准另行设局"⑤。李鸿章更进一步将专利的范围拓展到整个中国了。其实也有例外。张之洞任两广总督期间,感到洋布流行,"年中以千余万计,大利所在,漏卮宜防。粤拟设织布纺纱官局",当时上海机器织布局已获10年专利,故张之洞特致电李鸿章询问10年专利"以是否专指上海而言?粤设粤局,本与商局有别,且进口布多销旺,

----

① 《盛世危言后编》卷十,"船务"。夏东元编:《郑观应集》下册,上海人民出版社1988年版,第797页。

② 参见聂宝璋编:《中国近代航运史资料》第一辑(1840—1895年)下册第四编第二章有关内容。上海人民出版社1983年版。

③ 《盛世危言后编》卷七,"工艺",《郑观应集》下册,第533页。

④ 《盛世危言后编》卷七,"工艺",《郑观应集》下册,第534—535页。

⑤ 《李鸿章全集》第3册,时代文艺出版社1998年版,第1716页。

断非沪局所能遍给。粤供粤用,犹恐不给,当不致侵沪局之利"。^① 李鸿章复电"粤设官局距沪较远,似无妨"^②,表示同意。张之洞遂在广州筹建织布官局,后因张调督两湖,继任粤督李瀚章不想多事,故尚在筹划中的织布局随移武汉,这就是后来的湖北织布官局。这是因为张之洞代表官方,如果换成私人资本恐怕李鸿章就不会如此轻易同意了。

1894年,在上海机器织布局火灾废墟上重建的华盛纺织总厂又投入生产。李鸿章上奏清政府,认为华商资本有限,为避免跌价倾挤,"应请饬下总理各国事务衙门立案,合中国各口综计,无论官办商办,即以现办纱机四十万锭子、布机五千张为额,十年之内不准续添,俾免壅滞。"^③于是纺织厂再获10年专利。

清末官督商办或商办企业获得专利的企业还有很多。盛宣怀为了保证汉阳铁厂用煤,于1898年奏请禁止萍乡另立煤矿公司,由萍乡煤矿独擅其利。"诚恐萍乡运道开通,经营有绪,复由商人别立公司,纷树敌帜,多开小窿,抬价收买,以坏我重费成本之局。……拟请嗣后萍乡县境援照开平,不准另立煤矿公司。"^④得到朝廷批准。后湖南人曾广钧等在萍乡开设宝源聚公司采煤,盛于1901年致电湘抚严禁。广东宏远堂造纸厂以每年报效银1000元并完纳税厘以换取当局给予的"十年之内不准别人另购机器制造"的专利^⑤。

新政时期,《公司律》颁布后,各地在创办公司时,一些绅商、官吏也向政府申请了专办某事的特权。如1906年程恩培集资20万两在安徽阜阳开设裕兴机器榨油有限公司,得到商部扶持,给予"专办五年"的专利。^⑥再如早在1897年宋炜臣在汉口设立的燮昌火柴厂获清政府25年的专利,1906年华商吴得厚联合日商准备在汉口再设火柴厂时被清政府禁止,又有人在宜昌的设厂计划亦因此夭折。其他

---

① 《张之洞全集》第七册,河北人民出版社1998年版,第5308页。

② 《李鸿章全集》第9册,第5627—5628页。

③ 《李鸿章全集》第5册,第2861页。

④ 《愚斋存稿》卷二,奏疏二,页十六。

⑤ 《字林沪报》1889年5月7日。

⑥ 《商务官报》1906年第3期。

如山东峄县中兴公司、大生纱厂、河南广益纺纱厂、北京志成合资纺纱有限公司和丹凤火柴公司、芜湖机器织布厂、通燧火柴公司、江西机器造纸公司、徐州耀徐公司、镇江开成公司、南通大兴麦粉厂、裕兴机器榨油有限公司、张裕酿酒有限公司、汉口既济水电公司、天津永丰化学公司等等都取得范围有别、年数不等的专利。①

专利的本意原是指法律保障创造发明者在一定时期内由于创造发明而独自享有的利益，并不是给开设企业以专利权。对比之下，上述中国近代企业所获得的"专利"并非知识产权的专利，而属于划分势力范围的垄断行为。这种不是现代技术"专利"的行业垄断"专利"在前现代即已存在。即使在封建政府及封建行会的控制下，一般来说，同一行业绝非一家经营。但据记载，京师红果（即山楂红）行只天桥一家，别无分行，他人亦不能开设，原因即在呈部立案"专利特许"。据传当时本有两行，争售贬价，各不相下。忽一日有人调停，特设饼撑，以火炙热，有能坐其上而不呼痛者，即归其独开，不得争论。议定之后，此家主人即解下衣盘膝坐其上，火炙股肉支支有声，须臾起立，而两股焦烂，未至家即倒地死。"而此行遂为此家独设，呈部立案，无得异议。"又有无锡冶锅坊系王姓世业，其锅发售遍江南北，原因与此类似。清初时，王与某姓争冶业，相约煎油满锅，至油沸，沉秤锤于锅中，谁以手取出，即世其业。时王姓有一年老店役，思效忠于主人，因即代表王姓，入手于沸油攫锤出，投锤于地，臂亦同脱，即时殒命，"遂呈部立案，王姓得世其业"。② 可以看出，这种残忍的、以生命挣得的"专利"不是现代的知识产权专利，而是行业特许专营。晚清时期现代企业的所谓"专利"其实是这种特许垄断行为的延续与变迁。

在经济学上，资本主义经济主张自由竞争，坚决反对封建行会的各项束缚。通过自由竞争，优胜劣汰，行业兼并，又发展到高一级的垄断。中国近代企业产生之初的专利当然不同于自由竞争之后的垄断，它实际上是封建行会性质划分势力范围行为在近代企业中的因

---

① 参见汪敬虞编：《中国近代工业史资料》第二辑下册，科学出版社 1957 年版，第 1111—1123 页。

② 李秉新等校勘：《清朝野史大观》，河北人民出版社 1997 年版，第 1337 页。

袭和演变。正如一位外国学者所说："中国传统的做法不是造出较好的捕鼠笼来捕捉更多的老鼠，而是向官府牟取捕鼠专利。"[1]

洋务军用企业因纯属官办，又是地方实力派在自己的势力范围内兴建，故没有"专利"一说。民用企业兴起之后，因有私人投资入股，涉及到个人分利的问题，为了保护其利益，就有必要实行"专利"了。

郑观应在申请上海机器织布局的专利时说："查泰西通例，凡新创一业为本国所未有者，例得畀以若干年限，许以专利之权"，"华花质粗纱短，不耐机梭，中外久苦其难，今试验改造，实已几费心力，前此未有成事之人，则卑局固已合创造之例。"[2]从郑观应的话中可看出，他对专利的理解包含有正确的因子，对华花不耐机梭的技术问题的解决可视为发明专利，但若按专利本意应予保护的是该项技术而非纺织厂。可见以颇晓西法而自负和闻名的郑观应对专利的认识仍属似是而非。

在中国近代企业创办之初，为了集中资本和力量，避免不良竞争和挤兑，保护投资者的利益，专利制度确曾起过一定程度的积极作用。如官方对招商局的全力的扶持，集中了资本和力量，才在与外国轮运公司的激烈竞争中立稳脚跟并渐有发展。李鸿章、盛宣怀等要求专利时都强调避免本国资本以降价的方式竞争，从而保护脆弱的民族资本的利益，这不是没有道理的。但从发展和总体上看，专利制度名为"保护利权"，实成变相阻碍，其消极作用愈到后来愈大且明显。能取得专利者，大多与官有密切联系，他们排挤的正好是民间资本兴办同类工商业，对外国资本主义则大多无能为力。

对招商局的垄断专利，连当时在华的外国人就说："中国商人已经发觉，在高喊着抵制洋人声中设立的招商局，其实际结果只是阻碍了他们自己的发展"，所谓招商"倒成为他们从事沿海贸易与航运的最大障碍"。[3]棉纺织业事关国计民生，尤不应简单"专利"。时人论及上海机器织布局的专利之弊时指出：泰西的专利"本为鼓励人才，

---

① 费正清：《美国与中国》，世界知识出版社 1999 年版，第 46 页。
② 《盛世危言后编》卷七，"工艺"。《郑观应集》下册，第 534—535 页。
③ *North China Herald*，1879.4.15.

兼酬其创始之劳,不闻因人之法而复禁仿效者。况中国此举,系欲收回洋利,以拒敌洋纱、洋布来源之盛,非与本国人争利也,设若误行此例,是何异临大敌而反自缚其将士之手足,仅以一身当关拒守,不亦颠乎!"①故中国不仅不应禁止,反应多方劝导,广设棉艺局厂。

甲午战争以后,西方列强取得在华通商口岸设厂制造之权,继续过分强调"专利"只能更加束缚自己的手脚。效仿日本,广兴实业的呼声日渐高涨。1895年清政府也谕劝"多设织布、织绸等局,广为制造"②。可见专利的确有碍于内振实业,外争利权。以燮昌火柴厂为例。由于燮昌的专利,其他设立火柴厂的计划均未实现,但燮昌凭借其垄断地位,发展缓慢,生产能力赶不上市场需求,其销售火柴的湖北、湖南、四川、河南、陕西、山西等省每年要从日本进口100万盒左右的火柴。可见专利对中国现代化进一步发展的阻碍。

与专利制度"异曲同工"的是官利制度。

"官利"本意是指从事官营买卖而获得的稳定利润。晚清时期,为了使投资者的利润有稳固的保障,规定企业无论盈亏,都须以固定利率(大体在7%—10%之间)定期向股东发放股息。故企业年终结账时先提官利,再算利润,有余时方分红利。产业利润表现为借贷利息以上的余额。在晚清实业领域,与专利制度相比,官利制度更具有普适性。

官利制度也始于洋务民用企业。军用企业是国家财政拨款,不存在分利于个人,民用企业有私人投资,故有关私人资本的收益。第一个洋务民用企业轮船招商局成立时,其条规之三规定:"每股(100两)官利,定以按年一分(10%)起息,逢闰不计。年终凭股份单按数支取。"③此后无论是官督商办还是商办企业,无论是官款接济还是私人投资,官利成为近代企业的定制,其招股章程和发行的股票中都有关于官利的说明。如光绪三年(1877年)开平矿务局招商章程的第六条规定,每年结账一次,"将每年所得利息,先提官利一分,后提办事者

---

① 汪敬虞编:《中国近代工业史资料》第二辑下册,科学出版社1957年版,第1123页。

② 朱寿朋编:《光绪朝东华录》(四),中华书局1958年版,第3944页。

③ 聂宝璋编:《中国近代航运史资料》第一辑下册,上海人民出版社1983年版,第775页。

花红二成,其余八成仍按股均分。"光绪六年上海机器织布局招商集股章程中明确规定:"股本宜提官利也。今集股四十万两,官利照禀定章程周年一分起息,每年共计九八规银肆万两。"[1]光绪九年试办山东滨海各铅矿章程规定:自"收银之日起,先行派分庄息,俟熔炼发售之后,长年官利一分,并找足以前庄息不敷一分之官利。此外余利,按照十五成开派。"[2]光绪十二年贵州矿务局拟招三千股,每股 100两,"每股给股份票一张,息折一扣。……按月八厘起息,为之'官利',届期携折向入股之局或原经手人支取。除原利外,犹有盈余,谓之'余利',议作十五分均摊,以十分归各股友匀分,其余五分为奖励各局诸人办事勤劳之用。"[3]光绪十三年漠河金矿章程规定,产品运售后,"按月一小结,周年一总结,共得金沙合银若干两,除将贷款陆续提还,并将官利及员司矿师水局费夫役护勇工食一切开支外,若有盈余,作为二十成均分。"[4]广东自来水公司每年垫付股本利息"为数不赀"。[5]湖北织布官局所用广东股本 16 万两,六厘起息。湖北纺纱官局准备商办时,张之洞要求官本 30 万两"按年取息,不问盈亏"。[6]总之,官利制度是各公司通行的制度。

产业界的官利制度能通行于整个近代绝不是偶然现象。从根本上说,这是由当时的封建农业经济占主导地位所决定的。近代企业兴办之初,缺乏充足的政治、法律及人们心理习惯的准备,创办新式企业筹资是首先遇到的一大难题。资本是要获取利润的,利润的高低是其投向的最重要的驱动因素。虽然在兴办实业的资本家中不乏将振兴民族经济置于个人利益之上的高尚爱国者,但逐利是人的本性,对绝大多数人而言,不可能漠视个人利益而盲目下注。近代企业的外源移植性使它承担着超经济的风险。19 世纪 70 年代民用企业产生时,富裕的中国人不愿意入股,"但是他们投资于外国人的企业,

① 孙毓棠编:《中国近代工业史资料》第一辑下册,科学出版社 1957 年版,第 1044 页。
② 孙毓棠编:《中国近代工业史资料》第一辑下册,科学出版社 1957 年版,第 1121 页。
③ 孙毓棠编:《中国近代工业史资料》第一辑下册,科学出版社 1957 年版,第 679 页。
④ 孙毓棠编:《中国近代工业史资料》第一辑下册,科学出版社 1957 年版,第 729 页。
⑤ 汪敬虞编:《中国近代工业史资料》第二辑下册,科学出版社 1957 年版,第 1014 页。
⑥ 严中平:《中国棉纺织史稿》,科学出版社 1955 年版,第 159 页。

或者甚至委托外商经营的企业,因为西方人的生意在中国受到法律的保护,而中国人的生意却得不到法律的保护"①。如果没有相应的特殊措施来保障中国投资者所获得的利润高于或等于土地、典当、高利贷等旧式投资的收益,资本将很难流向近代企业。为了打消人们的顾虑,唤取投资者的积极性,企业首先给予入股资本以固定的如同贷款利息的官利,实在是被逼无奈的举措。"公司自入股之日起,即得给息,以资激励,而广招徕,已属不得已之办法。"②从这一意义上说,近代企业的官利制度具有一定的必然性。连曾经切身感受过官利之害的张謇也说:近代实业亦赖依官利习惯,"否则资本家一齐蜷缩矣,中国宁有实业可言。"③而且,即使有官利的格外保障,晚清创办实业者仍每每为资本难筹所困扰,如果没有官利,筹资之艰将更加难以言说了。因此官利制度在近代中国特殊的国情环境下,是企业吸纳资本的必要方式,它对近代企业的创设和发展的积极推进作用是不言而喻的。

然而,这一积极作用同时伴随着极高的代价。对正常的资本主义企业来说,投资者的利润分配纯视企业的盈亏状况而定,盈利方可给股东发放股息,股息数额的多少服从盈利大小及发展规划,亏损则不可能有股息。中国近代的官利制度有悖于经济规律和游戏规则,当然要受到惩罚。

股东既是投资者,也是类似贷款给企业的债权人,他们对股息的关心胜过对企业经营状况的关注。股本自投入之日起息,这使企业从投资到开工生产的毫无盈利的建厂阶段也必须支付官利,于是就只好动用股本。如张謇所办的大生纱厂崇明分厂自 1904 年至 1907 年三年间,"未开车前,专事工程,无从取利,即以股本给官利",三年共付官利 91470 余两。④ 这大大增加了企业的创业难度和压力,影响了

① David Faure, *The Chinese bourgeoisie reconsidered : business structure , political status and the emergence of social class.*

② 《申报》1909 年 12 月 25 日。

③ 《张謇全集》第三卷,江苏古籍出版社 1994 年版,第 209 页。

④ 《张謇全集》第三卷,江苏古籍出版社 1994 年版,第 209 页。

企业的正常开办和运转。

企业盈利以后,支付高利率的官利之外,很难还有余润再作红利发放。"在运用较大资本的情况下,企图获致高利贷的利息,这是不可想象的。"[①]尽管中国有劳动力价格低廉的优势,但"双重负担——投资成本高,应付利息也高——在很大程度上抵消了劳动力低廉的有利因素。"[②]在企业初创、急需自我积累、扩大再生产之时,官利制度颇似杀鸡取卵、竭泽而渔的短视政策。它使企业难以积累以扩大再生产、更新设备、使用新技术,甚至维持现状也不是很容易的事,因而极大地消减和制约了企业的自我发展能力,不利于企业在激烈竞争环境中的生存、发展和壮大。这又不仅从根本上、长远上有悖于投资者的利益,而且有悖于富强国家的民族大义。

以招商局为例。从 1873 年到 1884 年 10 年间,招商局共获利润 2927340 两,其中转入积累用于扩大再生产的只有 15563 两,仅占利润总额的 0.53%,而绝大部分作为股息、利息发付了,详见下表[③]。

招商局利润分配表(1873—1884 年)

项　　目	数　　额(两)	占利润比例(%)
利润	2927340	100.00
股息	970834	33.16
利息	1781191	60.85
其他	159752	5.46
积累	15563	0.53

就在同期,中国的进出口贸易总额由于外国资本主义经济侵略的加深而有很大的增长,这应该是轮船招商局扩大积累、加快发展步伐的极好时机。但招商局的利润极少用于积累,固定资产的折旧又低,使其轮船消耗超过了补偿。根据张国辉先生的统计,从 1873—1893 年 20 年中招商局的地产(仓库、码头、栈房等)价值虽微有增长,

① 汪敬虞编:《中国近代工业史资料》第二辑下册,科学出版社 1957 年版,第 1012 页。

② 《上海近代社会经济发展概况(1882—1931)——海关十年报告译编》,上海社会科学院出版社 1985 年版,第 207—208 页。

③ 张后铨主编:《招商局史(近代部分)》,人民交通出版社 1988 年版,第 90 页。

但轮船的价值却在减少中,因此招商局的经济力量在 20 年的经营中不是增强,而是逐步削弱。[①] 与之相反,同时期进出中国各口岸的外国船只却发展很快,如下表[②]。

进出中国各口岸的外国船只吨位发展趋势表

年　份	1870 年	1873 年	1880 年	1883 年	1884 年	1886 年
总吨位	5058528	6572203	9873463	11560271	14961557	15383588
指　数	100	130	195	229	296	304

此消彼长的态势,充分说明官利之阻于招商局的发展实况。招商局还是享有清政府在多方面给予优惠的独尊地位,其发展尚且如此,其他私人企业的命运就可想而知了。

在正常的资本主义经济秩序中本来是符合经济法则的规章制度,一到中国往往变异换味,正所谓"南橘北枳"。专利与官利如同两柄犀利的双刃剑,它们既是中国早期现代化启动的诱力,同时又是阻力,这是一组二律背反的悖论。

当然,换一个角度看问题,无论是官办企业还是商办企业,按理都应该给国家缴纳相应的税费,如企业所得税、营业税等等,这是企业天经地义的义务。但晚清官商企业都没有履行向国家纳税的义务,至于现代化启动时期为了鼓励创办现代企业减税以至免税优惠是另外一回事。因此,官股的官利未尝不可以视作企业向国家纳税的转换。如汉阳铁厂"至改归商办之日止,共用官本银五百数十万两,议定此后每出铁一吨,按吨抽银一两,归还官本,还清之后,永远抽收,报效国家"[③]。一般将此"报效"视为清政府对汉阳铁厂的"勒索"。从清政府应该大力扶持汉阳铁厂来看,似乎不应有此"报效";但从企业的纳税义务来看,既然汉阳铁厂等公私企业都没有缴纳任何税费,那么官利似也是"报效"国家的方式之一,只是这种"报效"的方

---

① 参见张国辉:《洋务运动与中国近代企业》,中国社会科学出版社 1979 年版,第 180—181 页。

② 聂宝璋编:《中国近代航运史资料》上册,上海人民出版社 1983 年版,第 333 页。

③ 汪敬虞:《中国近代工业史资料》第二辑上册,科学出版社 1957 年版,第 506 页。

式过于另类。这又是一组二律背反的悖论。

由于专利制度在 1919 年 11 月被废止,而官利制度在进入民国以后不仅得以延续,而且在国家颁布的法规中正式出现。如 1914 年北洋政府颁布的《公司条例》第 186 条规定:"经官厅许可者,公司得以章程订明,开业前分派利息于股东","利息之定率,不得超过长年六厘"。此后 1929 年和 1946 年修订的《公司法》都保留了这一有关官利的规定,只是 1929 年的《公司法》将年利降到了五厘,1946 年的《公司法》只载明了公司可在营业前分配股利的条款,删除了具体的年利率的规定。① 官利制度一直延续到建国后的资本主义工商业改造,所以官利之弊远甚于专利。这只能进一步说明中国近代资本原始积累的极不充分。

后发外源型现代化建设的资本原始积累更需要政府的行为,厘金正是其中之一。

---

① 参见朱荫贵:《引进与变革:近代中国企业的官利制度分析》,《近代史研究》2001 年第
4 期。

第二章
厘金与晚清资本原始积累

一、清朝前期的财政状况

厘金在晚清的出现虽有应对太平天国运动的偶然因素,但即使没有太平天国运动,由于清朝的财政收入缺乏扩张性,为了应对一旦发生的额外重大财政支出,必须另谋其他扩张财政之路,因此从这一意义上可以说厘金的产生又有其必然性。这与大清帝国的财政状况有密切的关系。

清承明制,作为"正赋",田赋与丁役是封建政府的主要财政来源。田赋与丁役分征,与所有王朝一样,正赋之外列有名目繁多的附加税费,如"耗羡"等等。由于清初官员俸禄较低,为了维持其家属及幕僚的生活开支,官员贪污即成为普遍现象。作为低薪的补充,清廷允许地方官员在征收正赋时,可以额外加征一定比例的"养廉银"。"养廉银"因为具有政府官员俸禄的功用,故也可视作清政府的财政收入的组成部分。

由于清初社会一直动荡不安,赋役制度混乱、不均,人口、田地变动不常,清政府也一直在变革赋役征收制度。随着社会的安定、经济的恢复和人口的增长,康熙五十一年(1712年)进行了一次较大的改革。康熙下旨说:"今海宇承平已久,户口日繁,若按现在人丁加征钱粮,实有不可。人丁虽增,地面并未加广。应令直省督抚,将现今钱粮册内有名丁数,勿增勿减,永为定额。其息后所生人丁,不必征收钱粮。"①以康熙五十年的人丁为准,此后达到成丁的不再承担丁役。这就是被后世称为"盛世滋生人丁,永不加赋"的政策。这项政策把丁税相对固定,但并未取消丁税,也未解决赋役不均的问题。康熙末年,广东和四川已经在尝试实行丁随田起。雍正元年(1723年),新继位的雍正皇帝下诏在全国范围内推行"摊丁入亩"政策,自雍正二年(1724年)到雍正七年(1729年),直隶、福建、山东、云南、河南、陕西、浙江、甘肃、江苏、安徽、江西、湖南、广西和湖北相继推行,山西和贵州则在乾隆年间推行。"摊丁入亩"政策按田亩收税,正式废除了人头税,既改变了征税的双重标准,又简化了收税的手续,这是中国封建社会赋役制度史上的重大变革,对于减轻劳动人民的负担、促进社会经济发展繁荣起到了积极作用。

经过"盛世滋生人丁永不加赋"及"摊丁入亩"两次改革,清朝前期的国家财政收支形成了相对固定的额度,除非特殊情况,从州县到整个帝国的财政收支长期相对稳定。就财政收入的主要类别来说,清朝的财政收入主要由五项构成,即田赋、漕粮、盐课、关税和杂税,此外还有耗羡等。

田赋是国家征收的土地收益税,这是清朝财政收入的主要来源。依据肥沃瘠薄,清朝将土地划分为三等九则,再按土地的等则及不同地区的情况制定不同的税率。田赋既征收银钱,也征收部分米麦等实物,以作为地方的储备。清朝前期各朝田赋收入简况见下表②。

清朝前期田赋收入统计表

年　份	银数(两)	粮数(石)
顺治十八年(1661年)	21576006	6479465
康熙二十四年(1685年)	24449724	4331131
雍正二年(1724年)	26362541	4731400
乾隆十八年(1753年)	29611201	8406422

---

① 蒋良骐:《东华录》康熙朝卷八十九,康熙五十一年二月。
② 根据梁方仲:《中国历代户口、田地、田赋统计》,上海人民出版社1980年版,第391—401页有关表格改制。

（续表）

年　份	银数（两）	粮数（石）
乾隆三十一年(1766年)	29917761	8317735
乾隆四十九年(1784年)	29637014	4820067
嘉庆二十五年(1820年)	30206144	8971681

　　由于各省土地、人口等情况差别很大,18直省所负担的地丁银数也相距甚远。其中江苏最高,山东、山西和浙江次之,四川和贵州最低。以康熙初年为例,江苏所征地丁银占全国总数的13.77%,四川和贵州所征地丁银只占全国总数的0.22%。贵州最低当在情理之中,作为"天府之国"的四川居然与贵州一样,这是由于四川在明末清初之乱中尚未恢复之故。具体情况见下表①。

康熙初年(1662—1695年)各直省地丁银数表

		地丁银（两）	占总数百分比
全国总数		29013306.75	100.00
直省别	直隶	2445010.70	8.43
	江苏	3996176.36	13.77
	安徽	1698960.40	5.86
	山西	3018946.83	10.41
	山东	3296906.00	11.36
	河南	2723895.10	9.39
	陕西	1589594.30	5.48
	甘肃	283070.79	0.97
	浙江	2939882.97	10.13
	江西	2028289.73	6.99
	湖北	1127966.60	3.89
	湖南	793429.75	2.73
	四川	63337.69	0.22
	福建	1248344.30	4.30
	广东	1272519.10	4.39
	广西	338607.15	1.17
	云南	84825.88	0.29
	贵州	63533.10	0.22

---

①　梁方仲:《中国历代户口、田地、田赋统计》,上海人民出版社1980年版,第414页。

漕粮也是田赋,主要是从山东、河南、江苏、浙江、安徽、江西、湖北和湖南8个盛产粮食的省份征收米豆等实物。供给京师驻军食用的漕粮称为"正兑米",供给皇室宫廷及各衙门官员食用的称为"改兑米",此外还有供给内务府及王公百官食用的白粮。清朝前期的漕粮每年额征约400万石。以乾隆十八年(1753年)为例,八省漕运米麦豆等约3430459石,另加永折米360185石和改折灰石米34439石,总计为3825083石。八省之中,江苏负担最多,河南负担最少。

乾隆十八年八省漕运米麦豆实数①

	米麦豆等合计(石)	正兑米(石)	改兑米(石)	白粮(石)	麸麦(石)	黑豆(石)
八省合计	3430459	2715586	501488	100000	8119	105266
山东	284471	157994	69473			57004
河南	177920	81628	39911		8119	48262
江苏	1237884	1076393	92044	69447		
安徽	425861	307016	118845			
江西	503353	351503	151850			
浙江	610865	550947	29365	30553		
湖北	94574	94574				
湖南	95531	95531				

漕米由南方经运河运往京师,除征米麦等粮食外,清廷也会依据具体情况实行改征和折征。改征虽然还是征实物,但由粮食变成其他实物,如山东漕粮部分改征黑豆。折征则是将漕粮折价改收银钱,亦即实物转向货币,称之为"折色"。折色部分越到后来所占比重越大,但即使到清末"本色"实物仍占绝大部分。

盐课是对食盐的征税。食盐是民众日用必需品,故源税充足。这是清王朝的第二大财政收入。盐课的种类较繁,如灶课、引课、杂课、税课、包课等。与田赋相对稳定的额数不同,盐课会随着人口的

① 根据梁方仲:《中国历代户口、田地、田赋统计》,上海人民出版社1980年版,第423页表格改制。

增加而相应增加。下表即是清朝前期盐课增长的大致表现①。

清朝前期盐课收入表

年　份	银　两	年　份	银　两
顺治年间	2701124	乾隆十八年(1753 年)	7014941
康熙二十四年(1685 年)	3882633	嘉庆五年(1800 年)	6081517
雍正四年(1726 年)	3866034	嘉庆十七年(1812 年)	7475847

　　关税是对往来商品征收的通过税。清朝在水陆交通总要之地设置榷关征收关税。按所属系统分类,榷关分户关和工关,分别征收百货税和竹木税。关税一般采取从量征收,清初时关税每年只有 100 多万两,到乾隆时期随着社会的稳定及经济的繁荣,每年关税已达到四五百万两。

　　杂税或杂赋是以上三种主要财政收入以外的各种税目,大体可分为课、租、税、贡等。"课"有矿课、渔课、芦课、茶课等;"租"有学田租、旗地租、草场地租、官田租等;"税"有契税、牙税、当税、牲畜税、铺户税、烟酒税等;"贡"有贡马、狐皮贡等。清朝前期杂税收入常年约100 多万两。

　　耗羡也是一种比较重要的收入。征收赋税时的银两在熔铸过程中难免有损耗,因此在赋税正额之外加收火耗,实际上是一种附加税。如田赋、盐课、关税、漕粮及杂税等征收时均须加征耗羡。乾隆三十一年(1766 年)田赋、盐课、关税和杂税四项正赋收入总计为 4337万两,耗羡收入为 300 万两,占正赋收入的 7％左右。嘉庆十七年(1812 年)田赋、盐课和杂税三项的耗羡收入为 431 万两,占全部财政收入的 10％以上。②

　　以上是清朝前期常规的财政收入类项。其中田赋所占比重最大,达到 70％以上。从岁入总额来说,清初为 2000 多万两,从乾隆时期起即基本稳定在 4000 多万两,常规岁入的增长几乎可以忽略不计,

----

　　①　参见彭泽益:《清代财政管理体制与收支结构》,《中国社会科学院研究生院学报》1990年第 2 期。

　　②　参见周育民:《晚清财政与社会变迁》,上海人民出版社 2000 年版,第 33 页。

这是由田赋的性质及其所占的比重之高所决定的。

清朝前期财政收入规模简表

年 代	岁入总额(万两)
顺治九年(1652 年)	2428
康熙二十四年(1685 年)	3123
雍正三年(1725 年)	3585
乾隆十八年(1753 年)	4069
乾隆三十一年(1766 年)	4858
乾隆五十六年(1791 年)	4359
嘉庆十七年(1812 年)	4013
道光二十一年(1841 年)	4125

清朝的常规财政支出按规定共有 12 项,即祭祀、仪宪、俸食、科场、饷乾、驿站、廪膳、赏恤、修缮、采办、织造和公廉,有学者将其归纳为皇室经费、宗室世职和官吏俸禄、兵饷、驿站经费、教育经费、河工塘工经费和其他。[1] 在正常情况下,清朝的财政收入基本能满足其财政支出,而且还略有盈余。以乾隆三十一年(1766 年)为例,该年财政支出合计 4220 余万两。具体支出情况如下表。[2]

乾隆三十一年(1766 年)岁出统计表　　　(单位:两)

岁 出 项 目	银额
京城兵饷	6033045
盛京等地官兵俸饷	1500000
京城王公百官俸银	938700
外藩王公俸银	128000

---

① 汤象龙:《鸦片战争前夕中国的财政制度》,《中国近代财政经济史论文选》,西南财政大学出版社 1987 年版。

② 陈锋:《清代财政支出政策与支出结构的变动》,《江汉论坛》2000 年第 5 期。也有学者统计为该年财政支出总额为 3077 万两,参见彭泽益:《清代财政管理体制与收支结构》,《中国社会科学院研究生院学报》1990 年第 2 期。彭文的支出项目共 19 项,分别是满汉兵饷,王公百官俸银,外藩王公俸银,文职养廉,武职养廉,京师各衙门公费饭费,内务府、工部、太常寺、光禄寺、理藩院祭祀、宾客备用银,采用颜料、木、铜、银,织造,宝泉、宝源局工料银,满汉兵赏恤,八旗添设养育兵,恩赏旗兵钱粮,京师各衙门胥吏工食银,京师官牧马牛羊象刍秣,河工岁修银,驿站钱粮,科场学校廪膳等银,更定漕银料银等,总计 30777300 两。

（续表）

岁 出 项 目	银额
内务府、工部、太常寺、理藩院备用银	565000
宝泉、宝源局工料银	107671
在京各衙门胥役工食钱粮银	83330
内务府、上驷院、奉宸苑等刍牧银	83560
京城其他杂项支出银	177211
各省满汉兵饷银	17037100
文职养廉银	3473000
武职养廉银	800000
八旗添设养育兵银	422000
满汉兵赏恤银	300000
恩赏旗兵钱粮银	380000
更造漕船料银	120000
河工岁修银	3800000
采办颜料、木、铜、布等银	121014
织造银	140050
各省留支驿站、祭祀、官俸役食等银	6000000
总计	42209681

　　但是，从清朝入关到鸦片战争前夕，即使在所谓"康乾盛世"时期，"正常"的年份并不多。入关之初的长期战乱不用说，以额外大规模用兵而言，就有平定吴三桂叛乱、统一台湾、长期对西北用兵、嘉庆初年的镇压白莲教起义等，遇有战乱、饥荒，清王朝还要赈济灾荒蠲免钱粮，还有海塘河工等重大水利工程建设，这些常常使清王朝入不敷出。清朝鉴于明王朝灭亡于苛重赋税的教训，实行"轻徭薄赋"的政策，即使国家财政正常需要的开支也不愿意通过正式的加赋方式解决，尤其是非常规的支出只能采取非常规的增收措施。捐输就是增加财政收入的最重要的非常规路径。

　　当有临时性大额财政支出而清王朝财政困难时，清政府往往强迫盐商和行商等商人"报效"朝廷，亦即向这些商人勒索。捐纳实际上就是卖官鬻爵。入资拜官，虽非善政，但自汉朝以来即已有之，并在诸如灾荒、战争等特殊时期起到纾解国家财政困窘的作用。清朝从顺治年间就开始捐纳卖官,到雍正朝开始有常例捐纳,乾隆朝时每年此项收入可达一百万或数百万两之多,其中最高者为嘉庆一朝。嘉庆七年,捐纳银数近千万两,占户部银库全年收入的82.77％之多;嘉庆九年,捐纳银数超过千万两,占户部银库全年收入的78.68％。道光七年和十四年捐纳也超过了千万两。从雍正二年到道光二十年,平均每年捐纳银数占当年户部全年收入的30％以上,嘉庆一朝平均则超过了53％。

清朝前期捐纳占户部银库收入比例表[①]

年次	捐纳银数	户部全年收入		捐纳占户部收入百分数
		银	钱	
雍正二年	530022	18013926		2.94
雍正七年	23212	17964253	660987	0.13
雍正九年	4200995	9964312	622313	42.16
雍正十一年	1408141	11709138	648454	12.03
乾隆元年	3222236	14789280	645171	21.79
乾隆九年	141001	13459941	1138259	1.05
乾隆十九年	5563633	14248869	1111093	39.06
乾隆三十年	1181694	15417601	1315784	7.66
乾隆五十年	2119327	11466163		18.48
乾隆五十八年	2396541	10111935	1213081	23.70
嘉庆七年	9515937	11496754	1534981	82.77
嘉庆九年	10835017	13771202	1242981	78.68
嘉庆十三年	4596118	9736061	1248029	47.21
嘉庆二十年	8355400	12435694	1142974	67.19
道光元年	3888862	7630388	1102199	50.97
道光七年	14809129	23802617	1232144	62.22
道光十年	2586439	11289650	1172529	22.91
道光十四年	10812888	15522249	1183231	69.66
道光二十年	2492011	10349975	1137631	24.08

从嘉庆四年到道光二十二年,外省所收捐监银共计44366925两,军需动用15951298两,占35％;解户部23577067两,占53％。道光一

朝的捐纳收入虽不如嘉庆朝,但三十年共收捐纳3380余万两,解户部为1813万两,占总数52%。可见捐纳虽然不是清王朝的常规财政收入,但其重要作用说明了捐纳不可或缺。可以说,如果没有捐纳,清王朝不可能应对好非常规的财政支出。不过,捐纳毕竟有"卖官"之嫌,不仅助长了官场的贪腐,更重要的是与正统的封建儒家道德相抵牾;而且,卖官终有限度,捐纳常年长期开设,难以每年都能收到预期的效果。道光末年的捐纳银数即急剧下降,从最高的近1500万两之巨减少到100多万两,再到咸丰三年的不足70万两,说明捐纳已难堪大任了。

常规的财政收入只能维持常规的财政支出,当出现大规模的非常规财政支出时,当旧有的非常规收入途径已近穷途末路时,必须开辟新的财政收入路径。晚清厘金就是在这种历史背景下应运而生的。

二、厘金的产生及其"中兴"之功

厘金之设,由于军兴,为一时权宜之计,这是共识。作为一种临时性的商业税,在清末诞生的厘金并非无端横空出世。

大清帝国走到鸦片战争前夕,尽管中西摩擦时有发生,但道光帝仍严遵闭关自守的祖训,对帝国的衰颓之势浑然不觉。鸦片泛滥,白银外流,危及清廷财政。鸦片战争整个过程虽不可谓长,但"首尾二载,糜帑七千万"[①],而战争结果,首开对外战败赔款之先河。《南京条约》规定的赔款是白银2100万元,当时清廷的年财政收入大约4000万两白银,赔款即几占一半。因此,清政府当然不可能轻松应付,从1842—1845年的赔款偿还情况是:除了从正常的财政收入中支付外,还有兵饷(65万元)和商捐(399万5千元),另外还向广东、江苏、浙江

---

① 魏源:《道光洋艘征抚记》。《鸦片战争》(中国近代史资料丛刊)第六册,神州国光社1954年版,第166页。《清史稿·食货志六·会计》载为"一千数百万两"(赵尔巽等:《清史稿》,第3709页)。此数过低。清朝平时兵饷岁出就是一千数百万两。鸦片战争前后三年,即使按平时兵饷支出计算亦需银五千余万两。此外,战时各地自行筹措捐输的军费,不在官库报销之列,数额当亦不小。

和安徽等四个富裕省份摊派了1476万两。但鸦片战争的实际赔款并不止此数。战争期间及战后的广州赎城费（600万元）和两次赔偿广州英美等商人的损失费（1841年669615元，1843年314077元7毫5），再加上述的2100万元，合计27983692元7毫5。另外在战争期间英军劫掠定海、厦门、镇海、宁波、镇江等地官库及财物等合计383229元。因此整个鸦片战争中国共付出了白银28366921元7毫5。① 这一数字还没有包括战时清军所耗军费。

从以上可以看出，鸦片战争期间，清政府的财政状况尽管大不如前，但左腾右挪，总算勉渡难关，所耗军费及支付英军的赔款尚未动摇清廷的财政根基。

但太平天国运动兴起后，形势骤变，清政府重要的米粮、财政基地，江南半壁河山几乎尽陷敌手；而欲镇压农民起义，必须大兴军事，重筹款饷。于是财政困难、饷源枯竭之局顿显原形。如果将清朝户部库存稍作比较，可能更能说明问题。道光朝以前历朝户部均有较多库存，其中库存最高者为乾隆四十六年（1871年），达到7千万两，到道光三十年（1850年），虽迭有下降，但仍有库存800万两。②

道光以前历朝户部库存银数表　　　（单位：万两）

年　份	库存银数
康熙四十八年（1709年）	5000
康熙六十一年（1722年）	800
雍正年间（1723—1735年）	6000
乾隆初年	2400
乾隆四十六年（1781年）	7000
乾隆五十四年（1789年）	6000
嘉庆十九年（1814年）	1240
道光三十年（1850年）	800

---

① 见谢雪桥：《关于第一次鸦片战争赔款数的几个问题》，载夏良才主编：《近代中国对外关系》，四川人民出版社1995年版。也有学者认为诸项相加为28302844元，见彭泽益：《论鸦片战争赔款》，载《经济研究》1962年第12期。

② 罗玉东：《中国厘金史》上册，商务印书馆1936年版，第3页。也有学者认为乾隆时期的库存没有那么多，认为"乾隆中期年结余银在400万两左右，最多不会600万两"。参见陈锋：《清代财政支出政策与支出结构的变动》，《江汉论坛》2000年第5期。

63 ◀

　　太平天国起事仅三年,清政府糜饷已达 2963 万余两,"至咸丰三年六月,部存正项待支银仅余 227000 两"①。已经无法维持正常的财政开支了。厘金应势而出。

　　厘金的出现与清王朝的财政体制密切相关。清代前期,国家的财政收入主要是田赋,盐课及关税等工商税所占比例极小,这本来就是封建自然经济的体现。以田赋来说,康熙五十一年(1712 年)发布了"永不加赋"的圣旨,这使财政收入的绝对主体部分不能随意增加(以附加形式多收是另外一回事);盐课收入虽有增加,但相对比例仍然不高;至于关税,因闭关锁国,对外贸易一向不受重视,甚至多方限制,故关税收入长期处于可有可无的境地。这一切使清廷的财政收入趋于固定,增长极少,严重缺乏扩张性,国家承平时尚有余裕,一遇战事动荡或较大灾荒,只能仰仗平日库存或临时捐输。

　　鸦片战争以后,这种财政体制并无多大改变,如果说稍微有一点变化的话,那只是由于闭关自守的国门被西方列强的坚船利炮打开,进出口贸易渐有扩展,关税收入亦随之稍有增长。如果不是太平军起事,清廷也不会绞尽脑汁另辟财源。此前大清帝国境内虽也屡有战事,但都不同于太平天国。如清初西北、西南战事频仍,但那些边疆地区以游牧为主,地广人稀,不仅不是朝廷的主要赋收之地,反需内地协济;白莲教虽使清廷颇费周折,但相对来说,白莲教属"流寇"性质,基本上没有影响到大清帝国的赋税基地,因此常规的财政岁入没有减少。而太平天国就不一样了。洪杨甫起即长驱直入,定都南京,江、浙、皖、赣、鄂等清政府的重要财赋基地大部成为太平天国的财政给养供应地,而且所据时间之长更是清代所有的农民起义无法比拟的,故清廷的固定财政岁入大大减少了。

　　太平军自广西北上,战争不过两年时间,清廷用兵亦仅限于南方几省,但清政府调兵已不下 20 万人,拨饷累计 2700 万两。咸丰三年十月的一次上谕说比年内外筹拨军需,不下四千多万两。急需的支出陡然膨胀,户部库存无几,本已少收许多的常规岁入有其常规的支

---

　　① 罗玉东:《中国厘金史》上册,商务印书馆 1936 年版,第 9 页。

出,不可能专顾军务。清代前期,官绅富商的捐输也是政府重要的临时应急举措,但一般带有自愿或半自愿性质,强人所难尚不突出。太平军起时,捐输不仅是当然措施,而且成为朝廷扩张财政以解决财政危难的最重要的传统方式,自愿或半自愿亦为劝谕和勒派所代替。从1852年到1853年,一年之中清廷所得捐输550余万两①,勒索不可谓不多,但相对于巨额的军需开支来说则犹如杯水车薪,缓不济急;而且捐输出自官绅富商,其倾一家之力,对个体来说负担不轻,对国家而言所得则分量不足,若长期实行势必罗掘将空,故不是救急解危的长久良策,正如时人所言:"捐输可以救一时之急,而不可为经久之规。"②另辟合适财源已势所难免。

既然旧有的财源无法大规模动作,虽然田赋附加未尝不可,但本来农民起义已如火如荼,再附加田赋势必更加招怒民怨,这就无异于惹火烧身、自掘坟墓了。还有解危一途是举借外债,但此时让清政府大规模地举借外债是不可能的。总而言之,扩张商税似乎是唯一选择。如前所述,清政府一向不看重工商税,对商的征敛相对较轻,仅征关而不征市,加之清代商品经济的发展及鸦片战争后由于国门打开商贸活动的进一步繁盛,这些都使征商的潜力极大。如果清初即重征工商,税源被采掘,此时也就没有多大的扩充余地了。

太平天国运动既大大减少了清政府常规的财政收入,又大大增加了额外的财政支出,一进一出,相差实在非同一般。"自粤匪窜扰主业,地已十省,时及四年,各处添兵即各处需饷,兼之盐引停运,关税难征,地丁钱粮复间因兵荒而蠲免缓征。国家经费有常,入少出多,势必日形支绌,而逆匪蔓延,又不知何时平定。有饷无兵,尚可招募,有兵无饷,更难支持。"在此局面之下,1853年,太常寺卿雷以诚帮办江北大营军务时,采纳幕客监生钱江的建议,在扬州仙女庙倡办厘捐,每百文抽一文,改劝捐助饷为商贾捐厘助饷,"无损于民,有益于饷""既不扰民,又不累商""细水长流,源远不竭"。因成效显著,遂渐推广,成为清军一项

① 罗玉东:《中国厘金史》上册,商务印书馆1936年版,第9页。
② 《郭嵩焘奏稿》,岳麓书社1983年版,第127页。

第二章 厘金与晚清资本原始积累

最重要的饷源。"抽厘出自各商,合众人之资,散而出者有限,萃而入者无穷。事简速效,无过于此。"① 清军前方将领胜保认为,既然可以在与太平军作战的边缘"残破之区"征收厘金,而且效果很好,那么没有战事的"完善之地"更应抽征,所以应将征厘之法推行全国。按说内乱外患深重之时,增税扰民实为大忌讳,但因初时征厘相对不重,尚未现出后来那么严重的弊窦,因此好像也没有引起太大的不良震动,不似明末为辽东战事加派"辽饷",继为镇压农民起义再加"练饷"与"剿饷",结果导致天怒人怨,崇祯皇帝最终只好自缢于煤山了。

一定意义上可以说,厘金其实就是勒索商人的"报效"的变通。不同的是,"报效"一般只针对富商大贾,厘金针对的是所有商人;"报效"的数额较大,厘金的数额较小;"报效"是临时性的,厘金则是常设的。无论是朝廷还是地方官员在处理临时应急事务而财政不敷使用时,在封建的财政体制内,除了捐纳就是报效。劝商"报效"可以说是封建政府的一个"常规"的另辟财源的传统。如林则徐被遣戍新疆期间曾劝商捐助"一文愿"以作兴修水利开设屯田的补助。而"厘金"之名则早在雷以諴开征厘金之前二十年的道光十三年(1833 年)就在湖北光化县出现了。当年老河口因遭大水河堤坍塌,为修复河堤并未雨绸缪,光化县饬令各行抽收"厘金",每银一两各抽银一厘,每钱一千各抽钱一文。② 由于此项措施只局限于光化一地,没有推广,故未能形成全国性的常规制度。为解决饷需,清政府计划征收一种商税,规定上等铺户每月征银二钱,中午铺户每月征银一钱,小本下户及工匠等免税,目的是要"稍分商贾之有余,共佐度支之不足"。拟先在北京试行,然后推行各省,再由省城逐渐推广于各府州县。咸丰三年(1853 年)议征商税令下达时,京城铺户相顾张皇,亟思逃避以为抵制。于是钱铺粮店各业纷纷关闭,市井日用突然不便,结果引起"街市扰攘,人人惊危"。不到五天时间,清政府不得不收回"征收铺银,计户收钱"的商税和户税命令。③ 清政府的征商尝试失败了,但雷以諴

---

① 《皇朝道咸同光奏议》卷三七,户政类,厘捐。
② 参见俞志生:《晚清"厘金"起源新探》,《学术研究》1992 年第 6 期。
③ 彭泽益:《十九世纪后半期的中国财政与经济》,人民出版社 1983 年版,第 154 页。

的征商措施不仅在扬州顺利实行,后来更逐步推广到全国,个中原因除了征商的技术因素及征税轻重之外,与中国商税的传统也不无关系。有学者认为,厘金并非清末新设的税制。尽管税则的确为新设,但从商税历史脉络来看,历史上本来就存在牙税、盐引等许可税和专营税,到了清末只是商税的历史形态及其特征有所改变而已。"厘金实则为原来承办制基础上加上了直接课税。同时,过去常关税采取定额制,并没有根据不同产品的不同内容细分课税种类,而厘金税则在精细划分商品种类的基础上,使个别征收成为可能。所以,我们不能认为厘金完全是新税,它是在以往商税的课税经验背景上,以直接课税为根据而作的修正。"①这种看法也不无道理,在一个重本抑末的传统农业社会里,征商既有历史的渊源,也有伦理的支撑。因此,厘金的创设与推广成为挽救大清帝国命运、影响近代社会发展的重要政策。

可以看出,厘金的初衷完全是为了镇压太平天国农民运动,清廷自己也承认:"军兴以来,需饷浩繁,各直省捐输、抽厘,藉资民力,实系朝廷万不得已之举。"②"同治中兴"的代价是非常巨大的。为镇压太平天国、捻军、西南及西北回民起义,清帝国"耗至二万余百万"③。如果没有厘金的鼎力援救,战争的胜败优劣恐怕不会如此干脆明了。

站在大清王朝的立场上看问题,征收厘金是合情合理的。郭嵩焘不仅对开征厘金非常积极,而且谈古论今,引经据典,为厘金寻找历史依据。他说:"今之厘金,与汉之算缗、唐之除官钱、宋之经制头子钱异名而同实。"他还认为汉、唐、宋对商贾百货征取太重但得利反少,而厘金取之少得利反多,"自汉以来言利之稗政,未有优于今日之厘金者也。"④再以早期改良派为例,他们对抽征厘金也纷纷予以同情和支持,并为之辩护。宋恕说:厘捐之设,源自太平军起事,"虽非得已,揆情度理,似尚可行。"⑤王韬也认为"厘务之设,原以军需孔亟,不

① 滨下武志:《中国近代经济史研究:清末海关财政与通商口岸市场圈》(上),江苏人民出版社 2008 年版,第 498 页。

② 《中国工商税收史资料选辑》第八辑,中国财政经济出版社 1994 年版,第 67 页。

③ 刘锦藻编:《清朝续文献通考》国用考十二,俸饷。

④ 《郭嵩焘奏稿》,岳麓书社 1983 年版,第 127—128 页。

⑤ 胡珠生编:《宋恕集》,中华书局 1993 年版,第 7 页。

得已为权宜之计"。① 郑观应同样强调了厘金的"不得已":"厘卡之设,由于发逆之乱,军饷不继,征及毫芒,原属朝廷不得已之举。"②所抽厘金,藉资军饷。陈炽一方面夸大了太平军的"危害",一方面也认为厘金为权宜之计:"军兴之时,东南十省,兽骇鱼烂,赋税所入不足供度支。以崇本抑末之心,为筹饷练兵之策,权宜立法,取济一时。"③

在早期改良派中,论证创立厘金合理性最充分的当数薛福成和马建忠。薛福成认为,清廷之所以能够最终将太平天国镇压下去,完全依赖两件事:第一是依赖曾国藩所创练的湘军,克服了八旗及绿营兵的不堪一击之弊,大大增强了军队的战斗力;第二是仰赖厘金的开征,解决了湘淮军的军饷源泉。为"剿办"粤捻,不得已而设局抽厘,酌取商贾之盈余,略济饷需之支绌,"十余年来,用饷无算,所以能撑持全局,弥缝阙乏者,则东南数省,抽收百货厘金之功也。向使舍此一孔,其何以馈数十万嗷嗷待食之军,而遏方张之寇焰?"④马建忠曾留学法国,对外国的历史知之较详,故更举西方之例加以说明。他说,西人有所谓"战税",如美国南北内战、英国克里木战争、法国巴黎公社后都开征过临时性的捐厘,其数目之巨分别达到"三十一万万洋蚨"、"二千九百五十六万二千镑"和"不下六万万佛朗",中国"厘金之设,由于军兴"。⑤ 厘金作为一时变通之计,并非不可。

结合当时的历史背景和清政府的财政枯竭的窘状,为清政府计,这些解说都不能不说是持平之论。自咸丰三年(1853 年)厘金创设始至同治三年(1864 年)太平天国的首都天京陷落止,以平均每年征厘一千万两计,十一年间则共达一万万两以上。⑥ 厘金之功,于此可窥一斑。事后有人说清政府能够将太平天国镇压下去,以曾国藩所创湘军为首功。然而,假如没有厘金的襄助,湘军战斗力再强,粮饷无着,不战自溃,那么它当然不可能是太平军的对手,清帝国的所谓"同

① 王韬:《弢园文录外编》,辽宁人民出版社 1994 年版,第 63 页。
② 郑观应:《盛世危言·厘捐》,《郑观应集》上册,上海人民出版社 1982 年版,第 553 页。
③ 赵树贵等编:《陈炽集》,中华书局 1997 年版,第 28 页。
④ 《薛福成选集》,上海人民出版社 1987 年版,第 21 页。
⑤ 马建忠:《适可斋记言》,《采西学议》,辽宁人民出版社 1994 年版,第 214 页。
⑥ 见罗玉东:《中国厘金史》上册,商务印书馆 1936 年版,第 38 页。

治中兴"恐怕也终将化为泡影。淮军首领、亲受厘金之益的李鸿章在同治二年(1863年)曾在一奏折中说:"沪上用兵以来,事事皆资商力。臣军水陆数万人,四处攻剿,专恃各项厘捐接济。"①湖广总督官文就说过,即使南京被清军攻下,各省军费仍很浩繁,赖于本省丁赋课税者不过十之三四,借助厘金盐牙者实居十之六七②。官文亲历其事,所言当为不虚。再以四川为例,川省每年额征赋税不过百万有奇,一向不敷本省支用,"军兴以来,专恃津贴、厘金等项,以供支发"③。厘金初时的作用使它没有辜负清廷的"厚望"。对于清朝统治阶级来说,厘金可谓功侔湘军;它本无所谓有关社会经济的进步,但洋务运动却直接肇端于此,历史的必然通过偶然而表现出来。

三、资本原始积累的重要构成

为镇压太平天国农民运动这一偶然因素而抽征的厘金,纯粹是为了军事的急需。按最初的计划,农民运动被镇压下去之后,厘金即应裁撤。厘金的始作俑者雷以諴在奏报抽厘时就说过:"统俟军务告竣,再行停止。"④湘军克复金陵后,"户部首为裁撤厘局之奏,台谏百执事从风而靡,并为一谈。"⑤清廷上下不少人尤其是御史词臣等认为既然"发逆"已败,应该减轻税负,与民休息。"言事者动请停止厘金,或请酌量裁撤局卡",如副都御史全庆即奏称金陵业已克复,兵费可以陆续裁撤,军饷可以陆续节省,盐关可以逐渐足额,厘局即可以逐渐裁减。

对农民起义来说,南京虽失,但并不表示彻底的失败。郭嵩焘当时就上奏朝廷,认为"现在江南巨寇虽已荡平,余匪尚数十万人麇集江西闽粤之交。筹兵筹饷,势处万难。"对清政府而言,稍后的历史演

---

① 《李鸿章全集》第1册,时代文艺出版社1998年版,第152页。
② 《中国厘金史》上册,商务印书馆1936年版,第23页。
③ 薛福成:《薛福成日记》,吉林文史出版社2004年版,第2页。
④ 《中国工商税收史资料选编》第八辑下册,中国财政金融出版社1994年版,第58页。
⑤ 《李鸿章全集》第6册,时代文艺出版社1998年版,第3290页。

变其实比郭嵩焘所述要严峻得多。不仅有江南的数十万"余匪",江北的太平军余部与捻军整合为一,驰骋北部中国,先毙满清重臣僧格林沁,既败"中兴"名将曾国藩,到 1868 年才由李鸿章完成"剿捻"任务。至于西北、西南的回民起义则更延续到 1872 年才最后失败。因此,以为金陵克复即大功告成,确实为时尚早。郭嵩焘奏请清廷将"诸言停止捐输、厘金者,概予留中,使不至传播。"当然,他绝无意于永保厘金,而是"俟天下无紧急之军需,直省无积欠之兵饷,户部无竭蹶挪移之苦况,而后断自宸衷,尽罢各省厘捐。"①应该说,南京克复是废裁厘金的一次较好时机。但主张保留者的理由也很充分,使清廷最高决策者未便轻裁,而此后善后建设、战争赔款,财政困难日甚一日,已经无法言裁了,临时性的厘金取得了经常性的正税的地位。

从咸丰三年江苏开始征厘,到天京攻陷,全国 18 行省之中只有云南一省未办厘金,连行省之外的奉天、新疆、吉林都在咸丰六七年间创办了厘捐,云南、黑龙江和台湾则分别在 1874、1884 和 1885 年抽征厘金。至此厘金制度在大清帝国全境内执行。由此可见,厘金不仅没有随着农民起义的失败沉寂而废除,反而愈演愈普遍了。

如果说太平天国失去南京还不能标志最终失败的话,那么到捻军覆没、回民平定,厘金真正丧失了最初创立的根据。此时继续为厘金辩护者的理由是战争"善后"。如李鸿章说:"军务未平,固须仰给厘金,即各省肃清以后,善后治兵,百废俱举,亦必酌留厘局以滋益之。"②旧时的"善后"大要不过是裁减军队、恢复农业生产和封建社会秩序等。假设当时的历史发生在鸦片战争前的与世隔绝的闭关锁国时代,可以肯定地说,厘金将随着战事的平静而复归于无。但事实是大清帝国已被迫纳入世界资本主义市场经济的轨道。资产阶级"迫使一切民族——如果它们不想灭亡的话——采用资产阶级的生产方式","新的工业的建立已经成为一切文明民族的生命攸关的问题。"③用时人的话来说:"虽使尧舜生于今日,必急取泰西之法推而行之,不

① 《郭嵩焘奏稿》,岳麓书社 1984 年版,第 132—132 页。
② 《李鸿章全集》第 6 册,时代文艺出版社 1998 年版,第 3290 页。
③ 《马克思恩格斯选集》第 1 卷,人民出版社 1995 年版,第 276 页。

能一日缓也。"①尽管清王朝是那样地拒绝顺应历史潮流，以至于在《天津条约》谈判时咸丰帝愿意以免除关税的代价来换取列强不在天子脚下的京城设立驻华使馆，但是清王朝更不想灭亡，不管如何无奈、艰难和痛苦，毕竟要走出封建宗法小农经济为基础的衰败的中世纪的门槛，这是唯一的出路。以使用新式武器装备镇压农民运动为契机，现代化的移植与扩散已不是任何人所能阻遏的必然趋向。

因此，"战争善后"的"善后"二字的内涵和性质此时已发生了悄然却也决绝的流变。再也不是完全恢复旧时的封建政治、经济、社会秩序，而更主要的是现代化工程的启动——洋务运动的兴起。此"善后"性质之变异与任务之艰巨是彼"善后"所无法比拟的。从这一意义上说，厘金已经不可能裁撤了，它实际上构成了中国早期现代化启动时期的资本原始积累的重要部分。洋务巨擘李鸿章说：庸妄人不知千古变局，坐谈裁厘，财政困难，"且外国猖獗至此，不亟亟焉求富强，中国将何以自立耶？"②这正是将厘金与中国富强直接联系起来了。

为了进一步说明问题，有必要厘清厘金的征收办法及其数额。如果厘金在国家财政岁入总额中所占比例不大，那么它之于中国近代资本原始积累的意义也就可有可无了；反之，如果所占比例无可替代，则其意义就不同一般了。

厘金创办之初，征之于日用百货，以后征厘的范围渐广。大致说来共分三类，即百货厘、盐厘和鸦片厘（又分洋药厘和土药厘）。盐厘自成一体，洋药厘从 1887 年起并入海关，土药厘从 1890 年与土药税合并，百货厘是厘金的主体，占整个厘金的 90％ 以上，故一般所说的厘金专指百货厘（各类厘金所占比重详见本书第五章第四节）。

从征收方式来说，厘金分为活厘或行厘（征之于通过地，相当于过境税）和坐厘或板厘（征之于销售地）。第二次鸦片战争后，洋商进出口货物有子口半税特权，为了抵制洋商用子口半税运销土货出口，清政府又在出产地征收厘金。因此以征收环节来分，厘金大体可分

---

① 《郭嵩焘诗文集》，岳麓书社 1984 年版，第 553 页。
② 《李鸿章全集》第 6 册，时代文艺出版社 1998 年版，第 3282 页。

为出产地厘金、通过地厘金和销售地厘金三种。前者由生产者负担。通过地厘金是厘金收入的主要部分。

晚清各省厘金税率及征次表

省　区	税　率(%)	抽　厘　次　数
江苏	5	逢卡完捐
安徽	2	同上
湖北	2	同上
广西	2	同上
甘肃	1 或 2	同上
浙江	5.5;10	浙西一起一验,浙东两起两验
江西	10	两起两验
福建	10	同上
广东	7.5	一起一验,兼收坐厘补厘及台炮经费
湖南	6	一税一厘
四川	4	一起一落
陕西	4	同上
山东	2	征收一次
奉天	1	同上
黑龙江	1	同上
吉林	2	分四厘、七厘、九厘三种货捐征收
云南	5	不详
河南	1.625	不详
山西	1.5	不详
直隶	1.25	不详

由于厘金的征收省自为政,各地情况相差很大,全国没有统一的章程(1861年户部曾经拟定了一份厘金章程八条,但大都是原则条文,绝大多数省份并未按此办理,仍然自行其是),所以厘金虽然名义上为值百抽一,但实际上不知超过多少个"值百抽一"了。以通过地厘金来说,有的只在起运地征收一次,以后沿途不再抽征;有的在起运地和销售地各征收一次(即首尾征收制);有的在起运地征收之后,另在沿途再征一次或多次(即起验制)。其实,厘金除在初时尚有"厘"之名外(仅抽百分之一二),由于没有全国统一的税章,后来税率渐涨;又因有些省份逢卡抽厘,一征再征,故累加起来合计税率更高。各省厘金的税率及征厘次数如上表[①]。

---

① 罗玉东:《中国厘金史》上册,商务印书馆1936年版,第62页。

另有贵州和新疆两省区情况不详。从上表看出，除奉黑两个尚未开发的边远地区名为百分之一以外，其余都远超值百抽一了。多数省区在 4％ 到 10％ 之间，最高者达到了 20％。

百货厘的应征范围极其广泛，用无物不征来形容并不过分。从最初的原料到最终的成品，中间不知要被征厘多少次。以至今尚存的苏、浙、川、粤、桂五省厘金章程为例，五省征厘货物门类分别为 25 类 1241 项、12 类 682 项、15 类 894 项、15 类 967 项、29 类 1942 项，"其未载于税章之货物，尚不知凡几"[1]。

全国厘金收入总计表（1869—1908 年）　　　　（单位：千两）

年次	全国厘金收数		年次	全国厘金收数	
	最低	最高		最低	最高
同治八年	14527	14697	光绪十五年	14255	14585
九年	15463	15633	十六年	14494	14824
十年	15317	15487	十七年	14298	14628
十一年	15122	15292	十八年	14474	14804
十二年	15717	15878	十九年	14098	14428
十三年	14782	14952	二十年	14069	14469
光绪元年	14295	15565	二十一年	16299	16699
二年	14917	15187	二十二年	15967	16367
三年	13517	13787	二十三年	16071	16471
四年	13392	13662	二十四年	14958	15358
五年	14489	14759	二十五年	13908	14308
六年	14822	15112	二十六年	15513	15913
七年	15520	15810	二十七年	16357	16757
八年	15010	15300	二十八年	16352	16752
九年	13352	13642	二十九年	17519	17919
十年	13901	14201	三十年	18242	18622
十一年	14013	14343	三十一年	17590	18190
十二年	14479	14809	三十二年	18154	18544
十三年	15620	15950	三十三年	19146	19846
十四年	14547	14877	三十四年	20417	21117

税率既高，范围又广，因此徒留"厘"之名的全国厘金的总收入就不是一个简单的数字了。从同治八年（1869 年）到光绪三十四年（1908 年）全国的厘金收入常年维持在 1300 多万两以上，最多超过

---

① 罗玉东：《中国厘金史》上册，商务印书馆 1936 年版，第 65 页。

2000万两,详见上表①。

为使问题更清楚,不妨将自光绪十一年(1885年)到光绪二十年(1894年)10年间全国厘金收入总计及其占国家财政总收入的比重列表如下②。

全国厘金收入及占岁入比例表(1885—1894年)　　(单位:两)

年次	厘金收入	全年岁入	厘金占岁入的%
光绪十一年	14249947	77086461	18.48
十二年	15693385	81269799	19.31
十三年	16747201	84217394	19.08
十四年	15564778	87792818	17.72
十五年	14930065	80761949	18.25
十六年	15324508	86807559	17.65
十七年	16326821	89684858	18.20
十八年	15315643	84364438	18.15
十九年	14277304	83110001	15.91
二十年	14216015	81033540	17.54

上表说明,在1885—1894年间,厘金收入在总岁入中所占比重在15.91%—19.31%之间,平均为18.029%,多时亦近五分之一了。以后随着其他财政收入种类和数额的增加,厘金在岁入中的比重不似先前那么高,但绝对数字却只增不减。宣统二年(1910年)首开近代国家财政预算,度支部预算次年厘捐收入为4318万多两,与田赋预算经常收入(4616万多两)已大体相当,占岁入总额(29696万多两)的11.17%。资政院复核时将厘捐收入增加到4417万多两,占岁入总额(30191万多两)的比重(14.63%)亦有所加大。③

以上系列具体数字已再三毋庸置疑地说明了厘金对晚清财政的不可缺少性。

需要特别说明的是,官方公布的厘金收数与实际收数是有很大

---

① 对《中国厘金史》下册第469页第四表的节略。

② 《清朝续文献通考》国用考四,赋额。本表的厘金收入与罗玉东的统计略有出入,但误差不大。

③ 赵尔巽等:《清史稿·食货六》,第3708—3709页;《清朝续文献通考》国用考六,用额。

差距的。被隐瞒的厘金附加主要有两种。一是操纵金融所带来的盈余。大多数厘金在征收时要求不以白银而以制钱支付,白银与制钱的兑换比率被人为的制定对政府有利。二是手续费和罚金,这些一般也不上报。至于附加到底比官方数据相差多少,由于缺乏具体的资料,很难得出准确的结论。有学者认为,未上报的数量是上报的162%,甚至估计未上报的赋税收入多于上报部分的100%—200%。作为极端的个案,这种情况也许存在,但肯定不可能是常态。有学者根据有限的资料认为未上报的税收占已上报的20%—50%不等,持中地看,"把官方统计表中厘金的数额提高40%是合理的"。[①] 还有的学者从海关关税与厘金的比较这一个角度探讨了厘金的隐报问题。同治初年,海关税收年约七八百万两,其中子口税十余万两;光绪三十四年(1908年)则增至3200余万两,其中子口税约170万两。海关税收增加了四五倍,子口税则增加了十多倍。厘金的情况则不同。同治八年(1869年)厘金收入1400多万两,光绪三十四年增至2100多万两,只增加了50%。"按理,洋税与厘金所征课的标的物同为流通货物,两者的增减趋势理应归于一致,今竟相去如此悬殊,实可耐人寻味。厘务人员的舞弊及各省'外销'数目的隐匿,自是厘金册报数减少的重要原因。"[②]这种比较与结论也有一定道理,它间接证实了厘金的实征数与册报数确实存在较大差距。被隐匿的40%的厘金去向更值得探讨,这涉及到对此部分厘金的价值评判。首先,它绝不可能被全部用于正常合法的国家建设,否则就没必要隐匿不报了;其次,它是否被全部贪污恐怕也难以断定。对于一个普遍腐败的政府来说,贪污当然是一个普遍的现象。基本上可以推断,被隐匿的40%的厘金中的大部分被各级官吏及局卡兵丁贪污了。这件事情本身就可恶可恨的,但道德的厌憎不能替代历史的复杂性。既然是一个普遍贪腐的国家,那么即使不贪污被隐匿的40%的厘金,必然会另寻贪污路径,从而影响清政府的财政收入。这一推断可能有些

---

① 参见王业键:《清代田赋刍论(1750—1911)》,人民出版社2008年版,第101—102页。
② 何烈:《厘金制度新探》,台北东吴大学出版社1972年版,第172页。

荒谬,但却符合晚清政治的历史逻辑。历史的荒谬有时本来就超出了人们的想象。

厘金是否具有资本原始积累的性质和功能,需要从它的投向去考察。首先要指出的是,对中国这样一个后发外源型现代化国家来说,投向现代化建设的那部分财政都具有资本原始积累的性质,如田赋、盐课、关税等,不独厘金如此。但这里只探讨厘金的该项作用,不涉及其他。

从全国总体来看,厘金的支出大致可分为国用款和省用款两大类。[①] 下面分述厘金的投向与功用。

国用款包括解户部款、国家行政费、皇室用费、铁路经费、归还外债、赔款、各省军费、海防经费、水师军费和各省军费等 10 项。解户部款主要用于军事,如京饷、固本京饷、东北边防经费、加复俸饷、筹边军饷及筹备饷需、京师旗营加饷、加放俸饷和练兵经费。这部分解款并非每省都有,主要由江苏、浙江、安徽、江西、湖北、湖南、福建、广东、山东、山西等厘金收入较多的省份承担,即使解款的省份也不是每年都有。国家行政经费有备荒经费和内务府经费等,用于福建船政衙门的支出也列在此项之下。

铁路经费。兴修现代交通是典型的现代化建设,在清政府的铁路建设财政拨款之中就包含了一部分厘金,分别是江苏、浙江、安徽、湖南、广东五省的部分厘金收入。各省每年用于此款的厘金均有定额,湖南、浙江两省为 15000 两,江苏为 24300 两,安徽为 25000 两,广东为 8 万两。

用于晚清铁路建设的厘金除上述常数外,还有很多被临时临事拨用者。光绪十六年(1889 年),清政府拨给汉阳铁厂制造铁轨经费的 100 万两中,有厘金 8 万两,盐厘 16 万两,厘金边防 8 万两,厘金占 32%。因此款很快用竣,又加拨 30 万两,其中厘金京饷 5 万两,盐厘京饷 2 万两,厘金边防 5 万两,厘金占 40%。[②] 同年,清政府

---

① 参见罗玉东:《中国厘金史》上册第六章"全国厘金收支概况(续)"有关内容。
② 孙毓棠:《中国近代工业史资料》第一辑下册,科学出版社 1957 年版,第 844 页。

为筹划铁路工需,预算国家财政收入,所列岁收各款清单如下:每岁各省关约征洋税银 1500 余万两,洋药税厘并征 700 余万两,常关税 400 余万两,厘金 1200 余万两,盐课盐厘 1200 余万两,地丁 1000 余万两,茶税 160 余万两,各省裁撤长夫 52.8 万两,盐商捐输 150 万两,当税 72.4 万两,一切杂税 1500 余万两,漕折漕项数百万两,统共约可收银 8500 余万两。[①] 这里,厘金项目为 1200 余万两,占总收入的 14.12%,好像与前述平均 18.029% 有较大出入,但另有洋药税厘金及盐课盐厘未计入其中,如果加上此两项,则合计为 3100 余万两,占总收入的36.47%,超过了三分之一。当然剔除正常的洋药税及盐课,不会有这么高的比例,但加上洋药厘金与盐厘的厘金总收入远不止 1200 万两,在整个财政收入中的比重约占 20% 则与前述基本一致。清政府修筑铁路是政府财政拨款,没有细分各项收入的投入比例,当然不可能具体到厘金所占比重的大小,但厘金投入到铁路、航运等早期现代化建设事业则是毋庸置疑的。如光绪十六年,刘铭传在台湾筹建铁路即用海关洋药厘金 29.7 万余两,清政府同意自光绪十六年起将海关洋药厘金盈余仍留台湾,"专为提解部拨铁路之用"。[②]

归还外债、对外赔款和各省协款。由于财政困难,清政府也不得不举借外债,但外债到期必须归还。厘金负担的外债共有 8 种,分别是西征洋款、台湾事变贷款、汇丰镑款、克萨镑款、瑞记洋款、俄法借款、英德借款和英德续借款(详见本章第五节)。此外,还有一部分厘金被用于对外赔款,如江苏、江西、湖南、福建、广东及河南等省即有一部分厘金被用于庚子赔款。各省协款由户部指定,一般来说,支付协款者都是江苏、浙江、安徽、湖南、江西、福建、广东等厘金收入较丰的省份,而接受协款者则是西北、西南及东北较落后的省份或地区。

① 薛福成:《薛福成日记》,吉林文史出版社 2004 年版,第 516 页。由于统计来源及计算方式的差异,更重要的当时缺乏严格的财政统计,故此处的当年财政收入数额及款项与前述有出入。

② 宓汝成编:《中国近代铁路史资料》第一册,中华书局 1963 年版,第 141 页。

海防经费。厘金被直接拨用于海防经费的是江苏、浙江、江西、广东和福建,这五省一是因为厘金收入多,二是因为地处沿海(江西除外),与海防直接相关。从光绪元年(1875 年)起,江苏每年应解北洋海防经费 4.5 万两,应解南洋经费 32 万两;江西每年应解南北洋海防各 10 万两;浙江的此项不固定,从数万到二三十万两不等。广东厘金的海防经费支出用于本省,初期每年四五十万,后来增加到每年上百万。福建厘金的海防经费支出用于台湾的海防,每年数万两至数十万两不等。

水师经费。厘金负担的水师经费主要是同治四年(1865 年)成军的长江水师,由其分防的江苏、安徽、江西、湖北和湖南五省的部分厘金支出,每年总计约 56 万多两。此外,驻防在江苏的太湖水师、淮扬水师和燕子矶外海水师的经费也从江苏厘金中支出,每年约 20 万两。

各省军费。厘金的最大开支就是本省的军费,湖北、江西、福建、浙江、江苏等省每年支出达百万两左右,湖南为六七十万两,陕西为四五十万两,其他主要省份或者十几万两,或者二三十万两。

从江苏、浙江、安徽、江西、湖北、湖南、福建、广东、山西、河南、陕西等 11 省的厘金国用款的分类来看,自同治十三年至光绪三十一年,海防经费、水师军费和各省军费等三项军费占国用款的大多数,在 52%—78% 之间,平均为 67.59%。但这仅是直接列入的军费支出,如果将间接用于军费的厘金如将协款和解户部款中用于军费的部分(如东北边防经费及筹边军饷)合并计算,那么军费支出在光绪二十四年(1898 年)前占上述十一省厘金总支出的 70%—80%,光绪二十四年以后则在 50%—55% 之间。其他的省份也与这十一省的情形相近,区别只在于厘金的具体收支数额各不相同。十一省厘金的国用款各项支出具体情况见下表①。

---

① 罗玉东:《中国厘金史》下册,商务印书馆 1936 年版,第 484 页。其中军费包括海防经费、水师经费和各省军费。

历年十一省国用款内各项支出占厘金总支出比例表

年 次	解户部款	皇室用费	归还外债	协 款	军 费	其 他
同治十三年	6.77	3.81	0.61	12.87	73.73	2.22
光绪元年	8.56	3.70	—	9.76	75.41	2.56
三年	4.87	8.33	2.14	13.08	60.12	2.46
四年	5.24	8.62	1.70	14.07	67.62	2.76
九年	12.56	1.74	1.71	11.67	68.56	3.75
十年	8.66	1.45	1.64	10.19	77.63	0.42
十七年	17.25	2.21	—	3033.00	74.23	2.98
十八年	16.56	3.27	—	3.37	74.93	1.87
二十年	14.57	7.69	0.53	2.94	71.93	2.31
二十一年	13.54	2.80	2.26	2.63	76.50	2.27
二十三年	13.97	3.18	8.92	3.42	68.67	1.84
二十四年	10.99	1.55	17.99	2.52	65.10	1.84
二十七年	8.61	1.02	33.20	1.67	54.18	1.32
三十年	5.97	1.55	32.85	2.20	53.03	4.40
三十一年	5.72	0.89	34.89	2.57	52.17	3.77

从上表不难发现,厘金对于大清帝国国防现代化建设的作用与意义。近代海防攸关国家安危,但"开办海防以筹饷为第一要事,实以筹饷为第一难事",而各省田赋未能如数征运,各处盐课未能照章输纳,好在关税、厘金两项收入较旺,故举凡部库应提之款、西北请协之饷、各省支用之需,都依赖关税和厘金。"欲为海防筹饷,应先于洋税、厘金两项内酌量指拨,庶款皆有著,而事可经久。"[①]如同兴建铁路一样,除了固定的指拨厘金外,也有临时性的调拨厘金建设现代海防。如为了建设北洋海防,光绪三年(1877 年)六月以前,各省厘金都有该项支出。为了兼顾南洋海防,尤其是台湾防务,奕䜣等奏请自光绪三年七月始,每年酌提江苏、浙江厘金 40 万两,江西、福建、湖北、广东厘金各 30 万两,合计 200 万两,"以一半批解北洋大臣李鸿章兑收,以一半批解福建巡抚丁日昌兑收。"[②]清政府同意该议。此后沈葆桢又与李鸿章协商,愿将南北洋海防经费先尽北洋使用,至光绪四年

---

① 张侠等编:《清末海军史料》(下),海洋出版社 1982 年版,第 615 页。
② 宓汝成:《中国近代铁路史资料》第一册,中华书局 1963 年版,第 84 页;张侠等编:《清末海军史料》(下),海洋出版社 1982 年版,第 616 页。

(1878年)始请收回南洋应得之半。闽海关所收洋药厘金每年解往南北洋的海防经费为24万两,光绪二十四年(1898年),从中拨银10万两交北洋修理旅顺炮台。为了建造鱼雷快艇,直隶总督裕禄奏请将剩下的14万两洋药厘金暂留船政,以为闽厂造船经费之用,"俟三年限内快舰造就,再行照旧解部"[①]。由此可知晚清军事国防对厘金的极端依赖性。

以上是厘金国用款的主要支出项目,其比重占厘金总支出的90%左右。

国用款之外就是省用款,即各省用于行政经费的厘金开支,大多为临时支出项目,在厘金支出总额中所占比重不高,大约在4%—10%之间。

上面是从宏观层面叙述厘金的主要投向和功用,下面再以具体的洋务事业来分析厘金参与晚清现代化建设的程度。

晚清的现代化建设以洋务运动的军用企业的创办为嚆矢。清政府对洋务事业的财政投入数额之多以军用工厂为最。据统计,从1861年至1894年,清政府共建立了规模不等的近代军用工厂23个,分别是安庆内军械所、上海洋炮局、苏州洋炮局、江南制造局、金陵制造局、福州船政局、天津机器局、西安机器局、福建机器局、兰州机器局、云南机器局、广州机器局、广州火药局、山东机器局、湖南机器局、四川机器局、金陵火药局、吉林机器局、神机营机器局、浙江机器局、山西机器局、台湾机器局及湖北枪炮厂[②],其中最主要的是江南制造总局、金陵制造局、福州船政局、天津机器局和汉阳枪炮厂等。

江南制造总局初创时的开办经费约为54万多两,其后常年经费大约为五六十万两。这是洋务军用工厂中用款最多的一个企业。因资料的缺乏,很难计算出到甲午战争时期清政府投入到军用企业中的全部款额。有人对江南制造总局等10个工厂历年收支情况作了如

---

① 朱寿朋编:《光绪朝东华录》(四),中华书局1958年版,第4063页。
② 参见孙毓棠编:《中国近代工业史资料》第一辑,科学出版社1957年版,第565—566页。该书只列出了前19个,另参考了其他文献。

下表的统计。[1]

主要洋务军用企业历年收支情况表   (单位:两)

局(厂)名	年 代	共计年数	收入总数	支出总数
江南制造总局	1867—1894	27	16039875	16029790
金陵机器局	1879—1891	12	1428161	1427667
(附)金陵火药局	1885—1892	7	351762	350404
福州船政局	1886—1895	29	15422590	14371784
天津机器局	1867—1892	25	7246894	7083458
山东机器局	1876—1892	16	600860	668236
四川机器局	1877—1893	16	241870	892978
吉林机器局	1881—1891	10	847400	780881
浙江机器局	1883—1887	4	—	167936
汉阳枪炮厂	1890—1895	5	2958162	2818487
总　计			45137574	44611621

可以看出,五个大型的企业即沪局、宁局、闽局、津局和汉阳铁厂在将近三十年的经营中,耗资总额在 4300 万两以上。另外,各省创办的机器局约有 18 家,比照山东等局的数字作一比较保守的估计,投入 18 家的总数当不低于 1000 万两。因此到仅 1895 年止,清政府投入军用企业的资金表面统计总额在 5000 万两以上,相当于清政府 1879 年全年的财政总收入。考虑到在现实运作过程中,实际用银往往高于统计数目,那么实际支出当更高。

虽然国家的财政收入有类型、数额及比重的统计,如田赋、厘金、关税各多少,比重若何等;但财政支出时就不可能再以类似的方式标明各项所占的比例了,只能借用在财政收入中所占的比重来估量其在支出中的地位。在具体某一项现代化建设事业中,可能厘金所占比重较高;在另一项现代化建设事业中,可能厘金所占比重较低;也有可能某项现代化建设事业中没有厘金的参与,但总体而言,应该与

---

① 见张国辉:《洋务运动与中国近代企业》,第 67 页表格。按:原表福州船政局的收入总数为"1414825",显然有误,该书第 54 页说"根据船政局历年报销统计:自一八六六年到一八九五年,二十九年中一共耗银一千四百余万两"。可知"1414825"肯定漏印了一位数。下表船政局的收支总数系根据张书第 392 页"福州船政局历年收入支出表(1866—1895)"重新计算而得,总计相应亦作了更动。

厘金在整个财政收支体系中的比重相一致。以前述 1885—1894 年厘金年均占岁入的 18.029% 来计算,上述到 1895 年清廷投入军用工厂资金总额以 5000 万两计,则厘金当在 900 万两以上。尽管这只是理论上的逻辑推演,与事实不一定如此吻合,但并不妨碍对厘金于晚清军事现代化建设的重要作用的认识。

除此之外,还有对民用企业的投入。航运、纺织、电报、开矿、铁路等洋务民用企业虽然不是纯粹官办,而采官督商办或官商合办的形式,但在开办之初,仍有大量官款的资助。

以最大的民用企业轮船招商局为例。从招商局创办始即有官款拨借,到 1890 年招商局历年年借官款如下表①。

招商局历年官款数额(1873—1890 年)　　　　(单位:两)

年　　度	官　　款	占总计(%)	年　　度	官　　款	占总计(%)
1873—1874	123023	100.00	1881—1882	1217967	34.43
1874—1875	136957	21.08	1882—1883	964292	28.92
1875—1876	353499	24.58	1883—1884	1192566	52.52
1876—1877	1866979	57.73	1886	1170222	53.93
1877—1878	1928868	50.50	1887	1065254	56.60
1878—1879	1928868	61.52	1888	793715	55.97
1879—1880	1903868	62.28	1889	688242	54.60
1880—1881	1518867	57.96	1890	90241	12.02

上表可以看出,官款占比最低是 12.02%,最高为创立之时的 100%,平均为 49%,亦即官款占到差不多一半的程度。从表面上看,厘金在这些官款中所占的比例难得其详。1878 年招商局积存官款最多,达 190 多万两,共有 14 项构成,其中江宁木厘 10 万两是直接的厘金,虽然只占 5% 强,但其他如江西司库 20 万两、江宁藩库 10 万两、湖北藩库 10 万两以及直隶练饷 12 万两、保定练饷 5 万两等之中按理都包含有厘金的成分在内,因此招商局 1878 年的 190 多万两的官款中,厘金的比例当远超 5%。

如本书导论中所述,现代化不仅仅是工业化。对于陷入半殖民

---

① 对《洋务运动与中国近代企业》,第 171—172 页表格的节略。

地半封建社会境地的近代中国来说,现代化的首要任务就是国防的现代化。清政府对现代化的最早体认就是从西洋的坚船利炮开始,现代化的最早尝试与嫁接自然也是从引进与仿造西洋的坚船利炮开始。国防与军事的现代化起步之后,经济、文化、教育、外交、政治等领域的现代化建设才渐次向广度和深度拓展。军用工厂固然是国防的一部分,但军队的现代化更为重要。晚清对军队现代化的财政投入远比对军用企业的投入大。在举办军用企业之前,为镇压太平天国,清军即已进行较大改革,湘军、淮军、楚军相继而起,太平天国之后,练军分布全国各重镇。同光年间,各省防军练勇共 36 万余人,岁需银二千余万。为抵御列强入侵,清廷又大练水师,并逐渐向现代化海军发展,先后建成北洋、南洋、福建三支海军,从形式上看,已成体系。如此规模巨大的现代陆海军建设所费银两自当不低。关于岁常陆海军开支,时人说:"旗绿各营,岁饷约二千万,几去岁入之半",其后留防楚淮诸勇,"尚需岁饷一千数百万两,而绿营饷仍难去,是养兵费加倍矣。"近来修炮台,购火器,设船政与机器局,练水师,造铁甲船,"综计岁费亦不下一千数百万两,而绿营勇营仍难去,是养兵费又加倍矣。"①《辛丑条约》后的清末"新政"更是大练新式陆军和现代巡警。当时计划全国编练 36 镇,但因财政困难只勉强练成了 26 镇。"新政"军费一项就由 1901 年四千多万两增至 1911 年的一亿三千多万两,仅北洋六镇新军一年的饷需就达九百余万两。

这些艰难繁巨的现代化建设在需款孔急。从岁入与岁出的变化来说,光绪十年(1884 年)时人指出:"自咸丰、同治年来,各省出入迥非乾隆年间可比。近来岁入之项,转以厘金、洋税等为大宗,而岁出之项,又以善后、筹防等为巨款。"②这里的"善后"有现代化建设的内容(当然对外战争的赔款也是"善后"的内容之一),而"筹防"则是直接的国防现代化建设。厘金成为岁入大宗之一,在支出中当然也是大

① 《清朝续文献通考》兵考二,兵制。
② 《清朝续文献通考》,国用四。

宗,"各省饷需半出税厘"①正是厘金在国防现代化建设中的重要作用的写照,这在前文已有描述。

有人认为,腐朽的清政府的所谓军事现代化的目的就是为了镇压农民起义和资产阶级革命,以维护自己的反动统治,因而否定其积极意义。站在一个狭窄的视阈看待此问题,这一观点似有一定道理。但是,维护自己的统治与利益是任何统治阶级的天然行为,如果因此而否认统治阶级顺应历史潮流的改革与改良的进步性则是机械的、形而上学的观察复杂的社会历史现象。更重要的是,不可能否认清政府国防现代化的抵御外侮、维护民族独立的主观意图和实际作用,尤其是大办海军直接针对外国侵略者,这是毋庸讳言的历史事实。薛福成曾说:厘金若废,"淮军、西军必从此而撤,京饷、协饷必从此而亏,海防应办诸务必从此而废",一旦有事,"斯时财匮力弱,虽欲一战,不可得矣"。②不能因为晚清对外战争的屡屡失败、国防现代化的不成功而否认清政府对国防现代化建设所作出的努力和取得的成绩。虽然大清王朝面对西方列强时所表现出来的颟顸乖谬令后人唏嘘以至愤怒,但同时不能不承认清王朝也在竭尽全力维护自己的体面与尊严、保持帝国的独立和主权。如果没有晚清的国防现代化建设,不能有效震慑、防备与抵御列强侵略,保障帝国的起码安全,中国近代历史的命运无疑将更加凄惨和沉沦,晚清将不是半殖民地,而将会与印度等国一样被沦为完全殖民地了。如上所述,晚清的军事国防现代化建设离不开厘金,如果没有厘金,晚清的军事国防将更加脆弱和落伍,在对外战争中连起码的防御能力也没有,将更加不堪一击。

同治三年,当有人奏请裁厘时,郭嵩焘坚主缓裁;当厘金已投向了现代化建设而无法裁撤时,已出使英国的郭嵩焘远在伦敦给李鸿章写信论当今要务之一为"停止各省厘捐"。他认为军务告竣十余年,各省本无急需,将厘金视为闲款。本来颇明事理的郭嵩焘在这里却没有明了洋务事业和厘金的性质及意义。郭嵩焘本来是当时以熟

---

① 聂宝璋编:《中国近代航运史资料》第一辑下册,上海人民出版社 1983 年版,第 1391 页。

② 《薛福成选集》,上海人民出版社 1987 年版,第 101 页。

知洋务而自负、而闻名的思想家。他曾与大学士宝鋆纵论洋务,以为李鸿章能见其大,丁禹生能致其精,沈幼丹能尽其实,其余在位诸公,竟无知者,并毫不谦虚地说:"考古证今,知其大要,由汉、唐推之三代经国怀远之略,与今日所以异同损益之宜,独有以知其深。窃以为南宋以来,此义绝于天下者七百余年,此则区区所独自信而无敢多让者也。"①可见其自傲之甚。就是这样一个南宋以来七百余年第一人唯独在厘金之于洋务建设关系问题的看法上不慎走眼。不过,后来他在论述修建铁路时又说:"泰西通一国之利以为利,日推日广;行之久,遂以为富强之基。中国竭府库之储以为利,利未兴而害先见焉,将并所已有之成功而弃之。"②既然不能仅竭府库之储,而要学习泰西通一国之利,那么厘金未尝不可以作为通一国之利的方式和手段之一。

太平天国农民运动之前,早期现代化尚未启动,当时清廷的财政并无额外支出(鸦片战争除外),但财政困难已是事实;现代化启动之后,旧有的财政支出项目照常,不可能从常规开支中大量挪用于洋务事业,新增的洋务事业的财政支出只能从新增的财政收入而来。从这一意义上说,占岁入近五分之一的新项厘金投入现代化建设的比例应该超过五分之一,所以厘金的资本原始积累的作用就更加明显而重要了。

为了进一步说明问题,不妨假设一个简单的模型如下:

旧岁入 m ————→旧支出 x

新岁入 m+n ————→新支出 x+y

以厘金及关税在财政岁入中的大幅度增加(大体以第二次鸦片战争后为标志)作为"新"与"旧"的相对分野。以田赋为主的 m 基本上是一个不变的常量,当早期现代化启动急需大量财政投入时,m 并未见长,相反,由于长年战争的破坏,部分省份的田赋还被蠲免或减缓;而在早期现代化启动后,旧有的财政支出 x 也并未减少,反因朝廷

① 《郭嵩焘诗文集》,岳麓书社 1984 年版,第 194—195 页。
② 《郭嵩焘诗文集》,岳麓书社 1984 年版,第 555 页。

机构的变化而有所增加,如总理衙门的设置、驻外使节的派遣等,因此早期现代化建设 y 的来源主要是 n(厘金和关税)。从这一意义上说,厘金应该全部参与了早期现代化建设。当然这只是一个假设的模型,实际情况绝非如此单纯,早期现代化建设中既有厘金、关税,也有田赋,旧有的财政支出中也有厘金和关税。但互相抵消之后,从总体上看,新支出中的 y 主要源于新岁入中的 n 应是很明显的。这也为前文厘金支出的最大项目是晚清国防事业所证实。厘金被指拨用于现代军费的支出超过了 50%,加之临时的支用于国防、洋务企业、现代交通运输如铁路兴修等,合计厘金投向于现代化建设事业的比重远远超出了 50%,这就是厘金对于晚清资本原始积累的不可替代的重大意义。需要指出的是,这一模型只具有相对性,晚清社会动荡难安,一遇较大规模的战争或灾荒就会打破模型的相对平衡,特别是甲午战争以后,n 不幸主要被用于对外赔款以及偿还为赔款而举借的洋债。但也正因为如此,更使厘金作为资本原始积累的重要构成参与早期现代化的启动意义弥足珍贵。

不难看出,如果缺少了占岁入近五分之一的厘金,晚清财政将更加困难,早期现代化当然将更难启动。厘金作为早期现代化建设资本原始积累的重要构成,并非清政府的初衷,"历史喜欢作弄人,喜欢同人们开玩笑。本来要到这个房间,结果却走进了另一个房间。"[1]其实,清政府一再强调厘金的"善后"意义实际上也已不自觉地意识到这一点了,无非是他们不可能用诸如"现代化建设"、"资本原始积累"等现代话语方式来表述。对于普通百姓而言,厘金当然是一种负担和灾难,但是,"没有哪一次巨大的历史灾难不是以历史的进步为补偿的"[2],厘金对于中国早期现代化具有重要的资本原始积累的意义,而现代化的启动则不能不说是历史的进步。

如上所述,作为清政府财政收入的田赋、盐税、关税、厘金等都参与了最初的资本原始积累。但相比而言,田赋、盐税、关税等参与资

---

① 《列宁全集》第 20 卷,人民出版社 1958 年版,第 459 页。
② 《马克思恩格斯全集》第 39 卷,人民出版社 1974 年版,第 149 页。

本原始积累是正常的,而厘金参与资本原始积累则是非常规的,非常规的原因已如前述,下文第五章第四节将作进一步的探讨。

四、个案分析:厘金与湖北早期现代化建设

由于大清帝国常备武装力量绿营和八旗的腐朽堕落,太平天国运动主要是湘淮军汉族地主武装镇压下去的,清帝国也不得不仰赖湘淮军的维持。自此之后大清帝国逐渐形成内轻外重的局面,地方督抚的权重不仅仅是这些督抚大多是"中兴"功臣,而且因为他们拥有更多的财权,而厘金则起到了财政支柱的作用。地方厘金为一些想有所作为的地方督抚大吏提供了更加灵活的财政手段。地方督抚权重的弊端无须赘述,但正是这些稍具现代意识的地方重臣们扮演了洋务运动的领导者、倡导者和实际主持者的重要角色。反之,正是那些积极兴办洋务事业的地方督抚大吏才形成权重,而那些谨小慎微的顽固守旧之徒也不可能"权重"。清朝最高统治阶级从总体上拒绝顺应现代化潮流,在此形势之下,更需要一批头脑比较清醒的地方重臣们披荆斩棘,走出中国早期现代化建设的第一步。

清初中央对地方的控制是非常严格的,地方拥有的财权极其有限。田赋正税之中,除官员兵丁的俸饷可以预先截留外,其余必须报解中央。税率又受康熙永不加赋的限制,所以地方增加财源只有从附加税及本色改折征银征钱的变换方式入手,故巧立名目,附加项目层出不穷。附加虽不轻,但大多不是为了地方建设,而是落入了贪官污吏们之私囊。盐课和关税也都直属中央,地方不得动用。湖北的海关税收,江海关设于咸丰十一年(1861年),后来宜昌和沙市先后于1877年及1896年开关。自1882年至1911年三十年间湖北海关收入最少为192万两,最多为345万两,年均为200多万两。但各海关收支,都由海关税务司经理,湖北只有监督之名,并无支配的权利。因此地方很难进行因地制宜的较大规模的经济建设。这种局面直到太平天国运动之后才有所改观。厘金的征收使地方有了相对的财权。

　　因军饷匮乏,湖广总督官文、湖北巡抚胡林翼于 1855 年(咸丰五年)奏请仿照扬州仙女庙章程抽收厘金,这是湖北省征厘之滥觞。当时在省城武昌设立盐茶牙厘总局,各州县地方分别在水陆关口设立局卡,委派地方绅士征抽各项牙厘以充军饷。湖北厘金分为三种,一为落地厘,专征外省入境之货;二为门市厘,专收消费者购买之货;三为出产厘,专抽本地出产之货。当年湖北全省共设厘金局卡 480 余处,次年又有添设,其后屡有裁改。太平天国被镇压后,御史毛昶熙上奏因军务渐平,请饬令各省酌留厘金大宗,裁去分局。湖北则奏称现有军营需饷尚多,还有积欠旧饷及筹办善后事宜,拟酌留局卡 86 处,裁去分局 54 处,获得清政府同意。同治七年(1868 年)裁免湖北门市坐贾厘金,仍留落地厘和出产厘。光绪元年(1875 年)湖北免征米谷厘金。在张之洞的主事下,光绪三十一年在湖北裁撤厘金改办统捐,对厘金进行了较大幅度的改革。

　　与全国各省一样,湖北的厘金项目也很多,无货不征,有的除了正捐之外还要加抽附加捐。最初的厘捐有百货厘捐、竹木捐、船捐、丝绢捐、土布捐、牙帖捐和米谷捐等,多在咸丰五年或六年开征。后来不断增加,又有百货一文赈捐、筹防捐、茶税厘、石膏捐、火车捐、烟酒糖捐、洋油捐、江工捐、加抽煤油捐、加抽石饼捐、加抽杂粮牛皮捐、储备捐等等。当然这些名目繁多的厘捐并非自始至终都存在,有些是后来加征的,有些后来又并入了百货厘,并在清末裁厘统捐时进一步简化。如江工捐在光绪十年开办(仅在汉口和鹦鹉洲两局征抽),洋油捐在二十四年开征,筹防捐在光绪二十六年为筹饷创办,火车捐于二十八年开办,附加厘捐也都是在光绪末年创办。[①] 湖北厘金税率初定为值百抽二,后来增加的项目因项而异,如火车捐为按值抽 2.5%,筹防捐为按值抽 5%,江工捐是按值抽 10%,又因遇卡抽厘,还有厘捐附加,因此湖北境内百货厘金的税率当不低于值百抽十了。

　　湖北的早期现代化建设是张之洞启动并逐次铺开的。

　　洋务运动初期,当上海、南京、天津、福州、济南甚至远在西北的

---

　　① 详细情况参见罗玉东:《中国厘金史》上册,商务印书馆 1936 年版,第 302 页。

兰州都陆续创建洋务企业时，华中地区的湖北却依然是一张白纸。但张之洞的督鄂迅速而全面地改变了湖北的面貌。张之洞在两广总督任上就有大办洋务的计划，如提出修筑卢汉铁路，并开始筹建广东炼铁厂、广东枪炮厂和广东织布官局。1889年张之洞调任湖广总督，其洋务兴国之梦也随移湖北。张之洞在办洋务的过程中，经费困窘可谓最大的难题。他在广州时，开征闱姓赌捐，也是不得已的办法。后又接受陈石遗的建议，将康熙、乾隆时期的两三枚足额制钱改铸成上十枚光绪时的铜钱，以通货膨胀的方式来筹措经费，可见其用心之良苦。

湖北地方财政能力如何直接影响到张之洞的洋务事业。下表为晚清湖北历年主要税收估计表①。

湖北历年主要税收估计表　　　　（单位：千两）

年 代	田 赋	牙 厘	盐 厘	土膏捐	合 计
1887	1248	1314	1700	50	4312
1890	1394	1866	1700	140	5100
1892	1370	1737	1700	250	5057
1894	1480	1730	1700	279	5189
1896	1392	1550	1435	400	4777
1898	1370	1521	1500	400	4791
1900	1300	1900	3368	600	7168
1902	1240	2093	3190	600	7123
1903	1240	2235	3190	600	7265

从表中可以看出，湖北的田赋收入基本稳定，这是因有"永不加赋"的限制，其他各省亦然。自厘金征收以后，厘金之数远远多于田赋，成为湖北财政收入的最主要部分。关于湖北省厘金的具体收数，由于统计数据的缺失及口径不一，研究者们的数据并不一致。同治八年（1869年）湖广总督李鸿章才开始按奏定格式造报湖北厘金收支情况，此后每半年奏销一次，故数据较全。在厘金收入项中，有牙帖

---

① 苏云峰：《中国现代化的区域研究：湖北省（1860—1916）》，台北中央研究院近代史研究所1987年版，第214页表格，略有改动。

货厘、牙帖及帖本,牙厘及药土坐票捐三项构成。现代学者根据该数据研究统计,自同治八年至同治十三年,湖北厘金收数最低为 145 万两,最高为 167 万两,平均每年约 160 万两。光绪初期略低于同治年代,光绪中期约等于同治年代,光绪末期则高于同治年代。整个光绪时期,最低为光绪四年的 107 万两,最高为光绪三十年的 231 万两,平均每年也约为 160 万两。[①] 这说明湖北自开征厘金以来,虽然每年收数不同,甚至最高与最低相差一倍以上,但平均来看则相对稳定。

与全国其他省份比较,湖北的财政状况居于中等偏上的水平。自清初开始地方的税收大多解送国库,少数存留地方,如康熙时湖北解户部之款占 70%,雍正时曾达 90%。又据统计,1880—1896 年间,湖北每年解款大约 440 万两(包括奉命购械在内)。如果全部税收岁入平均以 550 万两计,则解款占 80%,而地方存留仅为 20%,约 110 万两;如果将此期间的海关收入(平均约 200 万两)一并计算,则存留款降为 15%。可见地方自主经费太少,很难从财政上支持张之洞的大规模洋务建设。但在兴办洋务企业时,又可以要求将上缴国库的某些款项以部款下拨的方式留归地方使用。如果本省财政能力过低,事事仰赖国库拨款,在国家财政本来极度困难的情况下,也不可能有太多的部款拨放,故现代化建设也难开展。湖北的财政形势为张之洞的现代化事业奠定了必要的财政基础。以上表的 1894 年为例,按税收(5189000 两,不计关税)的 80% 的比例上解国库,留存地方为 1037800 两;但是如果没有厘金,而只是旧有的田赋(148 万两),按同样的 20% 的比例留存地方,则仅存 296000 两,只有前者的 28.5%,即使留存一半,也只有 74 万两,也与前者相差较远。从这一比较可以略知厘金对地方财政及其洋务建设的重要性。

从同治八年到光绪三十四年的四十年间,湖北省厘金(盐厘除外)收数平均每年约 160 万两,总数约 6400 万两。其中绝大多数用于湖北本省,主要是本省军费和行政费,另也有少数被用于他处,如解

---

① 参见罗玉东:《中国厘金史》下册,商务印书馆 1936 年,第 542 页。不算盐厘,上引苏云峰书湖北厘金收数与罗玉东书大致相当。

户部款、国家行政费、皇室用费、海防经费和水师军费。解户部款只有同治八年至光绪二年,每年 5 万两,光绪二年加解 1 万两,此后无此解款。国家行政费仅有光绪元年的拨山东石户庄决口工程费近 4 万两。皇室用费共有三笔,同治十一年拨付江宁织造绸缎费 3 万两,同治十二年和十三年两年分别拨付 8 万两和 5 万两以为惠陵工程费。海防经费只在光绪元年和二年拨付过,分别为 14 万多两和 28 万多两,作为北洋或南洋海防之用。水师经费为拨付给长江水师,长江贯通湖北全境,因此长江水师经费湖北支出较多,每年拨付约 17 万多两。本省支用为厘金支出大宗,湖北军费从厘金中支出的每年从 90 余万两至 190 余万两不等,多数年份在 12 万至 14 万两之间。本省行政费主要用于善后局、各厘局、巡防保甲员弁、发审员等薪水杂用。在各项支出中,以本省军费为最大支出。同治八年到同治十二年,本省军费约占总支出的 85%,水师军费略超 10%。同治十三年至光绪二年,本省军费有所减少,约占总支出的 65%,水师经费约占 12%。光绪三年至光绪十年,本省军费又占到约 85%,此后本省军费份额降低,但也约占总支出的 80%。如果将本省军费和水师经费二者相加,从光绪元年到光绪十年,湖北厘金全部用于此两项,其他年份用于此两项者也多在 90% 以上。[①]

　　这里好像没有明确提到湖北厘金参与本省的现代化运动事宜。但如前所述,现代化不仅包括国防的现代化,对于正逐渐陷入半殖民地的大清帝国来说,国防的现代化既是最早的现代化事业,也是其他现代化事业的重要保障。从上述湖北厘金支出项目中可以看出,本省军费为湖北厘金支出的最大项,长江水师次之,这正是湖北国防现代化建设的反映,从这一意义上说,湖北厘金全部或 90% 以上被用于现代化建设。至于用于本省的洋务军用和民用企业,这不是厘金的常规支出项目,所以一般在厘金奏销中没有专项列支,但奏销中没有列支不等于实际上没有支用(详见下文)。换一个角度看,如果没有

　　① 罗玉东:《中国厘金史》上册,商务印书馆 1936 年版,第 307 页;详细数据参见《中国厘金史》下册第 543—545 页表格。

第二章　厘金与晚清资本原始积累

厘金作为本省军费和长江水师经费,则必然要用其他的财政收入来拨付,当有厘金支用时,其他的财政收入就可以用于另外的现代化建设。也就是说,厘金对于晚清现代化启动时期的资本原始积累而言,既有直接的构成,也有间接的参与。

湖北厘金之于本省的现代化建设的意义远超一般省份,因为湖北是晚清少数几个洋务大省之一。与其他洋务建设者不同,张之洞的洋务事业可谓规模经营、整体布局。他不是简单地兴办一两个厂矿了事,而是军事、经济、文教并举,以图达到比较全面的现代化。在经济领域,轻重工业同时进行;即使在重工业方面,也是煤、铁、厂、矿的配套创办。历经十多年的苦心经营,张之洞主持创建了汉阳铁厂、湖北枪炮厂,并陆续创立了为汉阳铁厂配套或为其附属的大冶铁矿、湖北水泥厂、大冶铁路、江西萍乡煤矿以及钢轨厂、机器厂、丝钉厂、官砖厂等;在民用工业方面,开办了布、纱、丝、麻四局,还有制革厂、造纸厂、毡呢厂等。以汉阳铁厂为中心的重工业体系图如下①。

到光绪三十三年张之洞上调军机大臣时,湖北的重轻工业已初成体系,卢汉铁路也已建成通车,粤汉铁路正在建设之中,武汉一跃而成为全国的重工业基地和现代水陆交通枢纽,一些国内有影响的民营企业也相继产生,湖北由此从封建经济跨入现代化发展的新阶段。张之洞督鄂时期的洋务事业不仅奠定了湖北、武汉的经济、交通、文化等现代化建设的基础,而且影响到湖北、武汉其后的发展格局、地位和方向。曾经的一张白纸被张之洞描绘出了现代化的蓝图。

晚清时期,如此庞大的现代化钢铁联合企业确实反映出张之洞与众不同的大手笔。据有关统计,湖北铁政局从 1889 年到 1895 年共筹经费 582 万多两,其中与湖北厘金直接有关的 62 万多两,占总数的 10.64%②。另有其他的部款及拨用汉阳枪炮厂的常年经费 156 万多两(其中厘金的平均数就有 26.9%,见下文),都与厘金有间接的关系,可知厘金在铁厂经费中所占比重当不止 62 万两之数。光绪十七

---

① 苏云峰:《中国现代化的区域研究:湖北省(1860—1916)》,台北中央研究院近代研究所 1987 年版,第 355 页;罗福惠:《湖北通史·晚清卷》,华中师范大学出版社 1999 年版,第 215 页。

② 孙毓棠:《中国近代工业史资料》第一辑下册,科学出版社 1957 年版,第 885—887 页。

湖北重工业初步体系图

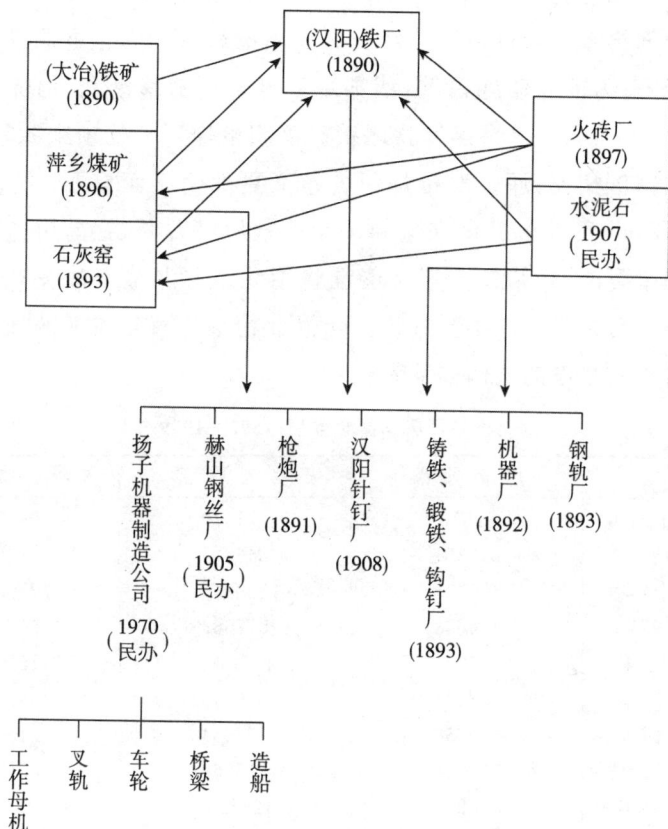

（汉阳）铁厂
（1890）

（大冶）铁矿
（1890）

萍乡煤矿
（1896）

石灰窑
（1893）

火砖厂
（1897）

水泥石
1907
（民办）

扬子机器制造公司 1970（民办）　赫山钢丝厂 1905（民办）　枪炮厂（1891）　汉阳针钉厂（1908）　铸铁、锻铁、钩钉厂（1893）　机器厂（1892）　钢轨厂（1893）

工作母机　叉轨　车轮　桥梁　造船

年六月户部曾致电张之洞奏准鄂省留本年厘金京饷十二万、盐厘京饷十万、厘金边防经费八万作为铁厂款项，[①]这一笔就是三十万了。可以看出厘金在汉阳铁厂最初的资本原始积累时期的作用。

汉阳铁厂规模宏大，加之湖北其他洋务企业众多，而铁厂本身经营不善，效益低下，一省之力实在难以长期承受。到1896年只好将铁厂招商承办，由盛宣怀接手，改归官督商办。但资本不足的问题始终未能解决，华商投资太少，盛宣怀进而被迫向日本大量借债，到民初

---

① 孙毓棠：《中国近代工业史资料》第一辑下册，科学出版社1957年版，第858页。

逐渐沦为日本人所控制。这当然不是张之洞的初衷,但更说明了财政困难对湖北早期现代化建设的重大影响,如果没有厘金,湖北财政自然更加困窘。

下面再看汉阳枪炮厂的情况。汉阳枪炮厂亦为张之洞任粤督时筹建,经费为征取船炮捐款,调鄂之后枪炮厂随移湖北,但原捐款留粤使用,张之洞只得另谋筹款之策。汉阳枪炮厂的款项来源较复杂,与汉阳铁厂相比,厘金对枪炮厂的意义更加明显而重要。光绪十八年(1892年)奏准由汉口淮盐局每年拨盐厘六万两,宜昌川盐局每年拨盐厘十万两;光绪二十年又奏准将湖北米谷厘金全数拨充为枪炮厂经费。自光绪十八年至宣统元年湖北枪炮厂每年拨入的厘金数额及其占岁入总额的比例如下表①。

湖北枪炮厂历年厘金数额(1892—1909年)　　(单位:两)

年　份	厘　金　数　额	岁　入　总　额	厘金占总额(%)
光绪十八年	91513	371070	24.7
十九年	250381	543546	46
二十年	150345	539955	27.8
二十一年	174633	577663	30.2
二十二年	180051	1152491	15.6
二十三年	213531	646548	33
二十四年	180256	732864	24.6
二十五年	234888	915664	25.7
二十六年	190275	1268200	15
二十七年	258975	1175282	22
二十八年	375748	1175733	32
二十九年	481581	1932513	24.9
三十年	382904	1859823	20.6
三十一年	302101	1547735	19.5
三十二年	265437	1531617	17.3
三十三年	243313	805201	30.2
三十四年	256945	510136	50.4
宣统元年	283529	1139254	24.9

① 根据王尔敏《清季兵工业的兴起》(台北中央研究院近代史研究所1978年版)第99页表格改制。

从上表可看出,自光绪十八年到宣统元年的十八年中,湖北的三项厘金在枪炮厂的岁拨总经费中最低占 15%(光绪二十六年),最高则超过一半(光绪三十四年),平均为 26.9%。可见厘金对湖北枪炮厂的重要性。从一定意义上可以说,缺少了占总数的 26.9% 的厘金,枪炮厂将因经费的短绌而难以为继了。

工业之外,张之洞在湖北的军事现代化建设亦有声有色,清末湖北所练新军是仅次于袁世凯的北洋新军的武装力量。与上节所述全国厘金从总体上看军事支出占总额的 52%—78% 之间、平均为 67.59% 的状况相适应,湖北厘金用于军费者亦占绝对优势。教育的现代化湖北也走在当时各省的前列。在财政条件极其有限的情况下,张之洞能有如此的擘画,不能不说是晚清的一个奇迹;而这奇迹之中,厘金的作用也实在不能低估。1905 年初,张之洞看到上海报载户部"议借奥国商款一千一百万两,以湖北厘金作抵"。尽管张之洞不能肯定该消息是否准确,但他还是立即致电户部断然拒绝。他在电报中说:"鄂厘为本省命脉所关,……凡洋款、京饷及本省兵饷,全赖此项挹注。""是以抵押一层,鄂省断断不敢承认。……万望勿以湖北厘金作抵,借以保全湖北命脉。"[①]张之洞口气如此坚决,视厘金关系湖北命脉,似嫌夸张,但确实反映出厘金对于他所从事的湖北新政建设的重大意义。也是同一年,张之洞在《裁撤厘金局卡试办统捐折》中说:厘金之设养兵卫民,"近年地方新政义举亦多取给于此。"[②]厘金在湖北的早期现代化建设中的资本原始积累功能是彰显而不可或缺的。

其实,这种情况并不是湖北的早期现代化建设的独有的特点,其他各省如江苏、浙江、天津、福建等的现代化启动在资本原始积累方面亦具有大致类似的特征。

但自甲午战败,国势衰微,赔款借债,年重一年,开始只由各省海关摊派抵押,后来不足进而又以各省厘金作为抵偿。海关收入固然

---

① 《张之洞全集》第十一册,河北人民出版社 1998 年版,第 9279—9280 页。
② 《张之洞全集》第三册,河北人民出版社 1998 年版,第 1675 页。

为中央所有,但是抵借外债的结果,当然降低了中央政府支持地方现代化建设的能力。地方厘金虽然大部分用于军事,但毕竟能部分缓解或解决地方财政,一旦厘金亦被迫成为赔款、外债的抵押,地方财政更加困难,现代化建设也就更难进行了。

五、厘金与内外债

在近代社会,几乎没有不举债务的国家,而且往往国家越富强,债务越多。在资本主义兴起之初,公债本身就是资本原始积累的重要途径之一。

中国历朝历代的封建传统没有朝廷向臣民借债之说。因为"溥天之下,莫非王土;率土之滨,莫非王臣",帝王之下的任何人都是皇帝的臣民和奴才,谈不上有严格意义的个体财产所有权。因此于中国而言,当国泰民安、府库充盈时,就把它当做"治世"、"盛世"的象征而赞美有加;而当国弱民穷、国库空虚时,唯有百计搜刮、苛捐杂税之法,尽管民间的借贷活动十分频繁,但对朝廷则不可能有向百姓先借后还之事,或者说根本就没有这种意识。前述清朝动辄勒令劝谕商民捐输报效就是如此。

鸦片战争后,国人的近代国债意识仍然非常淡漠,即使稍具现代意识、主张大力进行现代化建设的先进人士大多并不赞成举债。但他们也十分清楚晚清财政极端拮据的严酷现实,因此又以为事非得已,为了国家富强,只好借债。一般说来,他们主张借内债而反对借外债;但实在筹款无着,也只有举借外债了。如郑观应认为西方各国无一不有国债,清政府"苟能示以大公,持以大信,试借民债以给度支,成一时济变之良规,即以葆万世无疆之盛业"①。这比开捐纳、借洋债、设厘卡其利弊得失相去甚远。黄遵宪经过考察,发现泰西诸国无不有国债,甚至有的负债甚巨,以全国户口计至每人负债 110 余元。

---

① 《郑观应集》上册,上海人民出版社 1982 年版,第 581—582 页。

他认为,"负债既重,终不能不分其负担于人民,取偿于租税。租税过重,民不能堪,国必随弱。故国债一事,非出于致富无术,则实不应举。"[1]若因一时财政困窘,势出无奈,不妨偶一为之。无论是内债还是外债都有弊端,但相比之下,"内犹利半,外则弊大"。[2] 外债弊大,不宜举借,内债虽有利有害,但"楚人失之,楚人得之,其利害系于一国。外债则利在一时而害贻于他日,且利在邻国而害中于本邦。"[3]何启、胡礼垣对外债的态度与黄遵宪类似,"借款一道,若靠诸本国之民,则诚兴邦之略,若靠诸外国之助,则为误国之谋。"[4]因为国与民休戚相关,民与国相终始。后者利归外人,而害取偿于百姓。他们强调要取信于民,借债于民,发行不还本只付息的国债。

虽然清政府财政困难,罗掘俱穷,但始终无法在其臣仆面前放下天朝皇帝的"尊严",拒绝向其臣民借债。随着历史的发展,一部分封建统治者对西方国家的公债信用制度了解加深,清政府在万般无奈的情况下也不得不逐渐认同向民募债之法。甲午战争爆发后,清廷匆忙应战,军费难筹,户部上奏朝廷军费不敷,借外债各种折损太多,提出"息借商款"。为此户部制定了"息借商款"章程六条。债券面额一百两,总额虽无定数,但希望多多益善,规定在两年半时间内分五期还清。"息借商款"是近代中国公债之发轫。本次公债到次年(1895年4月)清廷被迫下令停募时为止,全国共借得1102万两,成绩并不理想。

发行公债本是切实可行的新生事物,但"息借商款"时,各地借机需索留难抑勒中饱诸弊所在皆是,连户部也不得不承认"吏胥之婪索,暮夜之追呼,捐借不分,影射难免,借捐并举,悉索何堪! 种种扰累情形,皆与劝捐之意相背"。[5] 商民因"息借商款"而受累不堪,使他们对清政府发行公债极为反感,官民两便的公债从一开始就信誉全失,

---

① 黄遵宪:《日本国志》,天津人民出版社 2005 年版,第 479 页。

② 黄遵宪:《日本国志》,天津人民出版社 2005 年版,第 400 页。

③ 黄遵宪:《日本国志》,天津人民出版社 2005 年版,第 480 页。

④ 郑大华点校:《新政真诠:何启、胡礼垣集》,辽宁人民出版社 1994 年版,第 95 页。

⑤ 千家驹编:《旧中国公债史料》,中华书局 1984 年版,第 5 页。

第二章 厘金与晚清资本原始积累

被国人视为畏途。后来清政府在 1898 年发行"昭信股票",预计发行一万万两,但认募不到二千万两,因其流弊比前次公债更为严重而在戊戌政变时停办。辛亥革命爆发后,清政府为苟延残喘,又发行了第三次也是最后一次公债即"爱国公债",定额三千万元,这次认购者更少,大多是以皇室内府现金购买,总额不到一千二百万元,清王朝就淹没在辛亥革命的浪潮中了。

晚清发行公债的失败,从根本上说是因为资本主义经济基础的薄弱以及近代金融信用制度的欠缺。梁启超认为公债成立应具备五个必不可少的条件,"一曰政府财政上之信用孚于其民;二曰公债行政纤悉周备;三曰广开公债利用之途;四曰有流通公债之机关;五曰多数人民有应募之资力。五者缺一,则公债不可得而举也。"①当时的中国,五个条件之中,如梁氏所言一个也不具备。但一定意义上说,这里更主要的恐怕应在意识领域寻找原因,即公债意识太差。存在决定意识,这是一般规律,而意识的超前或滞后也是正常现象。当时中国资本主义经济基础固然比较薄弱,但毕竟不是一片荒漠;何况晚清社会已被迫大体上融于世界资本主义经济体系之中,从这一更广阔的社会经济范畴来说,晚清的公债意识也算不上超前了。片面强调经济基础的决定作用有时反倒在无意之间成为替落后意识袒护的遁词,不然将难以解释明治维新之初的日本能够成功地发行公债,极大地促进了其资本原始积累的进程(详见下文第五章第二节)。从一定意义上说,后发外源型现代化国家的超前的现代意识对推进现代化建设具有某种程度的决定作用。

回看晚清公债意识从朝廷到地方的普遍缺乏,他们一般并不把公债当做一种债权与债务的关系,王公大臣认募而不敢认借,情愿作为报效。如发行"昭信股票"时从"恭亲王报效库平银二万两,不敢作为借款,亦不仰邀议叙"始,自王公以下京外大小文武各员效仿者不少,这对清廷正是求之不得,故顺水推舟,堂而皇之地降旨曰:"该大臣等深明大义,公而忘私,既经再三吁恳,若仍不允准,转无以遂其忠

---

① 梁启超:《饮冰室合集》文集之二十一,页一〇一。

恳之忱,著即俯如所请","毋庸给票,准其作为报效。"①这可看出晚清公债背后的封建勒索之实。

从发行公债的动机、目的和用途来说,晚清的三次公债无一是直接为了现代化建设。如果是为发展民族工商业而集资,即使出现各种弊端也还具有一定的积极意义,但清政府并非出于这一目的,它不仅不能促进资本主义的发展,相反还起了妨碍作用。② 本来能对资本主义发展起重大推动作用的公债在中国完全走样,这又是"南橘北枳"之一例,同时也说明当时由封建社会向现代社会转型之艰难与蜕变之痛苦的过渡情状。

厘金与公债并无必然的联系,它们产生的背景与初衷颇为类同,但结果有较大差异。几次公债旋起旋止,而厘金被长期保留下来,并作为资本原始积累的组成部分之一参与了早期现代化的启动与建设,以此而论,厘金比晚清的公债应该更具积极意义与合理性。

相对于发行国内公债的迟缓来说,清政府举借外债就早得多了。如果说清朝统治者缺乏近代公债意识的话,它对外债的债权与债务关系却有清楚的认识,并不惜作出沉重牺牲,如以多折扣、高利息及财政抵押等超经济的苛刻条件为代价,来换取西方列强的借款。仅此也可看出满清朝廷"宁赠友邦,不与家奴"嘴脸的虚伪与无耻。当然,在甲午战争前,清政府举借外债并非心甘情愿,"因而在整个四十年的紧张期间,他们的借债的数目是微不足道的"③。

在国人的外债观念中,多不赞成举借外债,但万不得已借外债时也要慎重。如薛福成说:若"中国果万无可筹,暂借外资以展大计,固无不可。"但借债既多,利息又重,"利不胜害,不可不慎也。"④郑观应认为"前时借债外洋,权应一时之用。金磅高下既受巨亏,嗣后洋债一端自应永行停止。"⑤如果"万一贷之己民而缺仍有不足,始可酌以

① 《旧中国公债史料》,中华书局 1984 年版,第 30 页。

② 参见朱英:《晚清经济政策与改革措施》第二章"晚清的财政金融政策",华中师范大学出版社 1996 年版。

③ 马士:《中华帝国对外关系史》第二卷,三联书店 1958 年版,第 341 页。

④ 丁凤麟等编:《薛福成选集》,上海人民出版社 1987 年版,第 535 页。

⑤ 《郑观应集》上册,上海人民出版社 1982 年版,第 583 页。

微息,转贷邻封。"中国殷实商户不少,若由户部及各藩库仿西法出给股票,定期归还,按年行息,收放出入诚信无欺,自可赢得中外商民信任。"即万不得已而再借洋债,亦须统筹全局,审慎周详,不必再托在中国诸银行之手,"①而由驻外使臣直接向外国银行、富商举借,既免辗转扣折,利息又低。后来他又说:"国债借自英、俄、法,不如借自美利坚。借数十亿不如借数百亿,借镑数不如借银数。"②因前者与中国毗连,时有交涉,易为挟制,后者则无此虑。多借利息自轻。得此巨款后,可百废俱兴。另外,借债时借银还银,以免镑银兑换时吃亏。何启、胡礼垣则论述了借外债的严重后果。以海关为担保,"吾恐旧债未完,新债复作,海关入息之数,不足以敌国债利息之数,势必授外人以国政之权,⋯⋯则是数十年后,外人无取中国之名,而有得中国之实,外人无治中国之苦,而能收中国之财,"③中国将失去自立。他们计算自光绪四年至甲午赔款借债共欠洋债五万万二千余万元,以周息六厘而计,每年应偿息银三千万元。不到三十年,合本息几六倍于原数,而三十年内无望还清,"使此五万万元借款出自华人,吾何必为中国忧? 而乃转借挪移,名俱自外,岂外人之爱我反胜于我之自爱耶?"④借款折扣及英镑涨价,转移之间十去其二,借款越多,所短越巨。办事之人未尝不知其中利害,但贪占转手时的折数、佣金以饱其私囊,故不惜卖国卖民。洋人贷款于我并非真心想固我邦家,安我黎民。若真如此,"则借款之立必无有出入扣折低昂息利经纪剥削核算磅金等事。今迹其所为,无非放利;所放在利,则所侵必权;所侵在权,则所据必地;所据必地,则所奴必民;是借款者据地奴民之计也。"⑤总之,按照晚清那样大举外债,中国就要亡国了。马建忠对西方强国的经济发展史较有研究,故非常明确地主张大借外债。他建议仿行西方设商务衙门,向外洋各国贷款二三千万,由商人设立公司大举商

① 《郑观应集》上册,上海人民出版社1982年版,第582页。
② 《郑观应集》上册,上海人民出版社1982年版,第584页。
③ 郑大华点校:《新政真诠:何启、胡礼垣集》,辽宁人民出版社1994年版,第96页。
④ 《新政真诠》,辽宁人民出版社1994年版,第192页。
⑤ 《新政真诠》,辽宁人民出版社1994年版,第200页。

务。借款由清政府出面,国家担保,"可立借数千万之巨款,举凡商务之确有把握者悉心讲贯,竭力推行,自无得不偿失之虑。如是数年之间,即可转贫民为富民,民富而国自强。""故吾尝谓国债之举,正居今之世,君民一体,通塞之机,不可行之于军务,必不可不行之于商务。"①这种设想虽然符合逻辑,但于晚清的现实就只能是理想了。就晚清而言,这句话不妨稍作变通:此法只可行之于理论,不可行之于现实。

同时,他们都以土耳其、埃及等因借债太多而受控于人作为前车之鉴,切不可重蹈他人覆辙。另一方面,不能因为借债有弊而因噎废食,现代化建设也不能一日稍缓,如兴修铁路即为当务之急,而欲修建铁路又须巨额款项,国内无从筹措,只有借助外力。如薛福成认为修铁路需款巨大,但帑项支绌,"欲筹之官,则挪凑无从,欲筹之商,则散涣难集。刘铭传所拟暂借洋债,亦系不得已之办法。""顾借债以兴大利,与借债以济军饷不同。"②因为铁路开后可获大利,本息有所取偿,而国家所收之益,又在久远。但有三个条件:债权人不得干预我经理铁路事宜、不准洋人附股及不得指定关税偿还,而由日后铁路之利陆续分还。何启、胡礼垣刚好相反。他们认为兴修铁路需费太巨(铁路大局非二万万不可),不能借外债,而只准外人入股,"铁路之大利者,非洋股不可。"③二者的目的都是为了防止外人借机控制我国铁路,但预防的方式则完全不同。薛福成担心外人股份太多,故只借款不入股;何、胡则认为借款损失主权更多,不如让其入股,还可以借洋股对抗官督商办体制中官方的朘削。这些当然只是他们一相情愿的想法。

较早大力倡导借外债以修铁路的当数马建忠。富强诸业之中,他最重铁路,所谓"富强之基者,莫铁道若也"。④但修路需款甚巨,筹款万难。国帑空虚,民间十室九空,若联官商为一气,天下无难成之

① 《采西学议》,辽宁人民出版社 1994 年版,第 134 页。
② 《薛福成选集》,上海人民出版社 1987 年版,第 139 页。
③ 郑大华点校:《新政真诠:何启、胡礼垣集》,辽宁人民出版社 1994 年版,第 195 页。
④ 《采西学议》,辽宁人民出版社 1994 年版,第 136 页。

事。"借债以开铁道,所谓挹彼注此,非若借债以偿赔款而贻偿息之累。""铁道专由商办,而借债则官为具保"。① 他还说修铁道所需之款并不比中国在鸦片战争和第二次鸦片战争失败后偿付给外国侵略者的大量赔款多。1879 年他还专门写了一篇《借债以开铁道说》论文。文中说世界各国都有债务,借债兴商务是"为国开财之源,与借债以行军,其情事迥不相同。"②要兴铁路,筹款为先,财政拮据,只有借洋债之一法。他不同意向设在中国的外国银行借款,而径到英法等国举借,以免从中渔利。借债与入股不同,若准洋人入股,则有埃及运河股票大半落入英人之手之虑,故中国铁道不可招洋股。"夫通道为浚利之源,借债为急标之举,术虽补苴,要皆气转移之机,国家振兴之兆。"③借债合理与否在于其用途,所用得当,国家受利,否则反受其害。

在晚清重臣大吏之中,张之洞是主张大借洋债的代表。这与张之洞所处时代的局势有关。当他大办洋务时,与李鸿章时代已不一样了。李鸿章时代虽然大清帝国的财政也不丰裕,但尚未严峻到甲午战争后的困境;甲午战争后,要大办洋务,借洋债似乎是唯一的出路了。《马关条约》签订不久,他上书阐述自强之策,亟练陆海军、亟造铁路、设枪炮厂、广开学堂、速讲商务、讲求工政、多派游历等等,这些是中国安身立命之端,不可稍缓。但需款浩繁,中国财政又极端困难,只有举借洋债。他认为既然总是要大借洋债偿付赔款,"不若再多借十分之一二,及此创巨痛深之际,一举行之,负累虽深,而国势仍有蒸蒸日上之象。此举所借之款,尚可从容分年筹补。果从此有自强之机,自不患无还债之法。"否则无以自强,列强动生事端,"侵占赔索一再相寻,则天下之事非臣子所忍言矣。"④20 世纪初晚清新政大建铁路时,他又说:"诚以中国财源枯竭,商力未充,欲成此纵横两大干路工程,舍借款无速能兴修之方。筑室道谋,岁月易逝,坐逝东南精

---

① 《采西学议》,辽宁人民出版社 1994 年版,第 143 页。
② 《采西学议》,辽宁人民出版社 1994 年版,第 146 页。
③ 《采西学议》,辽宁人民出版社 1994 年版,第 152 页。
④ 《张之洞全集》第二册,河北人民出版社 1998 年版,第 1001 页。

华内蕴之区交通梗阻,何如早借巨款,同时并举,利源既开,筹还自易。"①张之洞所筹修的芦汉铁路、湘鄂铁路正是靠借债兴修的。

铁路借债本是可行之策,但清政府措置失当,反而使之成为埋葬自己的导火线。

其实,不管臣民如何议论,清政府早就开始举借外债了;更重要的是,愈往后所借外债愈多。根据近来学者研究,从1853年为镇压太平天国运动,上海道台第一次向外借款始,到清政府被推翻止,整个晚清时期所借外债累计超过13亿多两②。这一数额无疑是十分惊人的。晚清外债可以确认的共有208笔,分类统计见下表。

晚清外债分类统计表　　　　　　　　　　（单位:两）

债 务 用 途	债 次	债 额	占总额的%
镇压农民起义和革命	35	16949265.62	1
赔款或由赔款转化为外债	6	793883340.00	61
海防、塞防与抵御外侮	23	79501078.99	6
各种实业	85	374560965.70	29
行政经费	59	40993647.20	3
合　　计	208	1305888297	100

从表中可知,用于镇压农民运动及革命的外债共35笔,虽然只占总额的1%,但是在208笔借款中,最初的23笔借款全部用于镇压农民运动。可见清廷首开举借外债的动机和用途。对外战争失败的赔款虽然只有6笔,但却占总额的61%,这是晚清外债的最显著特点。在上述借款中,不乏有助于中国早期现代化建设的借款,如国防及各种实业借款,但二者相加只占总额的1/4。各种实业借款中的铁路借款为318147297两,占实业借款的85%。这些铁路借款绝大多数发生在甲午战争之后,尤其是20世纪初的新政时期。此时由于甲午赔款及庚子赔款,清廷的财政已基本上受制于人,又因为对外战争屡战

① 未奏定稿。《张文襄公全集》奏议卷七十,页二八。
② 中国人民银行参事室编:《中国清代外债史资料》统计为1336802375两,中国金融出版社1991年版,第1015页;许毅等著:《清代外债史论》统计为1305888297两,中国财政经济出版社1996年版,第672页。下文从后著。

第二章　厘金与晚清资本原始积累

屡败,大清帝国的国际地位日蹙一日,加之近邻日本帝国主义的迅速崛起,中国已失去了卧薪尝胆、大力进行现代化建设的相对有利的国际环境和财政条件,其实业建设的命运已为历史所演示。换一种角度来看,与其在甲午战争后举借巨额外债用于赔款,不如在洋务运动兴起之初即大举外债(如借甲午赔款之数)用于大规模的洋务事业,也许早期现代化建设会有另一种结果。但如果封建朝廷的性质和职能不及时完成向现代政府的转型和过渡,腐败的政治也足以成为晚清完成中国早期现代化建设任务不可逾越的障碍,这正是"西国之债以利,中国之债以害"[①]的要害所在。外债之利弊善恶从某种意义而言并不在外债本身,而在于举债政府,如梁启超所言:"平心论之,外债之本质,非有病也。即有之其病亦微,而非不可治。天下事弊恒与利相缘,岂惟外债,而外债之特以病闻者,政治上之病而已。明乎此义,则可以论我国外债之得失矣。"[②]外债之病还是归结到了政治之病。

由于晚清借外债常有担保,收入丰厚的厘金也被作为外债的重要担保之一,从而与外债相关。有八种外债由各省厘金直接负担,即西征借款(左宗棠向外商举借,先后五次,同治六年两次,320万两;光绪三年500万两;次年175万两;光绪七年400万两,都作为左宗棠西征军饷及善后之用)、台湾事变借款(同治十三年沈葆桢向汇丰银行借,200万两)、汇丰镑款(1894年中日战争时向汇丰银行借作军费之用,300万镑)、克萨镑款(中日战争时清政府向麦加利银行借,100万镑)、瑞记洋款(与前次同时同数)、俄法借款(1895年向俄法银行借款,158万2千镑)、英法借款(1896年,1600万镑)、英法续借款(1898年,数额同前次)。直接分担偿还外债的省份有江苏、浙江、安徽、江西、湖南、福建、广东和山西等八省。主要是光绪二十二年(1896年)至三十四年为偿付甲午赔款而借的外债。江苏、浙江等八省历年由厘金分担的外债列表如下[③]。

---

① 王栻主编:《严复集》第四册,中华书局1986年版,第920页。
② 梁启超:《饮冰室合集》文集之二十二,页五七。
③ 依据罗玉东:《中国厘金史》有关数据整理而成。

八省厘金偿还外债数额表　　　（单位:万两）

省　份	数　　额	省　份	数　　额
江　苏	2390.8729	湖　南	223.8569
浙　江	1091.3636	福　建	232.4016
安　徽	63.9000	广　东	377.5562
江　西	340.4603	山　西	29.9744
合　计		4750.3859	

　　表中总计 4750 多万两,不可谓少,它相当于晚清三四年的厘金总收入,比清政府的五大洋务企业(沪局、宁局、闽局、津局和汉阳铁厂)的投资总额还要多,如果把这 4750 多万两用于五大洋务企业,汉阳铁厂也不至于沦落到因为日债而最终被日本所控制的悲剧结局。这只是由厘金直接负担的外债,中央财政所负担外债中的厘金部分当远不止此数。晚清外债虽有实业借款,从理论上说应该可以促进中国的现代化建设,但如上所述,实业外债既占少数,更重要的实业建设的内外条件较前俱更严酷,使其应有的积极作用难以外现。故从总体而言,如果说晚清内债阻碍了中国资本主义的发展,那么外债于此的阻碍作用更大更明显。作为早期资本原始积累组成部分的厘金也成为对外赔款的担保,这当然削弱了其资本原始积累的功能。

　　如果晚清的内外债能够稍微及时举办并逐渐走上早期现代化建设的正轨,厘金的资本原始积累的功用或许不那么显著和重要,或许不至于存留那么长的时间。可见,晚清厘金与内外债之间表面上似无必然联系,却有一种内在的无形牵挂。时人和后人咸谓厘金祸国殃民,而通过与更为祸国殃民的晚清内外债的比较,则又可透视出厘金长期延续的历史必然性与相对合理性。

第三章
"裁厘加税"的谈判与失败

一、"裁厘加税"的提出

厘金虽然是近代中国早期现代化建设资本原始积累的一种特殊方式,但逢卡抽厘、无物不征,又使它具有十分明显的病商祸国的消极作用(从本书结构考虑,下章将以早期改良派为代表来论述厘金之非),以早期改良派为考察对象,他们每言及厘金几乎无人不主张坚决取缔之,认为裁厘为"当今急务"之一。关于裁厘的步骤,有的主张骤裁,有的主张渐减。但裁厘的最大障碍是如何转换与弥补,早期改良派大都早已识见于此,所以他们在抨击厘金之为害、主张裁厘的同时,也纷纷提出了各自的弥补方案,其中最有识见的是将"裁厘"与"加税"二者相提并论。

"裁厘"能与"加税"联系起来,是因为近代中国的关税之低以及洋商享有的子口半税特权。

《南京条约》是晚清关税主权丧失之始。它规定通商五口应纳进出口货税、饷费"均宜秉公议定则例","英国货物自在某港按例纳税后,即准由中国商人遍运天下,而路所经过税关不得加重税例,只可按估价则例若干,每两加税不过分。"[①]1843 年的《海关税则》规定了对

---

① 　王铁崖编:《中外旧约章汇编》第一册,三联书店 1957 年版,第 32 页。

进出口货物按 5‰ 的税率五口一律纳税,其他丝毫不能加增。1858 年中英《天津条约》之前,英国侵略者深感中国内地各子口任意征税,有碍于洋货的倾销和土货的出口,因此《天津条约》议定:"英商已在内地买货,欲运赴口下载,或在口有洋货欲进售内地,倘愿一次纳税,免各子口征收纷繁,则准照行此一次之课。其内地货,则在路上首经之子口输交,洋货则在海口完纳,给票为他子口毫不另征之据。所征若干,综算货价为准,每百两征银二两五钱。"① 这就是子口半税。由于列强在中国普遍享有片面最惠国待遇,故竞相援引,都取得这一特权。但是,从条约中可以看出,只有洋人才能分享这一特权,中国商人运销洋货或出口土货时,仍须逢卡纳厘,故利用子口税单的交易占进出口货物总值的比例并不高。进口货物中,1868 年"原色市布凭子口单运入内地的只占八分之一,英国羽缎十三分之一,棉花一件都没有,五金则不到十二分之一";"在从内地运下来为向国外出口的茶叶中,却只有十五分之一利用子口税制度。在这种制度保护下运到通商口岸的丝的数量,只是出口总量的十三分之一。"② 福建的外商也认为厘金扼杀了转口贸易,以致使《天津条约》的子口税条款形同虚设。这反映出子口税单使用范围的限制仍然不利于外国资本主义经济侵略的加深。因此上海西侨商会曾建议"外国货对于一切超过协定关税的征课的优免权,这项权利不但应及于货物本身,而且应及于贩运各类货物的一切人等。"③ 1875 年"滇案"发生,英国借机扩大侵略权益。1876 年签订的中英《烟台条约》扩大了子口税单的请领范围,洋货运入内地请领半税单照,"嗣后各关发给单照,应由总理衙门核定画一款式,不分华、洋商人均可请领,并无参差"④。

晚清的低关税本已失去了应有的保护本国工商业的功能,中国早期现代化启动之后,新兴的近代工业产品本来难敌质美价廉的洋货,如果在税收上双方处于同一水准,尚可奋力拼搏,或有一线生机。

① 王铁崖编:《中外旧约章汇编》第一册,三联书店 1957 年版,第 100 页。
② 莱特:《中国关税沿革史》,三联书店 1958 年版,第 232—233 页。
③ 莱特:《中国关税沿革史》,三联书店 1958 年版,第 224 页。
④ 王铁崖编:《中外旧约章汇编》第一册,三联书店 1957 年版,第 349 页。

但列强再享有子口半税特权,而本国产品大都备受厘金之苦(也有少数洋务企业享有一定程度和一定范围的免厘优惠),这使起步艰难的中国现代工商业雪上加霜,加剧了中外产品的不公平竞争。因此,厘金应免,而所受损失再通过加增关税来抵补,从理论上来说,这对民族工商业的发展和国家的振兴可谓是一箭双雕的绝佳选择。

在早期改良派之中,宋恕认为"欲振商业,必自尽裁抽厘局卡始"①,但他并未言及厘金被裁后的补救问题,大约在他看来厘金本来就是额外的征收,根本用不着考虑其相抵之事。冯桂芬依古代"市廛而不征,关讥而不征"之制,认为厘捐之弊在于"关、市并征",不合古制,故二者"择一而废之,又曷可缓哉?"②另外,他主张加重酒税,"顿酤十之,零酤二十之,舞弊倍其罚。""至收捐有效,宜量减五谷棉布之捐。"③尽管他没有明确说明用加重的酒税收入来抵补废止的厘金,但其隐有此意并不难看出。不过他倍加酒税的初衷在于节饮、节粮,使穷民有食。假如果真达到了这一目的,那么由于饮酒、买酒之人少,酒税再昂,税收也不可能有多少,这又与他"收捐有效"的设想相矛盾。可见冯桂芬既未看出厘金之弊的实质,更未找到补救的良方。

无独有偶。王韬亦有类似的设想。王韬也主张去厘,并且在他看来抵补亦非难事。他说:"今之理财者,徒见厘金一废则一省度支将无从出。不知绌于彼者赢于此,鸦片之税可以重,而洋酒、吕宋烟皆可榷税,以入维正之供。古者本有丁税,现悉摊入田亩,然而善理财者,丁税之制尚可循古法以复之,惟毋使之扰民而已,安知非补苴之一道哉。"④不同的是,王韬毕竟在英国、香港游历居留多年,他主张重征的鸦片、洋酒、吕宋烟都是舶来的奢侈品,已略具裁厘加税之意,这无疑比冯桂芬要稍胜一筹。至于丁税,清初的摊丁入亩,取消了人头税,松弛了封建人身依附关系,这本是赋役史上的一大进步,王韬居然建议依古法恢复丁税,这与冯桂芬的依古制"关、市不征"的想法

① 胡珠生编:《宋恕集》,中华书局1993年版,第145页。
② 冯桂芬:《校邠庐抗议》,中州古籍出版社1998年版,第138—139页。
③ 冯桂芬:《校邠庐抗议》,中州古籍出版社1998年版,第151页。
④ 王韬:《弢园文录外编》,辽宁人民出版社1994年版,第63页。

在复古这一点上可谓殊途同归。冯、王二人正如龚自珍自述其改革方案为"药方只贩古时丹"一样,显然已与近代社会大相径庭。

陈炽裁厘的理由与众不同,他认为"天下之财,止有此数。此有所赢,彼有所绌。"厘金可以逐年递减。"宜令自某年月日为始,天下厘金,统减一成",作为抵偿,将"烟、酒、洋油、洋布落地税,统加一成。"厘金"分处递减,十载为期,撤卡裁丁,与民休息,其四项落地税,责成牧令征收,加到十年,适足与厘金相抵,国用不竭,国本不摇,而民气日纾,民心日固矣。"①陈炽加征的对象不仅有烟酒等奢侈品,更有洋油、洋布等外国资本主义倾销的日用品,裁厘与加税联系更紧,这又比王韬棋高一着。他还以为应当学习泰西各国及日本,修订税则,减轻出口税而加重进口税。何启、胡礼垣提出将厘金"并于洋关"②,这自然就增加了关税。

早年主张"渐减渐少,以至于尽裁"的薛福成认为既然厘金因军兴而起,则军事平后,自应与民休息,渐裁厘金,或酌减捐数,或归并厘卡。他建议"普减天下绿营十分之四,可省岁饷八百万金,以养勇营,即可先减天下厘金十分之六"。然后,"以一年二年为度,截然不稍延缓"。厘金尽裁之前,"用厘金以兴屯政,数年之后,屯田毕理,兵饷大减,而厘金因可尽裁矣"。③ 后来薛福成看到西洋诸国往往重税外来之货,而减免本国货税,以畅其销路,进而将裁厘与加税并论。薛福成强调中国的关税在世界各国中是最轻的。《烟台条约》谈判时,他就主张将关税"增至什二,以昭中外之一体,以补厘税之不足"④。后来他又说其他各国的关税虽有免税的,但多数值百取二十、四十,还有值百取六十、甚至值百取百者,就中国来说,"今酌中定论,自洋药而外,均以值百取二十为断,或于厘金所失之数,稍足相偿乎。"⑤但他又认为厘金"仍加诸所售之货之价,则于商并无所损,而其利实取

---

① 赵树贵等编:《陈炽集》,中华书局1997年版,第28—29页。
② 郑大华点校:《新政真诠:何启、胡礼垣集》,辽宁人民出版社1994年版,第237页。
③ 丁凤麟等编:《薛福成选集》,上海人民出版社1987年版,第21—22页。
④ 《薛福成选集》,上海人民出版社1989年版,第101页。
⑤ 《薛福成选集》,上海人民出版社1989年版,第552—553页。

之众人,所以积少成多,而民无大怨。"只须整饬厘金征收过程之中的弊端,严杜中饱,使商民乐业即可。"今军事虽平,而各路防营尚不可撤,各省田赋尚未复额,一切城廨仓狱善后之工,尚未尽修,莫不恃厘金为挹注。苟或去之,则拘挛贫弱,百务俱废。"①这种厘金无害论与他前期的裁厘主张相冲突,但却道出了厘金的不可或缺。薛福成尤其不同意裁撤洋货厘金。

郑观应不仅是当时一再呼吁"裁厘加税"的代表之一,而且其论述亦最为充分。从其早期的著作《易言》到其成名作《盛世危言》,他每每强调裁厘加税的必要性和紧迫感。就当时而言,在厘金尚未撤销前,最现实的问题莫过于整顿局卡。郑观应说:"欲纾商困则宜示限制。凡商贾过冲要之卡,既完厘后即给以凭单,所经分卡一体查验放行,不得重捐。……将无关紧要之卡一律裁撤,既可便民,亦可省费焉。"②但积重难返,不可能将厘卡完全整刷一新,即使可以,也只是治标之举,而非治本之措。撤厘是必然的。"撤厘订税、恤商惠工诸政,为当今致富之急务,非此不足补救万一也。"③厘捐不撤,商务难以振兴。对撤厘后的税收转换,郑观应也提出了多套方案。如他曾主张发行国内公债,以为"试借民债以给度支,成一时济变之良规,即以葆万世无疆之盛业"。较之设厘卡以病民等而筹措款项的恶政,"其利弊得失之相去有不可以道里计者"。④郑观应感到不可能指望满清朝廷主动废厘,因此他幻想个别的"贤能督抚大吏"能够洞明利害本原,"奏请将厘金概行豁免,在江海巨埠者并归洋关,在内地口岸者改归坐厘,或由商务局妥筹别款,弥缝厘金之缺,何至华商受其害,而洋商独收其利也哉!"⑤郑观应未免过于天真。衰世之际,有几个真正的"贤能"督抚大吏!虐政苛厘正是他们所操作,将裁厘加税的重任寄望于他们无异于水底捞月、与虎谋皮。虽然无可奈何,但胸中积郁、

---

① 《薛福成选集》,上海人民出版社1989年版,第548页。
② 《盛世危言·厘捐》。《郑观应集》上册,上海人民出版社1982年版,第553—554页。
③ 《盛世危言·商务五》。《郑观应集》上册,上海人民出版社1982年版,第626页。
④ 《盛世危言·国债》。《郑观应集》上册,上海人民出版社1982年版,第582页。
⑤ 《盛世危言·商务一》。《郑观应集》上册,上海人民出版社1982年版,第606页。

良策美计仍须一吐为快。应将所有厘卡一律裁撤，并归海关，与各国"重订税则，厘正税章，务将进口之税大增，出口之税大减，则漏卮可以渐塞，膏血可以收回。"①土货出洋者税宜从轻。"最妙莫如出口全行免税，进口则加重……凡我国所有者，轻税以广去路；我国所无者，重税以遏来源。收我权利，富我商民，酌盈剂虚，莫要于此。"②厘金之弊既多且重，欲祛其弊，"莫如以厘金并入关税，一次抽收"。中国关税低至值百抽五，而泰西各国税额大都值百抽二十、四十，还有值百抽百者，而若两国有衅则多至值百抽二百者，皆视其事之损益以定税之轻重，从未有值百抽五的。"今设一例，华商、洋商一律以值百抽十二为断。"凡洋货进口纳税于海滨通商正口，土货出口纳税于第一子口，一征之后任其运销，不复重征。"而遂将厘卡概行裁撤，是举从前积弊一扫而清之。在国家可省无穷之耗，在商民可免到处之征，实于公私两便。"③其后新商约谈判时，清政府的代表提出的增加关税的额度正是值百抽二十。郑观应还提出，裁厘之后，也可以仿照外国出售印花（下章将详述晚清印花税概况）。

曾经留学法国的马建忠对裁厘加税的论述亦较为细致。他也主张仿照外国重征进口货而轻征出口货。他建议趁外国要求洋货免厘之机，"就西国所论税则之理而更定中国增税之章，以与厘金相抵。"他还介绍了西方分别四种进口货而所征关税不等的情况，"轻则至值百抽五抽十，重则至值百抽五六十，且有值百抽百之多。"现在"乘其欲免厘金，许我加税之机，仿照各国通商章程，择其可加者加之，以与厘捐相抵，然后将厘卡尽行裁撤，省国家之经费，裕我库储，便商贾之往来，苏其隐困，皆幸赖有此条约之转机也。"修约之时，税则所应加者，亦应区分进出口货而分别办理。进口货略分四种，视其于我主权、工商之利害，从值百抽五至值百三十不等，而鸦片尤应重征。至于出口货，则应普遍降低。如果因为突然加税太高，外人不允，"可截长补短，一律减至值百抽十，外加各色杂捐，似可当厘金之入。""今宜

① 《盛世危言·商务二》。《郑观应集》上册，上海人民出版社 1982 年版，第 616 页。
② 《盛世危言·税则》。《郑观应集》上册，上海人民出版社 1982 年版，第 545 页。
③ 《盛世危言·厘捐》。《郑观应集》上册，上海人民出版社 1982 年版，第 558—559 页。

振精神,力图补救,将从前税则痛加改订,使运洋货纳洋货之税,运土货纳土货之税。……华商为我国之民,故轻其税赋,洋商夺我国之利,故重其科征,固与各国征商办法情理势三者皆同……每届各国修约之期,必加其税,不出十年,中国税则不亚欧洲各国,商民可富,饷源可充,中国转亏为盈,转弱为强之基实在于此。"①在裁厘加税的具体细节方面,马建忠的论述当比郑观应详尽,亦更具操作性。但马建忠所论主要是洋货的加税免厘,不及郑观应的全面和系统。

洋务知识分子王之春认为厘金越收越少,为防偷漏密设分卡,而厘卡官员侵吞滋甚,胥役讹索益繁,徒困于民而无利于国,因此纵谈时务者慨然主张裁撤。"然则谓厘金果宜撤乎?目今军务虽平,元气未复,国帑犹未裕也,防兵不能裁也,海防犹未措办也,设或更起事端,款将奚筹?岂旋撤之而旋设之乎?"虽然太平天国运动已被镇压下去,因此而设的厘金理应裁撤,可是元气未复,财政犹困,现代化重要组成部分的现代国防尚需加强,故厘金不可贸然裁之。但"洋商之包揽,华商之偷漏,徒供虚耗,未获实功,何乐而为此也?"裁也不可,不裁也不行,"为今之计,不如去厘金、增关税,于厘务无所损,而商民则有益焉"。这里裁撤厘金并非真的完全裁撤了厘金,而是将厘金作了增加关税的转换,"所谓裁撤厘金者,非必尽天下之厘金而撤之裁之也,不过于通商各埠,或洋货、或土货去其厘而加其税耳。若明定章程,核计道路之远近,如某货自某处至某海口,须经几卡、应厘若干,某货自某海口至某处,路经几卡、应厘若干,一总税之,不必节节稽征,是厘虽撤而实存,而包揽、偷漏等弊虽奸商无由施其技矣。且关税交纳之后,运行无阻,不必守候而验货,不必逐卡而留停,欲至某处,可克期而待,为日更速,成本较轻,即所加之税,实隐摊于货值之中,而取偿于售主,商民又知某货之不复纳税也,更乐于贩运,销畅益多,所谓于商有益者此也。况洋人所借为口实者,动谓中国厘卡林立,收数互有异同,以致洋货阻滞不行,若撤厘而加税,彼亦何说之词?"裁厘加税于清政府来说,税收未见减少,于商人来说税收既轻货

① 《适可斋记言》、《采西学议》,辽宁人民出版社1994年版,第209—213页。

运又速,于洋商来说无厘金厘卡之借口,因此裁厘而加税,洋人也无话可说。除此之外,税出于商,故欲增税收,须先畅商务。西方的富强在于官商一体,中国应该加强出口,丝、茶是中国出口的大宗,其缫丝和制茶之法尤宜讲究。"出口之货宜求其多,而税则轻之;入口之货宜杜其来,而税则重之。收我利权,富我商民,扩我远图,胥于是乎在!"①在这里,作为洋务知识分子的王之春,在裁厘加税上有与早期改良派相近的逻辑思维。厘金是因应太平天国的临时性捐税——太平天国后理应裁撤——厘金弊端甚多——厘金更加裁撤——清廷财政依然困难,现代化启动使清廷财政更加困难——厘金不可裁撤——厘金转换——裁厘加税。

总之,早期改良派对裁撤厘金有比较一致的观点,但对裁废厘金后的抵偿问题则稍有分歧。相对而言,"裁厘——加税"又是趋同的看法。事实上,这也是唯一切实可行的措施。《辛丑条约》签订后的与列强关于《通商行船条约》的谈判也正是循此思路试图解决这一问题的。

二、"裁厘加税"的早期交涉

早期改良派伤时救弊、裁厘加税的激情议论只是当时民间先进思想的代表,不可能动摇官方的"话语霸权"地位,难以影响到政府的决策与行为。但晚清在对外交涉中仍然有裁厘加税的设想和尝试,只是相对于西方列强来说,清政府的"话语霸权"又受到了列强的严重挑战而边缘化,以至于在对外交涉中不得不经常屈从于西方的"话语霸权"。

"滇案"谈判期间,总税务司赫德向李鸿章建议免厘。赫德按"同治十三年征税大数比较,计八宗货税,连洋药加税可收至一千九百余万两,以抵各省厘金一千万两,尚短数百万"。但李鸿章认为虽然子

---

① 王之春:《蠡测卮言·防漏税》。《清朝柔远记》,中华书局 1989 年版,第 381—384 页。

口税单妨碍了厘金的收入，但全国厘金通年总计一千五百十六万，"即如所言，以税抵厘，所损将近千万，于国计大有关碍"①。对赫德的裁厘要求，李鸿章认为，中国厘金已减征很多，并举例说同治初年他在上海带兵时每月征收厘金四十万两上下，而目前每年仅收数十万。若再改章，统计各省每年厘金骤减一千数百万两，仅恃各关所收子口半税弥补，能有几何？李鸿章还语带威胁地说："倘改章之后税饷短绌，日形贫弱，难保不另滋事端，不但于中国有损，亦非通商各国之利。"他还以泰西各国进口关税有值百抽十五、抽二十，甚至抽四十为例，力争中国仅值百抽五，税率太轻，即使加上各处厘捐，与泰西各国税则相比数额并不大。"今若欲停厘捐，应查照各国通例将海关税则加重，俾足相抵，始为公允。"②华洋商人均可请领子口税单，本已影响厘金收入，"厘金绌则饷源立绝，恐关税所入不足以资挹注，殊堪焦忧。"③李鸿章说赫德是中国总税务司理，自应帮助中国设法议加，但徒言减厘免厘，实有碍于国计。赫德狡辩说当初议定值百抽五时，明文把将来不得加增之语载入条约，"已成铁案"，此时若议加税，各国恐不答应。这当然是无稽之谈，列强想要修改条约时，即使"铁案"，他们也照样能利用种种手段轻而易举地使清王朝就范翻案。

此间，两江总督、南洋通商大臣沈葆桢也感到华洋商人都可请领子口税单对厘金收入的冲击，也在上海曾与赫德面议"拟请洋税加征值百抽十，可停内地厘金，赫德颇以为然"④。这不过是赫德的表面敷衍而已，《烟台条约》中并无加税的任何规定。在李鸿章看来，"各国果允加税自是佳事"，但以税抵厘，是否有盈无绌则不敢有把握，何况各省无不以抽厘为地方财政支撑，而且还有未设海关的省份，加税免厘以后，关税收入增多，但地方收入减少，各省势必纷纷议请拨补，口舌愈繁，争端愈多，中国利权仍尽操洋人之手，也不敢说没有后患。李鸿章作为地方实力派的代表，深知厘金对于各省的重要性，真要裁厘

---

① 《李鸿章全集》第 7 册，时代文艺出版社 1998 年版，第 4244 页。
② 《李鸿章全集》第 7 册，时代文艺出版社 1998 年版，第 4273 页。
③ 《李鸿章全集》第 7 册，时代文艺出版社 1998 年版，第 4269 页。
④ 《李鸿章全集》第 7 册，时代文艺出版社 1998 年版，第 4284 页。

也是一大阻力。不久,光绪三年,李鸿章在与德国公使巴兰德进行商务谈判时,德使既想免厘又要避子口税,李鸿章仍主张若要免厘,"则须加税抵厘,否则只有正子并征,内地之厘方可议免"①。这里李鸿章只是坚持不放弃征收子口税,以加增关税作为讨价还价的筹码,即使他有心、但却无力与列强讨论加税事宜。《烟台条约》签订以后,列强的经济侵略要求得到了暂时的满足。

如上所述,对厘金之为害,不独中国的工商业者及有远见的人士深为不满,必欲去之,西方列强也深感厘金对其经济侵略的妨碍,也要求免厘。当然他们主要是要求免去外国进口货物及运销出口的土货的厘金,至于在中国境内流通的土货的厘金之去留他们并无多大兴趣。

洋商认为,进口货物缴纳关税及子口半税之后,即可遍运天下,不再征税,而清廷认为子口税单有效范围是货物从通商口岸运到原开列的地点为止,此后即无效,而应与其他无税单货物一样缴纳税厘。"在扬子江沿岸的九江,英商们抱怨过境税的横征暴敛以及内地半税单照的无效。"②因此,"十九世纪后半期的外国观察家们习惯地把这种内地贸易税制(人们公认这种税制的管理有时变化无常)看成是他们自己的贸易和中国商业一体化的主要障碍"③。

《烟台条约》谈判前后,"厘金和通过税之间的斗争吸引着北京各国使节的注意力。各省的中国官员常常的施行一种限制引用通过税的方法,目的在于把内地贸易推进到采行厘金的道路上去,借以增加地方的收入;而外国使节们则共同来抵制这种趋向。"1878 年一批从四川出口的土货通过汉口时,汉口官吏拒绝发给过境执照;当北京发出命令准予发给执照时,四川当局又拒不承认,接着贵州官吏又扣押货物,其理由是"执照免除了这种土产在四川和湖北并不是在贵州的厘金征收;这批土产在北京发下新的命令以后才被放行。"④1879 年

① 《李鸿章全集》第 7 册,时代文艺出版社 1998 年版,第 4344 页。
② 伯尔考维茨:《中国通与英国外交部》,商务印书馆 1959 年版,第 46 页。
③ 费正清主编:《剑桥中国晚清史》下卷,中国社会科学出版社 1985 年版,第 58 页。
④ 马士:《中华帝国对外关系史》第二卷,三联书店 1958 年版,第 355 页。

11月，外交团体向总理衙门提出了联合建议，"提示着对外商贸易的二十种非法勒索"。1880年英国公使威妥玛又提出了阿礼国在1868年所创议的计划（马士认为，这项计划很可能都是由赫德倡议的），即对进口货物提高税额，而免征所有厘金。他们愿意将进口税由5％提高到12.5％，但最后又想接受7.5％和12.5％之间的折中税率。总理衙门明确提议将进口税提高到11.5％，免除一切厘金征收和各样课税。各国公使对于清政府能否废止内地厘捐感到并不可靠，故迟疑不决。1881年9月中国提议将关税增至10％，各国公使愿意接受试行五年，并要求设立一个退税的联合法庭，以保证对进口商人非法征收的任何厘金或其他捐税的返还。但最终这项提议仍归于失败。①

甲午战败后，中国的巨额赔款非其财政所能负担，唯有大借洋债暂济燃眉。因为借债数额庞大，以清廷财政状况仅还息银已形拮据，到期本息兼还将更加困难。为此，刘坤一约集盛宣怀、聂缉规商议应变之策，又前往总税务司赫德处商酌。赫德建议增加关税，"中国所收洋货厘金无多，加税拨抵必可有余。"刘坤一深以为是，奏请朝廷预行筹措，"是宜未雨牖户之谋，不可为临渴掘井之计。"②这不是从厘金本身的问题，而是从解决赔款还债问题的角度来议请加税。1896年李鸿章出访欧洲，与俄、英、法、德、美各国议加进口关税，但各国坚持先裁厘金，再议增税。次年张荫桓奉使贺英，"以其领度支熟知外情，命就彼国兼议加税，坚拒免厘"③，亦未果。库拉维斯（Alexis Krause）于1898年在伦敦出版的《停滞的中国》（*China in Decay*）中围绕中国的问题提出了6项议案，其中第3项是"将关税上升5％而使厘金作废"。但遭到了赫德的批判。对于裁厘加税问题，赫德指出，由于厘金是作为地方财政的根本而存在的，所以对地方政府而言，根本不是那么简单就能撤废的问题。④ 盛宣怀提议"径免天下中途厘金，加关税

---

① 马士：《中华帝国对外关系史》第二卷，三联书店1958年版，第356—357页。
② 刘坤一：《奏报预筹加税事宜折》，光绪二十六年四月二十八日。清朝宫中朱批奏折，财政类。中国第一历史档案馆藏。
③ 赵尔巽等：《清史稿·张荫桓传》，中华书局1977年版，第12436页。
④ 滨下武志：《中国近代经济史研究：清末海关财政与通商口岸市场圈》（上），江苏人民出版社2008年版，第50页。

为值百抽十,令彼无所借口。厘金既免,即仿行西国印税之法,办理得宜,计加收之关税,新收之印税,合之当倍于厘金。而免厘则出口土货易于流通,加税则进口洋货或渐减少。取益防损利在无形,所谓足国用而不病民,且阴以挽外溢之利者此也。"[①]

光绪二十六年(1900年)为中英商约第二次修约到期之时,清廷任命大理寺少卿盛宣怀、江苏布政使聂缉规及赫德代表中国出席修改税则委员会,筹备修约事宜,并要求英国指定中英修约谈判日期。盛宣怀认为,在切实值百抽五和子口半税的基础上,将关税增加一倍,提高到15%,可足抵厘金之数。裁厘加税之议因义和团运动而中止。

八国联军之役后,1901年9月7日清政府与11个国家的代表签订的《辛丑条约》第十一款规定:"大清国家允定,将通商行船各条约内,诸国视为应行商改之处,及有关通商各他事宜,均行议商,以期妥善简易。"[②]不久,英国驻华公使窦纳乐援引此条,要求清政府开议通商行船条约事宜。

三、《辛丑条约》后"裁厘加税"谈判的曲折过程

1901年9月28日,英国通知清政府,以英国"五印度二等宝星总理印度事务大臣政务处副堂"马凯(J. L. Mackay)为全权代表率团来华,谈判新的通商行船条约及新税则,并指定上海为谈判地点。清政府在此前已命刘坤一、张之洞及盛宣怀为修改通商行船条约做准备,接到英国的通知后,即"著派宗人府府丞盛宣怀为办理商税事务大臣,议办通商行船条约及改定税则一切事宜,并著就近会商刘坤一、张之洞为定议,税务司戴乐尔、贺璧理均著随同办理。"[③]清政府旋又增派驻德兼驻荷公使刚卸任归国的吕海寰为谈判代表,海关副总税

---

① 盛宣怀:《愚斋存稿》卷一,页六。
② 王铁崖编:《中外旧约章汇编》第一册,三联书店1957年版,第1007页。
③ 《辛丑和约订立以后的商约谈判》,中华书局1994年版,第1页。

务司裴式楷为帮办。到 1907 年为止,中国先后分别与英、美、日、葡、德、意等六个国家进行了新商约的谈判,其中以中英谈判及其签订的条约最有代表性。

1902 年 1 月 10 日中英谈判在上海盛宣怀私宅举行第一次会议,英国代表提出了拟在谈判中讨论的问题 24 款①,其重要内容大体上可以分成两个方面,一是扩大列强在华的通商、航运及贸易利益,二是按照列强的需要和利益改造清政府。这些条款中明确提到厘金的只有第十九款,即"划定各通商口岸免征厘金区域",但与厘金有关的有八款之多,如第十款"货物在内地不纳税自由运销对于中国商务的好处",第十四款"推广土货出口三联单制度",第十八款"切实履行条约中关于子口税单的规定",第二十三款"在同一河流或其支流上两个口岸之间运输的货物,免征进出口税"等等。尽管英国代表做好了裁厘加税的准备,但在多达 24 款的应议内容中,并未直接提出"加税"问题,而故意让清政府自己提出来。在正式谈判的多次会议中,马凯辩论"全在挤我厘金",而不言加税。但在此之前的光绪二十七年十一月份,马凯在武汉与张之洞会谈时,既坚主免厘,也建议加税。他说:"除进口洋货、出口土货免厘外,内地土货来往之厘及产地厘皆须全免,意甚坚很";张之洞告以各省厘金内外销约二千数百万两,报部内销不名厘金而外国视为厘金者约七百万两,加以赔款太巨,须筹抵补。马凯说"可加进口税",但对张之洞的"可加若干"的询问,马凯则"一味游词,语气不能甚多"②。这也可以看出马凯实是有心裁厘,而无意加税。在马凯提出的众多的要讨论的问题里,"最重要的就是拟议的裁撤厘金","他们争论了八个月之久,主要就是为了这个问题"③。在对外贸易中"具有头等重要性的一项就是一件使中国能够废除它的苛扰的厘金制度的详细方案"④。虽然新商约交涉的内容很

---

① 《辛丑和约订立以后的商约谈判》,中华书局 1994 年版,第 19—20 页。
② 《鄂督张之洞致刘坤一盛宣怀马使来言内地土货免厘事请熟筹远虑电》,光绪二十七年十一月八日。《清季外交史料》卷一五〇,页六至七。
③ 莱特:《中国关税沿革史》,三联书店 1958 年版,第 369—370 页。
④ 马士:《中华帝国对外关系史》第三卷,商务印书馆 1960 年版,第 396 页。

多，但这里仅探讨裁厘加税问题。

对清政府来说，加税也好，免厘也好，都须服从增加财政收入、至少不能减少财政收入这一目的，尤其是庚子赔款，若再不另筹办法，清廷财政将陷于绝境。外务部的指示是"款项收数有盈无绌，商民有利无害"，两江总督刘坤一则说"免征总须抵补有余，方是胜着"①。而对英国来说，则要求首先全免厘金，再谈加税。"若不尽撤厘金，断不允加税，此各国成见；若加税不足补厘金所失，断不允撤厘，此中国所当坚持。"②用加税来抵补免厘只是一个大的原则方向，将其具体化却很困难，双方歧义极大。一方要求尽量加高关税，而有保留地裁厘，另一方则要求全面裁撤，而有保留地加税，故双方在"裁"与"加"上你来我往，互不相让，谈判异常艰难。

清廷代表吕海寰、盛宣怀最初提议进口税率加三倍，即值百抽二十，马凯说"断不能议"。税务司戴乐尔向盛宣怀建议"撤去厘金，免收出口税银，进口洋货每值百两征税十五两；土货自彼通商口岸运至此通商口岸，每值百两征税十两"③。中国代表另拟关于裁厘加税的方案，提出三点："a.增加进口货物的关税；b.取消土货出口的关税；c.对国内消费的土货抽征合理的捐税。"④马凯起先表示值百抽十五尚不十分为难，但又说"总要行厘坐厘全除方可商酌"。盛宣怀等将裁厘加税的三点意向具体化为"一、进口仍索十五；二、出口估价抽七五，并留复进口税；三、行销内地土货听我纳销场税。"但这时马凯又说遵照本国电令十五之数太高，不得再议。裴式楷出面调停折中，进口税加至值百抽十二五。马凯仍坚持内地厘金必须全部裁撤，也不得征收销场税。中国代表切告以如此则所加关税不能抵补全部厘金，开征销场税系仿照各国征收烟酒税的办法，并表明若不允加税则厘金难撤，其他各款也无法商议。马凯照会责怪中国方面采用拖延之术，

---

① 《吕海寰盛宣怀至外部厘卡撤后营业印花各税拟次第兴办电》，光绪二十八年四月十九日。《清季外交史料》卷一五六，页九。

② 《清季外交史料》卷一五六，页一一。

③ 《辛丑和约订立以后的商约谈判》，中华书局 1994 年版，第 36 页。

④ 《辛丑和约订立以后的商约谈判》，中华书局 1994 年版，第 49 页。

如果不讨论免厘问题即应接议其他各条。盛宣怀又接到朝廷谕旨，必须以抵足厘金为主，故须抽内地销场税，然后再议加税数目。马凯说若如此则前面所议进口税抽一二五，出口税抽七五就不可能。①

中国是否征销场税成为谈判的焦点，双方在这一问题上一时达不成共识。盛宣怀等认为，如不能加税，又不免厘，本也无所失，但问题在于英国还要力求其他利益，如畅行出口货之三联单、整顿进口货之子口单、增辟通商口岸、推进免厘界限、驶行内河轮船等，因此裁厘加税不能不行。盛宣怀算了一笔账，全国厘金解部之数为1700万两，似厘非厘300万两，各省留支1000万两。如果真想一次加税到3000万两，势难办到；如果真能做到进口抽一二五，出口征七五，再加复进口税，合计约有二千三四百万，至少也有二千一二百万，差不多能抵厘金实数。"如撤厘后销货必旺，则税收必增，所云有盈无绌也；况土货畅销，民困可纾，漏卮可塞，银价不至再跌，所云有利无害也。"但只要保留产地、销场各捐局，则难免重征，英国必定不允。盛宣怀说这需要向对方确切声明此税征收对象为内地自销土货，或在产地、或在销场征之，绝不会影响到重征进出口之货，以"释彼疑团，始能成议，全局关键在此一端"。②这又透视出清政府对外国的让步，对国内的压迫政策。

在裁厘的范围上，双方差距太大。在6月12日双方第一次正式讨论完全裁厘的会议上，"盛宣怀一开头就说，据他理解，裁撤所有厘卡，指的是征收一般货厘的厘卡，不包括盐和鸦片的厘卡在内。马凯一听就大为愤怒，责备中国方面背信，想愚弄他"，他说根据英国政府的指示，"保留任何厘卡的条款，我都不能接受"③。马凯的方案是"所有十八行省及东三省陆路、铁路、水道向设厘卡及其他类似关卡局所，一律裁撤，所有转运货物（包括盐和鸦片）概免一切捐税，并不受

①《吕海寰盛宣怀至外部厘卡撤后营业印花各税拟次第兴办电》，光绪二十八年四月十九日。《清季外交史料》卷一五六，页一〇。

②《清季外交史料》卷一五六，页一二。

③《辛丑和约订立以后的商约谈判》，中华书局1994年版，第67页。

查验阻滞"①。他在当天给盛宣怀的私函中说:"我很了解,裁撤盐和土鸦片的厘卡,可能有困难;但是,如果你们不克服这些困难,并实行我们建议稿里规定的改革,继续讨论这个问题不过是浪费时间罢了。以上就是重行谈判增加进口税一倍半的唯一条件。"②

本来,裁厘就影响到地方势力的利益,如果再将盐和鸦片的厘金局卡也裁撤了,地方势必更难通过。盛宣怀深知此点,因此他说盐务与鸦片问题他本人不能做主,只能同总督们去商量。而地方势力的代表刘坤一和张之洞本也受命"就近会商"。所以关于盐务的问题马凯就到南京与刘坤一商谈。7月4日马凯在两江总督衙门与刘坤一讨论盐务。刘坤一说江南几省的盐务他可以做主,"保证在加税裁厘以后,对于盐船以外的其他船只决不干涉",并表示发电给其他各省的当局,请他们照办。当马凯追问刘坤一是否不同意取消盐务厘卡时,刘坤一回答说他"愿意保证这些厘卡不影响一般贸易,但决不能裁撤这些卡子"③。马凯说英国政府无意减少中国的盐税收入,但英国人怕的是厘金这个名词,故应取消讨厌的厘卡的形式。他建议盐船装货时,发给装运数量的凭单,在沿途指定的报验公所停靠候验,听候在凭单上盖戳放行。中国方面认为这个解决办法可以接受。这样在盐厘上双方基本达成一致,减去了一个障碍。

几天后,7月8日马凯一行又到了武昌与张之洞商谈鸦片厘金问题。马凯再次重申"中国绝对有必要裁撤任何形式的厘金"。张之洞说:"鸦片和盐的征税办法完全和厘金制度不一样。虽然有许多稽查盐斤和鸦片的卡子,它们并不查验别的货物,因此我想保留它们并没有害处。"并重复声明他决不会让土药税卡随便查验船只,而只稽查鸦片是否贴有印花,税卡只有接到密报后才能搜查船只。马凯同意中国在各省水陆边界要隘仍留旧设之土药税所,但必须保证不能把进口布匹也开包查验,并要求张之洞提供保证,让各省都答应,"像刘

① 《辛丑和约订立以后的商约谈判》,中华书局1994年版,第65页。
② 《辛丑和约订立以后的商约谈判》,中华书局1994年版,第69页。
③ 《辛丑和约订立以后的商约谈判》,中华书局1994年版,第73—74页。

制军对于盐一样"。① 马凯还与张之洞多次会谈,讨论了矿务等其他问题。鸦片厘卡的解决减去了双方的又一个障碍。

既然是裁厘,应是裁撤所有的厘金,但交涉的结果是裁掉在国内交易的土货的流通过程中的行厘,在其出产地和最后销售地仍需征收出产税和销场税。除租界之外,无论口岸、内地都可抽收,不必货到店铺之手,即未登岸或到他处设关抽收,货色亦不必开单,但非出洋之货即可,"其抽数多寡由我随时自定,与今日之落地厘无异,各省合计为数尤巨。其实只是免行厘,留坐厘六字,但洋人总不允存厘金之名耳。"②

中英商约谈判经过八个多月的反复磋磨,到 1902 年 9 月 5 日双方终于在上海签订了《续议通商行船条约》。由于英国的全权代表是马凯,所以又名《马凯条约》。该条约共 16 款,其中第八款就是关于"裁厘加税",下分 16 节,其内容超过了其他条款的一半以上,这也可见"裁厘加税"在此次谈判中的分量。主要内容有除销场税外,中国裁撤所有厘金,英商运进之洋货及运出之土货,除照当时税则应纳正税外,加完一税,以为补偿。进口洋货所加抽之税为进口正税一倍半,一经完清,无论在华人洋商之手,均得全免各项税捐及查验留难情事;出口土货所纳税之总数不得超过值百抽七五之数。中国将十八行省及东三省陆路、铁路及水道向设各厘卡及抽类似厘捐之关卡概予裁撤,保留通商口岸、沿海沿江及内地常关。洋药厘金照旧,土药统捐,盐厘改为盐税。可任便向不出洋之土货抽销场税,但只可于销售之处征抽,不得于货物转运之时征抽,不得于进口洋货或出口土货有所妨碍;销场税数多寡任由中国自定,视货物种类斟酌,民生日用物品可减抽,奢侈贵重物品可加抽,但销场税不得在租界内征收。洋商在通商口岸或华商在中国各处用机器纺成之棉纱、制成之棉布及其他与洋货相同的货物须完 10% 的出厂税。另外,该条约还规定了裁厘加税执行的前提条件,即各国与中国所立条约内有利益均沾

---

① 《辛丑和约订立以后的商约谈判》,中华书局 1994 年版,第 91—93 页。
② 《鄂督张之洞致外部英约反复筹议中国实不吃亏请核准电》,光绪二十八年六月十八日。《清季外交史料》卷一五九,页二二。

之款者,在 1904 年 1 月 1 日以前按英国所许各节办理后,裁厘加税条款始可实行。①

中英谈判尚未结束,1902 年 6 月中日、中美新商约谈判相继同在上海进行,但因当时主要在与英国商谈,故中美、中日的谈判是在中英签字之后才真正开始的,而期间的曲折似乎甚于中英谈判。美国认为进口洋货抽一二五太重,要求改为值百抽十,双方“即此一款,反复驳拒不下十余万言,坚持三阅月之久”②。最后在 1903 年 10 月 8 日签订中美《通商行船续订条约》③,其裁厘加税的内容与中英商约大同小异,同时签订的中日《通商行船续约》关于裁厘加税的内容则趋于笼统,只说悉照中国与各国商定之加税裁厘办法,并无细则④。1904 年 11 月 11 日签订中葡《通商条约》,其关于裁厘加税的条文几乎与中日商约相同⑤。接下来在 1905 年在与德、意的交涉过程中,由于德、意的野心太大,侵略要求过多,谈判破裂。

清政府于《辛丑条约》签订之后,在连续四年多的时间内先后同六个国家谈判,与德、意没有签约,与葡萄牙虽签约但因葡萄牙议会否决故未交换批准书,与英、美、日三国签订的新商约得到执行。但其中心内容之一的“裁厘加税”失去了生效的条件,因此没有付诸实施。

四、二难选择的困境

对于解决同为中外所诟病的厘金来说,“加税裁厘”对双方似乎都是行之有效的简捷办法;如果能做到真正的加税裁厘,对清廷的财政和中国工商业的发展当然更为有利。但理论上的可行方案在现实中却又遇到了难以克服的障碍,清廷和列强都处于两难抉择的困境。

---

① 王铁崖编:《中外旧约章汇编》第二册,三联书店 1959 年版,第 103—108 页。

② 《袁张吕盛伍致外部中美全约议竣请旨派员画押电》,光绪二十九年八月十一日。《清季外交史料》卷一七五,页七。

③ 王铁崖编:《中外旧约章汇编》第二册,三联书店 1959 年版,第 183—185 页。

④ 《中外旧约章汇编》第二册,三联书店 1959 年版,第 192 页。

⑤ 《中外旧约章汇编》第二册,三联书店 1959 年版,第 254 页。

　　以列强而言,厘金既然是不合理的、随意性极大的恶税苛捐,按照列强的霸道作风,他们似乎应该可以强迫清政府无条件裁撤,但他们同意有偿抵补,而不是无条件地废止,这已是对既成事实的承认和让步了。从 1869 年就在酝酿的裁厘加税,就算是赫德的提议,而众所周知,赫德主要是代表西方列强尤其是其母国英国的利益的。早有意向而又无正式的交涉,当中国正式提出时又王顾左右而言他,瞻前顾后,这正是他们选择上的二难心态的反应。

　　列强之主旨是欲在中国攫取最大限度的利益。中国局卡林立,厘税苛重,使商品流通渠道不畅,不利于列强打开和扩大在华商品市场。但要裁厘,列强也深知,如果没有补偿是不可能的,故不得不同意增加关税。如果因为裁厘而使中国市场扩大,尽管关税稍有增加,仍然有利于列强的商品倾销。而《马关条约》以后,形势更发生了较大的变化。一方面,列强取得了在华设厂制造的权利,当内地制造的货物运转他处时,虽可免关税,却不能免厘金,这是厘金于其不利的又一新阻力;另一方面,如果说甲午赔款主要为日本所得的话(其实各列强因借债给清政府以为赔款之需,已得到许多好处,要不然他们也不会争相借贷),那么本息九亿八千多万两白银的庚子赔款则是列强利益均沾,而且赔款数目如此之大,如果不能使清政府保持起码的财政赔款能力,对列强来说也不是一件幸事。

　　在商谈庚子赔款数额时,列强既想多得,但又不能让大清帝国的财政破产。如美国认为赔款数额以不超出两亿美元为度,为保证赔款本息的支付,鉴于清廷的赋税状况,只能改革厘金的征收制度,并应当把进口税至少增加到从价值百抽十五的税率,"无论如何不应忘记,改革的主要目的是使中国的情况有利于其发展生产和交换产品。如果它破了产或陷入困境,那就意味着各国目前正在竞争的并不断增长着的市场的毁灭。落在各通商国家头上的那种惩罚,将如同中国遭受的一样。"①保证中国的财政不致破产、有利于中国发展生产,

----

①　《1901 年美国对华外交档案——有关义和团运动暨辛丑条约谈判的文件》,齐鲁书社1984 年版,第 281 页。

其最终目的到底是为了中国利益还是为了列强自己的利益,这是再明白不过的宣示。厘金对清廷财政的重要性,列强无不知晓,既然要裁厘,非有所补偿不可。除了将太低的关税略微增加外,似乎再难开辟其他财源。何况即使征一二五,也没有增加到条约所说的一倍半。因为按以往税则,除抽五关税、子口半税,另外还要遭受厘金的苛扰,既加重了负担,又迁延了时日。按新商约规定加税之后,一无所阻,任其所之。两相比较,加税与此前所有的税负相比,相差似乎并不太悬。更重要的是,所加之税的相当部分在清政府仅仅是名义上的财政收入,还是要以赔款还债的方式返回列强之手,所谓"将欲夺之,必固与之"。可以说,这是列强此时同意而彼时不同意谈判加税的重要因素。

列强从来不会真心为了中国的民族利益考虑问题,条约中有时也有双方对等的条款,但大多不过是条文上的对等,在实际中不可能得到真正的执行。即以裁厘而论,列强关心的是裁撤进口洋货和出口土货的厘金,而对在中国境内流通的土货则仍保留了厘金性质的销场税和出产税,而且税率由中国自定,这在名义上可以说是列强不干涉中国的内政,但实际上是有利于其商品倾销和原料掠夺。

尽管加税对列强有利,并能返回列强之手,但毕竟先要拿出来,这又是列强难以暂时忍痛割爱之所在。特别是英国,在各国对华贸易中,它居于首位,若加税其所付出必比他国为多,故坚持加税与赔款分开。《辛丑条约》谈判时,列强商讨清廷如何以可靠的财政收入作为偿付赔款的本息,俄国公使提出了一项关于最终将进口关税增至值百抽十的建议,本来包括英国使节在内的各国使节都已表示接受,但不久英国却表示"虽然我们准备同意增加海关税率作为经过仔细考虑的财政改革计划的一部分,其中包括取消厘金制度的弊病在内,但是,我们不能够同意,为了达到支付赔款的唯一目的,把对英国进口货征收的关税增加到超过切实值百抽五。"[①]更重要的是,英国政府认为"准许中国这样增税应该取得补偿,如废除厘金税以及消除通

①　胡滨译:《英国蓝皮书有关义和团运动资料选译》,中华书局 1980 年版,第 479 页。

商方面的其他障碍;而且,这种增加的关税应该是可以取消的。"①后来之所以又同意加税,那是因为它与彻底取消厘金联系起来。

中英新商约拟定之后,在上海的伦敦中国协会上海分会举行了一次是否批准该约的会议。担任过上海英国商会和伦敦中国协会上海分会主席的威厚阁(C. J. Dudgeon)曾参入条约谈判,要求批准条约。但另一位上海洋场的风云人物李德立(E. S. Little)则对条约坚决反对。李德立是上海著名的卜内门洋行的创办人,在公共租界工部局中曾经三次蝉联董事职位而保持高度的威信。他认为中国不守信用,不可能忠实地履行条约,他尤其不满的是将进口关税增加到一二五,"我们的第一个要求,应该是将 12.5% 的进口税率降到最高不超过 7.5% 的水平上"。李德立对销场税、常关税和出厂税等均发表了反对意见。针对李德立的诘问,威厚阁在会上给予了辩护。他首先驳斥了李德立关于中国不守信用的谬论。他说:"如果你们认为同中国政府协商,根本没有用处,那么,为什么你们一直在呼吁要求修订条约?如果你们认为同中国协商是有益的,那么,这种协商只能建立在双方都保持信用的前提之上。对于中国的信用,我们容许怀疑,但是既要与之协商,就得假定对方有良好的信用,然后再利用其他的办法来促使对方承诺良好信用的维持,以实现双方的协议。"接着他对李德立所反对的进口加税、销场税和出厂税问题一一给予了反驳。关于加税太重,他认为由于银价的下跌,进口物价的上升,以前按从价的 5% 征税,实际上早已降到 4%,因此新商约规定的 12.5% 也未超过李德立早已主张的 10% 的限度。至于销场税,是中国对自己的国内商品流通的课税。在出厂税问题上,他认为中国征收高额的进口税而不同时征收外国在华企业的出厂税,不利于英国本土对华进行贸易的厂家出口,二者的竞争将两败俱伤。威厚阁最后说:"没有一个人承认这个条约是尽善尽美的,也没有人认为通过条约这一手段就能导致中国行事方式的立即改进。但是我确认一点,那就是:这

---

① 《1901 年美国对华外交档案——有关义和团运动暨辛丑条约谈判的文件》,齐鲁书社 1984 年版,第 331 页。

个条约提供了中国对外贸易条件放开手脚的手段。我们的政府就是要对这些手段极力加以促进。"会议前后共有 12 个发言者,最后以 53 票对 45 票的微弱多数通过了批准条约的建议。

这次会议的辩论及其投票结果可谓英国在裁厘加税问题上的二难选择困境的典型反映。中英《续议通商行船条约》被英国人说成是英国"有拿有给"亦即中英互惠的条约。从条约文本上来说,似乎的确如此。换句话说,就是英国在"给"与"拿"之间的二难选择。如作为中国免厘的补偿,既增加了关税,又保留了常关税,还新增了销场税和出厂税。但通过海关兼管常关,却使海关总税务司控制了常关。右手刚给,左手又拿走了。还有些表面上看只对中国单方面有好处或者对中英双方均有好处,但由于中英关系的实质及双方的地位所决定,所谓对中国的好处犹如画饼充饥。如新商约第二十款规定:"中国深欲整顿本国律例,以期与各西国律例改同一律,英国允愿尽力协助,以成此举,一俟查悉中国律例情形及其审断办法及一切相关事宜皆臻妥善,英国即允弃其治外法权。"①英国放弃治外法权的前提是要让英国认为中国的法律制度与西国一律,对此连在上海的英国报纸也说本条款不过是一个装饰品。李德立与威厚阔并无本质的区别,只是"拿"的方式不同而已。总之,表象上看,中英新商约英国有给有拿,中国有得有失。但总体来说,中英新商约是一个中国给、英国拿的条约。汪敬虞先生对此有精彩的述评②。

总体来说,列强既对厘金强烈不满,希望彻底裁撤,并在口头上表示同意以尽可能轻微的关税"牺牲"作为清政府裁厘的交换条件,但一贯掠夺成性的西方殖民者在实际行动上还是不愿意先拿出来,这就是"夺之"与"与之"的两难。另外,各殖民国家在对华问题上,掠夺中国是他们的一致之处,但谁都想获得尽可能多的利益,这又使列强之间不可避免地存在着矛盾和斗争。在裁厘加税问题上,要使所有与清政府有条约的西方国家都满意,这几乎是不可能的。提议加

---

① 王铁崖编:《中外旧约章汇编》第二册,三联书店 1958 年版,第 109 页。
② 本次会议的辩论情况及其评述参见汪敬虞:《威厚阔、李德立与裁厘加税》,《中国社会经济史研究》1990 年第 4 期。

税裁厘又无诚意商谈;签订了条约又拒绝执行,形象地体现了列强的二难。

就清政府而论,由于厘金早已失去了最初抽征的理由,裁厘是迟早的必然之事,即使没有抵补也完全应该裁撤,只是由于财政的极端需要,洋务运动兴起后,先是作为资本原始积累的重要构成,与早期现代化建设关系綦重,继为赔款还债必不可少,故不得不极谋补偿。这是裁与留的二难。另外,不管厘金如何弊害丛生,这是中国内部事务,裁与不裁纯属内政,裁厘与加税之间并没有必然的内在逻辑联系。因为中国关税太低,即使不裁厘,也应该大增关税。但中国在半殖民地道路上越走越远,越陷越深,内政外交诸端大多不能自主,处处受列强之掣肘,事事仰洋人之鼻息。八国联军之役后,慈禧太后为保住垂帘听政的位子,居然表示"量中华之物力,结与国之欢心",列强的裁厘要求当然不能拒绝,而他们还愿意以加增关税作为裁厘损失的补偿,这对清政府似乎已是格外施恩了。

中方代表盛宣怀并非不想力争利权,可是他也清楚"彼众我寡,彼强我弱,欲操胜算,实无把握"[1]。"战后立约,彼既要求多端,万不能一无所允。"[2]当他准备提出修约建议时,英国代表马凯立即赤裸裸地反驳道:"现在双方并不是在对等的地位上进行谈判,和约内已经规定了准许中国议和的条件,中国只能谈判各国认为必需改善的商务的问题,而各国并没有答应中国互相修约的义务。"[3]他"明白指出中国没有权利提出对现行条约的修正"[4]。弱国的代表在政治霸权之下的话语霸权面前的讨价还价的空间极为狭小。张之洞曾说:"英约蹉磨至此,实已不遗余力,平心而论,此约于中国利权、治权,极力护持,虽无格外收回,尚无凭空白送,较历来条约得体多矣。"并且在口岸一款中还曾使马凯同意"洋人遵华章,租界收华税",收回治权与利

---

① 《吕海寰盛宣怀至外部厘卡撤后营业印花各税拟次第兴办电》,光绪二十八年四月十九日。《清季外交史料》卷一五六,页一二。

② 《张之洞吕海寰盛宣怀奏英国商约定议遵旨画押片》。《清季外交史料》卷一六六,页一八。

③ 《辛丑和约订立以后的商约谈判》,中华书局1994年版,第35页。

④ 《辛丑和约订立以后的商约谈判》,中华书局1994年版,第51—52页。

权,但后被马凯翻悔而不得,虽不免愤恨,"但退一步想,此两节乃战胜之约方可争得者,今以战败之约争得之,我辈实无此好运气"。① 这也充分说明清政府参与谈判的各方代表都在尽量维护国家权益,只是弱国无外交,并非运气使然。即使在列强同意加税的前提下,中方代表的加二十、加十五也被一再回绝,这是加税与难加的二难。

如果能较大幅度地加增关税,只要财政收入不受损失,裁厘原无不可。但清政府也清醒地意识到,关税掌握在洋人手中,厘金则为自己所把握。这样加税裁厘之后,清政府的财政收支大权将更加要看洋人的眼色,所谓"加税则权操诸彼,抽厘则权操诸于我"正是如此。从这一思路出发,在一定意义上,清政府倒宁愿留下厘金,以使自己相对来说有更大的财政支配权,而不大敢奢望费尽周折却难以得到的加税。这又是一个裁与加的二难。

清政府的任人宰割的地位决定了其裁与加的两难境地。

中国地方实力派在加税裁厘问题上也面临着某种程度的二难。前文已指出,厘金的开征使地方政府拥有了相当的财权。在中央与地方的财政关系中,关税是直属中央的,如果加税裁厘,税厘相抵,对整个国家来说并无财政的损失,但地方政府却由此失去了有支配权的厘金收入。前述李鸿章已意识及此。这又是地方政府的两难。列强也未尝没有注意到此点。如美国建议改革厘金征收制度,由欧洲人监督征收,按协定税率缴付。"由于各省政府须有某些收入来源,所以若照这样开征,帝国政府应将厘金税款酌量拨出一部分供地方使用,此数不少于目前省库从厘金税取得的收入。这样方可博得总督们的好感,使他们不至于反对由外国人监督征收此税的办法。"② 这固然反映出列强企图控制清政府厘金收支大权的阴谋,但也可看出地方政府利益之得失对国家财政改革之顺逆的关系的重要性。在新商约谈判中,为了部分缓解地方的二难,盐厘、洋药及土药厘金都被

① 《张之洞致刘坤一、盛宣怀蹉磨英约实已不遗余力请转圜电》,光绪二十八年七月二十三日。《清季外交史料》卷一六二,页六。

② 《1901 年美国对华外交档案——有关义和团运动暨辛丑条约谈判的文件》,齐鲁书社1984 年版,第 278 页。

变换名目和方式保留,作为坐厘的销场税也继续征收。所谓的裁厘在名义上只不过是裁撤了行厘而已。

新商约谈判之初,中方代表盛宣怀曾对另一代表吕海寰说:"某不自量,欲为国家岁增一二千万巨资,为闾阎除四十余年积弊,其唯裁厘加税乎?斯愿宏大,成否正难言之,吾二人惟尽其力所能至而已。"吕海寰亦奋然曰:"是吾心也,不敢不勉。"①不能不说盛宣怀、吕海寰二人在"裁厘加税"谈判中已"尽其力所能至",但其"宏大"之愿望却未能如愿。"裁厘加税"在理论上本来是比较直接明了的方向,在具体落实时却使与之有关的各方都处于难以定择的两难困境之中。既然如此,只好继续维持原状。这一两难就又两难了三十年,这一维持就维持到了1931年1月1日。

---

① 《洋务运动》(八),上海人民出版社1961年版,第67页。

第四章
"裁厘统捐"与"裁厘认捐"的尝试及夭折

一、厘金之非

本书第二章述及厘金的创办时,即谈到厘金的弊端,也可以说自厘金创办之日,就是其扰商病商之时。"慨自军兴以来,厘务日增,卡厂密如栉比,在当时设法,不过借佐兵饷,为此权宜之计,不料日久竟为成例。是以过税之关,弊端百出;抽厘之局,苦不堪言。"①清政府从上到下无不知道厘金的诸多弊害,故自太平天国首都天京被克,奏请裁厘之声不绝。但因厘金于国库岁入、于地方财政举足轻重的地位,裁厘事实上已不可能,清政府既认同厘金乃不得已之为,亦承认厘金穷民受累实深,猾吏奸胥,藉端抑勒侵吞,因此也进行某些改革和整饬。而所谓改革当然只是治标不治本,釜底抽薪之法难行,扬汤止沸之举屡有,迭降谕旨整顿厘金,不过是就事论事,如严禁贪黩中饱、留难商民等,这些大都是官场话语,很难有多大效力。相对来说,稍有起色的措施应是裁减局卡。如同治七年鄂省经裁并之后,共留大小局卡 86 处,至光绪十二年共存 69 处,到次年又减少了 2 处。但局卡裁减受制于地方及有关司员的利益,其实际效果如何也就可想而知了。

厘金抽征以后,自朝廷至地方,从官方到民间,不断有人指斥厘

---

① 花之安:《自西徂东》,上海书店出版社 2002 年版,第 56 页。

金的弊窦。这里再主要以早期改良派的言论为代表来论述厘金之非。

如前所述,创设厘金的前因后果是早期改良派所亲眼看到的,因此他们在论证清政府开设厘金的合理性时,普遍强调其"不得已"而为之的无奈之状。事既源于农民运动,按理事平即应将厘金裁撤,这也是早期改良派比较一致的观点。但事与愿违,厘金不惟未去,相反变本加厉,几至于无地不设卡,无物不抽厘。厘金为害之烈成为公认的近代最大祸患之一。时人谓"厘金之弊馨竹难书",近创虐政,莫甚厘捐,这绝非夸大之词。言及厘捐的早期改良派无不对厘金的病商殃民、损失国家利权痛予揭露和谴责。大体来说,他们主要是从以下几个方面论评指斥厘金的祸害。

首先,厘金直接提高了商品的成本和价格,加重了人民的负担,造成贸易受阻,市场萧条。厘金如果只征一次即可运销全国各地,因为只是"值百抽一",负担倒也不是太重,但厘卡林立,逢卡必征,必然大大加重了负担。"厘卡日增,商贩成本加重。"如薛福成说:"彼为商者工于牟利,则仍昂其价于货物,而小民之生计日艰。"① 陈炽也说:清廷事平之后,厘金"有增无减,商情困苦,市肆萧条,承平四十年,而元气终不能复,厘金之弊,至斯极矣"。"百物滞销,四民俱困。"② 问题的关键不仅在于征厘,更在于厘卡林立,一征再征。"近来内地局、卡林立,往往数十里之遥,其间多至数卡。……过一卡有一卡之费,经一卡抽一卡之厘。"③ 卡若栉比,法若凝脂,抽捐日重,徒有"厘"之名。战事既平,厘金"久而不撤,且若视之以为利数。数十里之地,关卡林立,厘厂税厂征榷烦苛,商民交病,行旅怨咨,亦非所以为政体也。"④ 因此,厘金虽有"厘"之名,其实早已失却"厘"之实,高者可达到 20% 以上。逢卡纳厘,一物数征,路途愈远,征厘愈多;除了所纳正厘之外,还有名目繁多的附加费、手续费和规费等等。所以,有的所纳厘捐累计相当于货物本身的价值,有的甚至超出货物原有价值的几倍之高。"那些远距离航行的货船

---

① 丁凤麟等编:《薛福成选集》,上海人民出版社 1987 年版,第 21 页。
② 赵树贵等编:《陈炽集》,中华书局 1997 年版,第 28 页。
③ 《盛世危言·厘捐》。《郑观应集》上册,上海人民出版社 1982 年版,第 553 页。
④ 王韬:《弢园文录外编》,辽宁人民出版社 1994 年版,第 63 页。

被征收的厘捐高得惊人,有时达到货物原价的四倍。这些税被公认是'敲竹杠',那些关口被称为'竹杠关'。"①另外,厘金抽征的对象主要是日用百货,大多是黎民百姓的日常必需品,这样名为征诸商的厘金最终还是转嫁到了普通消费者的身上。从当时社会的商品购买能力来说,厘金的抽征无疑大大降低了商品的流通量和购买量,并非如地方官员所说的"厘多一文,即货贵一文,于百姓则增其价值,于商贾究何损丝毫?"②货贵无人或少人购买,自然影响商贾利益。以厘金的起源地扬州为例,尚在开征初期,扬州以下沿江各府州县,三四百里之内,有十余厘局拦江设立。扬州所属泰州等处为出米之区,"兹以各局报捐,计米一石,成本制钱二千,历十余局捐厘,便加至千文,价不偿本,渐成裹足。……商力因此而疲,民食由此而匮。"③对于时令鲜货而言,以速为贵,以鲜为美,但凡遇关卡必须等候逐件盘查然后放行,"不惟时不速,而且货经其三掀四覆已鲜色全无矣,又将焉售?"④

厘金征抽对象的繁烦细微程度已如前论,"只鸡尺布,并计起捐;碎物零星,任意扣罚。"⑤无物不征确属实情。从最初的原料,到次成品,再到最终成品,凡经厘金局卡皆须征厘。如一件衣服,从棉、纱、布,到成为穿在身上的成衣,已经征厘若干次。这对于商品成本的提高是不言而喻的直接导因。

其次,地方官绅、局卡吏役等肆意勒索商旅,贪污中饱,祸国殃民。早期的厘金征收多由民间绅士控制,后来变成了半官方的厘局委员,他们既不由中央政府任命,也不编入官吏名册,既有征厘的特权,又少了官府的约束,"见人倨傲无规矩,坐卡如斯况做官"。⑥厘金局卡吏员多为奔竞贿赂而来,故差事到手即以此为生财之地,不仅要收回"投资",更要加倍"赢利"。"天下设卡数百,置官数千,增役数万,

---

① 郑曦原编:《帝国的回忆:〈纽约时报〉晚清观察记》,三联书店2001年版,第49页。
② 郑敦谨、曾国荃:《胡文忠公遗集》,台北文海出版社1977年影印版,卷二十四,页八。
③ 王茂荫:《王侍郎奏议》,黄山书社1991年版,第122页。
④ 《盛世危言·厘捐》,《郑观应集》上册,上海人民出版社1982年版,第555页。
⑤ 《清朝续文献通考》,卷四九,征榷考二十一。
⑥ 张仲礼:《中国绅士——关于其在19世纪中国社会中作用的研究》,上海社会科学院出版社1991年版,第67页。

猛如虎,贪如狼,磨牙而咀,择肥而噬。"①宋恕谓:自设厘局,已数十
年,候补人员,日益拥挤。游食等辈,日益纷繁,视为利薮,如蚁附膻。
"总办、分委,得檄色喜;巡丁、司事,入局颜开;索贿横行,人理几绝;触
怒勒罚,千百任倍;寸丝尺布,只鸡斗酒,苟无私献,亦不能过。至乃家
船载水,投石中流;村妇裹粮,夺囊当路;倾赀毙命,轻若鸿毛。"②行道
怨嗟,欲食创议者之肉。其痛恨之情状,言词之犀利,字字珠玑,令人
感动,促人深思。郑观应和薛福成也都谈到了卡丁、差吏、司事的额
外勒掯和需索。局卡吏役翻箱倒柜,索贿留难,巧立名目,盘剥商民,
行同劫盗,不胜枚举。这些比厘金本身更使商旅裹足,贸易不畅。"免
厘之货,而亦以夹带为名,使搬运登岸,彻底盘查,则起落之费有倍于
厘金之数者矣;货既纳厘,而仍以查验相要,使停泊延滞不准放行,则
迟误之累有浮于厘金所索者矣。"③一个外国传教士也说道:更有"贪
酷委员,借验货为名,从中勒索,又复容纵家丁扞手,凭官声势,擅作
威福,扬言漏税,动捏走私,小不如意,遂将船只扣留,任其时日迟延,
非墨银不肯释放,斯其荼毒生民,岂国家设关立税之本意乎?"④故意
留难、羁延时日对于那些时令货物来说是比厘金更为致命的危害,因
为迁延过久货物就会变质霉烂而难以售卖,这种损失就不只是值百
抽一、抽二十的价值,有时血本无归并非简单的夸张。

关于晚清征厘的组织机构,因无全国统一的厘金章程,所以各省
征厘的机构也省自为名,如有厘捐局(天津等)、厘务局(广东)、捐厘局
(江苏淞沪)、厘金局(广西、山东、四川等)、牙厘局(浙江、安徽、湖北
等)、税厘局(福建)、厘税局(陕西、河南)、筹饷局(山西)、厘金茶局(湖
南)等众多名称,甚至一省之内也名称有异,如江苏金陵称厘捐局、淞
沪称捐厘局,而苏州又称为牙厘局。这些是各省的总局,其下则在各
府县及口岸设立分局、卡。通商要地设立正局或正卡,下有分局、分
卡,这是通常的三级层次,多者则超过三层。在光绪三十年左右,总

---

① 赵树贵等编:《陈炽集》,中华书局 1997 年版,第 28 页。

② 胡珠生编:《宋恕集》,中华书局 1993 年版,第 124 页。

③ 郑大华点校:《新政真诠:何启、胡礼垣集》,辽宁人民出版社 1994 年版,第 206 页。

④ 花之安:《自西徂东》,上海书店出版社 2002 年版,第 56 页。

计十八行省所设厘金总局为 23 局（苏皖两省各设 3 局，直隶 2 局，其他各省为 1 局），总局之外所有局卡约 2500 个左右，这还是清政府不断"整顿"裁减的结果。咸同之际全国局卡最多，如湖北一省的局卡就有 480 多处，而江苏里下河一带方圆不过数县，所设局卡竟达到百余处之多。按照光绪末年的数字，推测同治初年全国局卡总数应在 3000 处左右。[①] 厘金局卡不管多少、设于何处，按理自应是政府行为，可是事实上并非完全如此，有些局卡居然是个人所设，或名官而实私。如江苏常州府武进县小河厘金局，最初为本地绅士设局防江，后因附近江面设局而撤小河局。沿江棍徒恽嵩山等私立数月后又贪求官府派设委员，"税及空船，收用无赖。所捐厘数，每月仅解粮台二三百千，余多朋分入私"。还有的相邻局卡为争利益竟至"聚众争斗，互欲吞并，火烧沿洲民房，伤毙多人"。[②] 这既不是政府行为，也已经脱离个人行为而近土匪行径了。

厘金各局卡官员兵丁的人数，大致视厘务之多寡亦各不相同，并无统一的编制。如江苏淞沪、苏州两局共有 1566 人（光绪三十一年调查），江西全省共有 1937 人，山东则更少至 208 人（宣统年间统计）。根据近人的研究，光宣年间，按最低估计，全国内地 18 行省厘金局卡所用人数约为二万五六千人。这一数字系据各厘局经费支出表统计研究而来，实际人数应超过此数的二三倍，因为"其不列于表内而在各省依赖厘金生存之人数，无从估计，尚不知凡几"[③]。康有为在 1898年的一篇奏折中说：厘金局卡吏役，"以二十行省计之，不下十万人。"[④]应该不是随意的文学夸张。如局卡数字一样，这依然是清廷屡经改革的结果，即此亦可约略推知咸同之际的厘金局卡的人丁之旺，也难怪早期改良派多有铿锵激愤之辞了。

最为大悖清王朝征抽厘金初衷的是，所征厘捐的大半并未上归国库，却被有关官绅吏役兵丁所贪耗。厘金征收人员"相与为奸，或

① 罗玉东：《中国厘金史》上册，商务印书馆 1936 年版，第 81 页。
② 王茂荫：《王侍郎奏议》，黄山书社 1991 年版，第 123—124 页。
③ 罗玉东：《中国厘金史》上册，商务出版社 1936 年版，第 74 页。
④ 张涛光编：《康南海经济科技文选》，广东高等教育出版社 1994 年版，第 16 页。

贿充巡丁,任用私人;或征多报少,以贵作贱;或将经征厘款延不报解,腾放生息,任意侵挪。种种弊端,难以枚举"。① 越想多征收厘金,越须加强稽查、增加人员,但"稽查密则扰累必深,用人多则中饱必巨,往往筹十万之款,归公者尚不及半"。②

对此,早期改良派指出,"商民以什输,公家所入二四而已,其六七皆官私所耗费,而鱼肉之。于关市为暴客,于国家直盗臣耳。"③正所谓"小民椎心饮泣,膏血已枯,国家所得,不能及半"。④ 郑观应对此问题的论述较能动人视听。他说:"若所抽之厘涓滴归公,名实相副,虽损于民而犹利于国。无如厘抽十文,国家不过得其二、三,余则半饱私囊,半归浮费,国家何贪此区区之利而纵若辈殃民乎?""其实数上解者大约不过十之三、四耳,于库款曾何裨乎?"⑤"贤者为之,下出三而上得一;不肖者为之,下出五而上得一。"⑥这是厘金误国病民的典型表现之一。清廷为每年增征一千万两的厘捐,竟使国人支付二千万两以上的代价。何启、胡礼垣认为厘金收数君取其一,君之臣取其一,臣之宰且取其二。全国厘金收入实数应在 4400 万两以上,但实际上报者不到 1300 万两,几乎四吞其三。⑦ 后来康有为也说:"民之所出者十,国之所得者一。"⑧这可能有夸大之处,但据日本人的调查,"中国厘金税之中饱,当六、七倍于正额"⑨。这一点连清政府也不得不承认。光绪二十三年,户部上奏"各省厘税实收之数,竟数倍于报部之数"⑩。实际上,清政府并非不知道其中的勒索贪污情状,明知如此,而仍不断然裁撤,实有其财政困窘的难言之隐,因此投鼠忌器,不得不继续饮鸩止渴。

① 《政治官报》,宣统二年一月十八日。
② 《谕折汇存》,光绪二十八年七月十九日,俞廉三奏。
③ 《中国工商税收史资料选编》第八辑,第 56 页。
④ 赵树贵等编:《陈炽集》,中华书局 1997 年版,第 28 页。
⑤ 《盛世危言·厘捐》,《郑观应集》上册,上海人民出版社 1982 年版,第 553—554 页。
⑥ 《张謇全集》第二卷,江苏古籍出版社 1994 年版,第 54 页。
⑦ 郑大华点校:《新政真诠:何启、胡礼垣集》,辽宁人民出版社 1994 年版,第 225 页。
⑧ 张涛光编:《康南海经济科技文选》,广东高等教育出版社 1994 年版,第 17 页。
⑨ 刘晴波主编:《杨度集》,湖南人民出版社 1986 年版,第 206 页。
⑩ 《清朝续文献通考》,卷五十,征榷二十二。

第三,厘金加剧了中外货物的不公平竞争,有利于洋货的倾销,损害了民族利权。这是厘金祸国病民的又一典型表现。

在近代资本主义世界经济体系之中,各国的关税都有保护本国产品不受侵害、促进本国工业发展的重要职能,对落后国家尤其如此。但近代中国关税主权既失,关税税率又极低,面对外国商品倾销,中国先已立于不利之地,而厘金的设立只对华商物品,洋商物品除纳 5％的关税及 2.5％的子口半税外,即可畅行天下,不再抽征,其价廉物美的优势更多一层;相反,华商货品的价高物滞相形益甚。这不仅仅是害商病民之举,更是大失民族利权之为。

1858 年中英《天津条约》规定:"英商已在内地买货,欲运赴口下载,或在口有洋货欲运售内地,倘愿一次纳税,免各子口征收纷繁,则准照行此一次之课。其内地货,则在路上首经之子口输交,洋货则在海口完纳,给票为他子口毫不另征之据。所征若干,综算货价为率,每百两征银二两五钱。"①其后中英双方又在上海谈判签订的《通商章程善后条约》中进一步明确细化了子口半税,除金银、外国银钱、行李三项外,其余货物"若进内地,仍照每值百两完税贰两五钱"。运往内地货物,该商应将货物名目、数量、原装何船进口、应往内地何处等报关,完纳内地税项,该关发给内地税单,该商则向沿途子口呈单照验,盖戳放行,无论远近均不重征。出口货物与此类似,"到第一子口验货,由送货之人开单,注明货物若干、应在何口卸货,呈交该存留,发给执照,准其前往路上各子口查验盖戳。至最后子口,先赴出口海关报完内地税项,方许过卡。俟下船出口时,再完出口之税。"②并规定如有沿途私卖者,各货均罚入官;如有匿单少报者,将单内同类货物全数入官。所运各货如无内地纳税实据,应由海关饬令完清内地关税后始准发单放货出口。简而言之,进出口货物的内地税按中国海关税率 5％的一半征收即值百抽二五,一次纳税,概不重征。这就是晚清的子口半税制度。

① 王铁崖编:《中外旧约章汇编》第一册,三联书店 1957 年版,第 100 页。
② 王铁崖编:《中外旧约章汇编》第一册,三联书店 1957 年版,第 118 页。

　　子口半税制度为英国等外国资本主义彻底打开中国商品市场具有非常重要的意义,方便了在中国的商品倾销和土货掠夺。也正因如此,这项商业特权也引发了中外的许多经济以及外交纠纷。其中有的是外国商人的违约,有的是中国地方政府的留难,还有子口税特权的适用对象的争议,如洋货的子口税特权对华商的适用性等。

　　如前所述,厘金是晚清地方政府的重要财源,对于地方政府来说,厘金的征收对象当然多多益善。这就与子口半税产生了矛盾,因为子口税由海关征收,上缴国库,而厘金则主要由地方政府支配。所以子口半税减少了清朝地方政府的收入,损害了地方的利益,自然遭到了他们的抵制与留难。为了增加厘金收入,厘金不仅征收于市场上运销交易的土货,而且"推行到运入内地的已税外国货"[①]。一方面影响了地方收入,另一方面当时清朝地方官员守约意识普遍缺乏,因此地方政府经常不承认子口税单,各定章程,"一则勒索洋商;一则拦阻贸易",使子口半税的规定几成废纸。[②] 1862年初,英国公使卜鲁士照会清政府浙江南津和湖北叶家市多抽厘捐。英商到浙江买丝运至上海出关,已按约领有半税执照,但浙江南津另抽取每包六元之税;英商保顺行赴湖北叶家市购买茶叶463担,按子口半税应纳467两,但该子口先后征收924.15两,于半税之外多收了357.15两;又有英商德利行前往叶家市购买茶叶,结果与子口半税之外多征了285.6两。[③] 厦门英商向英国公使阿礼国诉苦说:清朝地方政府"于条约名目之外,额外加增,所抽税银,自每百两七两,以至每百两九十两之多,必须先纳此项重税,然后所运货物,始能至内地用物者之手。"翻检有关史料,英国商人抱怨、英国公使的照会比比皆是。同治七年(1868年)阿礼国在照会中说:"洋商贸易,两年以来,无不亏损,其至富足之洋行资本,原有数百万,至今尽行亏去。""洋商受损之事,系各省地方官在各口以及内地,于贸易任意抽取厘税,非但与条约各款不符,且与中华定例不合。"诉求清政府"管辖地方官,不准其无理勒征,

① 莱特:《中国关税沿革史》,三联书店1958年版,第42页。
② 宝鋆等编:《筹办夷务始末》(同治朝)第七册,中华书局2008年版,第2529页。
③ 宝鋆等编:《筹办夷务始末》(同治朝)第一册,中华书局2008年版,第102—103页。

各省违例所收厘税，无论何项名目，及何等借口，不能不急为停止。"①

由于利益的冲突，英国商人的抱怨及其公使的照会虽有事实依据，但首要的前提是，中英《天津条约》及其《通商章程善后条约》是不平等条约，它首先维护的是英国及其商人的利益，既侵犯了中国的海关及税收主权，损害了清朝政府地方的利益，同时打压了中国的商人，这才是冲突的根源。与其说由于清朝地方政府的留难与征厘而使英国商人亏损甚至破产之说是事实，不如说这种夸大其词是英国政府及资本家为了进一步打开中国市场、攫取更多更大的商业利益，压制清朝约束地方政府遵守条约、执行子口税制度的外交手腕。事实上，中英之间的有关冲突与交涉谈判一直没有中断，如 1876 年签订的中英《烟台条约》中明确了洋货的子口半税特权适用于华商：洋货运入内地请领半税单照，"应由总理衙门核定画一款式，不分华、洋商人均可请领，并无参差。"②但由于不平等的前提与格局没有根本改变，因此类似的冲突与矛盾并未完全消失。其实，厘金制度和子口半税制度对中国商人的危害之大之深是英国资本家所无法比拟的，否则中国商人没有必要想方设法冒充洋商运销货物了。

马建忠认为："洋商入内地，执半税之运照，连樯满载，卡闸悉予放行；而华商候关卡之稽查，倒箧翻箱，负累不堪言状，与我朝轸恤商民之至意大相刺谬，律以西国勒抑外商庇护己商之理，又奚啻倒行逆施矣。"③陈炽也提道："洋货入口，一税一半税之外，一无稽阻，西商偶到，趋媚不遑，所以待外人者如彼其厚；土货则口口而查之，节节而税之，恶声厉色，百计留难，甚则加以鞭扑，所以待己民者如此其薄。"④其痛心之情溢于言表。何启、胡礼垣说：中国官府"于商务之利格外行苛，如洋人货物，则有关税而无卡厘；华人为之，则反收卡厘而兼征关税；故同一货物、同一贩运，洋人则赢，华人则绌。"⑤郑观应在这方

① 宝鋆等编：《筹办夷务始末》(同治朝)第七册，中华书局 2008 年版，第 2524—2526 页。
② 王铁崖编：《中外旧约章汇编》第一册，三联书店 1957 年版，第 349 页。
③ 马建忠：《适可斋记言》。《采西学议》，辽宁人民出版社 1994 年版，第 211 页。
④ 赵树贵等编：《陈炽集》，中华书局 1997 年版，第 28 页。
⑤ 《新政真诠》，辽宁人民出版社 1994 年版，第 132 页。

第四章 『裁厘统捐』与『裁厘认捐』的尝试及夭折

面的评说也颇为充分。他说:"来自外洋无关养命之烟、酒、蜜饯、饼饵等物,进出通商各口皆准免税,而华商营运赖以养命之米、麦、杂粮等项,经过邻壤外县皆须捐厘,遑问日用之百物。"两相比较,大失公平。而甲午战争后的形势则更为严峻,"门户洞开,任洋商百方垄断。一切机器亦准其设厂举办,就地取材,以免厘税。其成本较土货更轻,诚喧宾夺主,以攘我小民之利。""洋货入中国则输半税,土货出外洋则加重征。资本纵相若,而市价则不相同:洋货可平沽,而土货必昂其值。颠倒错综,华商安得不困? 洋商安得不丰?"①

除此之外,有的华商为避免纳厘遭祸、耽延时日,进而向洋商交费,假外人之名,得外商三联票子口税之便,致使代报关的洋行日多,这也无异于"为渊驱鱼,为丛驱雀",民族利权一失再失,无一不是厘金所引起。正因为洋人洋货有如此便宜,导致华商与洋人相互勾结漏税逃税。由于只有外国人才能得到子口半税单照,所以许多清朝商人就去寻找外国人合伙做生意,"通常由清国商人提供资金,并负责所有买、卖、发运货物等事宜,而外国人只负责给公司赋予外国商号和领取'准行通行证'。"如有一个外国商人就与四位清朝富商有这种商务往来,而这位外商不仅没有投入一分钱,而且完全不懂商务运作,但只有这样的外国商号才能拿到通行证,其他大清国公司只能"望证兴叹"。② "华商之黠者串通洋人,互相蒙蔽,往往洋人代华商领半税单而私取其费者,华商亦代洋人装运各货而冒用护照者,汉奸与洋人诪张为幻,流弊滋多。"③有些中国商人将货物"过继"给洋人,"大模大样的欧洲人只要在收费卡子上发点牢骚,就会顺顺利利地通过"。曾经有艘英国炮船开到宜昌,但一位水手被丢落在汉口。他免费搭乘一艘中国货船赶往宜昌,在通过厘卡时,货船船主"灵机一动",让这位英国水手假扮洋商,船主自己和其下人则装扮成洋商的翻译和侍从,就这样免费蒙混过关了。"这位水手以前除了卖过一瓶酒和一磅烟草外恐怕从未做过什么生意,但仅仅

---

① 《盛世危言·商务一》。《郑观应集》上册,上海人民出版社 1982 年版,第 605—606 页。
② 郑曦原编:《帝国的回忆:〈纽约时报〉晚清观察记》,三联书店 2001 年版,第 49 页。
③ 王之春:《蠡测卮言·防漏税》。《清朝柔远记》,中华书局 1989 年版,第 381 页。

因为有一张可爱的洋脸蛋儿就做了一回大亨"①。这从大清帝国来说，既损失了政府的财政税收，又贬损了帝国形象；从中国商人来说，虽然借此偷漏了税收获得了一点利益，但面对这种不能保护本国商人利权、助纣为虐的不公平不合理的税收制度，中国商人的"忠君"思想恐怕要大打折扣；从洋商洋人来说，他们必然更加清楚地明白了大清帝国的虚弱荒谬而对中国愈益肆意无忌。

总之，早期改良派疾恶如仇的时务之一就是厘金。"厘金者至不平之政令，亦至不悦于民心者也。今试问制华人之通商，而使之贸迁阻碍者非厘金而何？穷华人之货殖，而使之失时折阅者非厘金而何？陷华人以无辜之罪，而使之不敢为商者非厘金者而何？起华人以自弃之心，而使之聊生无以者非厘金而何？故自有厘金之设，其名虽曰通商，实则商务反为之塞。自有过卡之索，其名虽曰裕国，实则国事反为之危。"②大约因为何启、胡礼垣居于香港，较少顾忌，一连串的反问掷地作声，将厘金之失披露得淋漓尽致。时人对厘金之害的论述很多，或者予以痛击，或者条分缕析（如郑观应将上海商人总结的厘金之害分为十类③），但其内容总体上大都包括在上述三类之中。近人的研究将厘金之弊归纳为"侵蚀税收的弊端"和"私索商民的弊端"两大类，其中前者又分为大头小尾、卖放、私征和匿报罚款等4种，后

---

① 郑曦原编：《帝国的回忆：〈纽约时报〉晚清观察记》，三联书店 2001 年版，第 49—50 页。

② 郑大华点校：《新政真诠：何启、胡礼垣集》，辽宁人民出版社 1994 年版，第 236—237 页。

③ 寓沪各商贾金谓厘金害商病民者有十：土产逢卡纳税，运之远方税款超过成本，土产不能远销，其害一；鲜货凡遇关卡必查，耽误时日加之验货时三掀四覆致使货物鲜色全无难以出售，其害二；丝茶上市时，行人有铺盖箱笼索被饬之停车，扦手翻箱倒箧，行同劫盗，搜捕情形令人不堪，致行旅为之裹足，其害三；分卡星罗棋布，凡肩挑负贩者断必纳税，如有绕越则必指为逃捐，重索苛罚，甚有弃业他徙者，其害四；土货无捐，洋货有捐，有土酒装于洋玻璃瓶者，即指玻璃瓶为洋货而被罚，其害五；自行携带手巾一、二条为卡丁所收，被指货样先行出卖，预为走私地步，亦拟罚，其害六；有渡船搭客，报关货物斤两不符，不但该货被罚，更要全船充公，其害七；有随身携带高丽参一、二枝或零星自用之物，皆以为走私，或栽赃诬陷执以苛罚，其害八；菱湖各丝行与厘金捐局议定，凡丝只税出不税人，因乡人携丝到镇卖不卖未定，断无先індан之理。但有卡中司事见乡人载丝赴镇，因其老实指为漏税，罚银数元，以后视为利孔，老丝商有不同意捐纳者，被局卡司事用竹片殴打，几致身无完肤，其害九；有客自远方返乡，携带行李辎重不仅被罚捐，而且在翻箱倒柜时被盗贼所窥见，致使中途被劫，其害十。见《郑观应集》上册，第 555—556 页。

者则更细分为诸如挂号钱、划子钱、查货规费、浮收、苛罚等 12 种。[①]
这些都是从征抽厘金的手续上来说的,尚未延伸到对商品市场的窒碍及对民族利权的损害。

厘金被早期改良派一致诟病,并非借此以泄一己之私。但是不能不认为他们的感性多于理性,义愤填膺并不能替代历史理性。如果立足于中国早期现代化建设的资本原始积累来考虑,或许可以得出更为冷静、客观的结论。事实上,即使是早期改良派,大多已经不是简单地控诉厘金的罪恶,而是思考如何弥补的问题,上章所述"加税"而后"裁厘"正是如此,这不妨说还是承认厘金的某种程度的合理性和必然性。厘金作为晚清资本原始积累的特殊途径,对早期现代化的启动功不可没;而它本身的弊端又使它在实际运作过程中与资本原始积累的最终目的背道而驰——这又是一柄犀利的双刃剑。

"裁厘加税"中的"裁厘"并非把厘金税捐全行蠲免,而是裁撤中间局卡,减少征次、留难和勒索。至于厘金本身则是如何转换征取税收的手段和方式问题,"统捐"、"印花税"和"认捐"正是如此。

二、官方的"裁厘统捐"

厘金之弊为中外上下所不满,特别是深受其害的中国商人,罢市抗议者不胜枚举。有些地方政府也曾有局部的改革举动,如谭继洵在湖北巡抚任上曾制定《免抽杂厘并定章程》数条,规定鲜鱼、鲜虾担;鸡、鸭担;鸡蛋、鸭蛋担;青菜、葱韭担;柴薪、稻草担;果品、食物担;抱布求售者,均免抽杂厘。并规定凡估值在五串以内,无论何种琐屑货物,一概不准抽厘。应该说,类似改革措施使商民受惠较多,而对政府厘金收入并无多大损失。但是,对厘金仅作局部和形式上的改革已难以适应形势的需要。裁厘加税既为商约谈判的中心内容之一,为了给裁厘加税做准备,清廷谕令各省试办"统捐"。

---

① 参见罗玉东:《中国厘金史》上册,商务印书馆 1936 年版,第 125—131 页。

各省之中,江西是全国最早试办统捐的省份。光绪二十九年(1903 年)二月,江西巡抚、布政使柯逢时上奏江西厘金改办统捐。他们将大宗货物如木植、夏布、土靛、瓷器、萝卜条等本地土特产品及外省运来之麻、福建所产之烟丝"次第改办统捐"。统捐征收之法,因各地情形不同,或添设专卡,或由原有厘卡兼办,或归并州县就地征收。凡已完统捐货物,粘贴印花,经过下卡只许查验,不准补抽,如有漏捐则将货物全数充公;所有各卡向年收数悉为剔除,专归经收统捐之卡一并征收。据称"现在收数渐形畅旺,商民亦翕然称便,此外尚有茶叶、纸张一切土货亦应并改统捐,已分派委员陆续查明开办。"①这就是清末官方裁厘统捐的最初尝试。

柯逢时上奏之后,户部即以此为模本,奏请朝廷饬谕各省筹办统捐。户部认为,厘金百弊丛生,商约谈判有加税免厘之举,若不整顿厘金,"一经加税免厘,窃恐所加之税未必能敌所免之厘,亟应预筹便商裕饷之道,惟统捐最为善策。"统捐的办法简便易行。凡各省货物由初次产地发运之时,将各处厘卡应完之厘统计约收若干,即酌定收数,在产地成总完纳,给予凭单,以后所经之地概不重征。这样就可以将沿途厘卡全行裁撤,或酌留一二扼要之处,专管稽查,不准再征。然后在货物销售之地再酌收销场税。统捐之后,既可免各员司的中饱,又省却各局卡的冗费。户部奏称,江西既有成效,各省应一律办理。"惟江西一隅之地未能尽统捐之全义,必须各省大吏和衷互商,统筹办法,酌盈济虚,决不可各存意见。"②另外,统捐也是为将来免厘加税办成以后征收土货、销场等税的预备。除了盐务、土药两项外其他货物都应改办统捐,户部还要求各地在一月之内上报办理统捐情况。

大多数省份遵照户部要求,按时在考察比较、奏报统捐之情。但是各省对办理统捐并不踊跃,只有少数省份在努力筹办,多数则奏称不便办理。

---

① 《江西厘金改办统捐折》,光绪二十九年二月三十日。清朝宫中朱批奏折,财政类。北京中国第一历史档案馆藏。
② 《东方杂志》第一年第四期。

在试办统捐的各省,除江西首创之外,先后有广西、湖北、甘肃、新疆、奉天、吉林等。其中以湖北办理最为认真。光绪三十一年八月,湖广总督张之洞奏报其统捐情况,亦以为改革厘金"惟有改办统捐一法"。湖北共裁撤厘金局卡 29 处,存留大小分局 21 处,一律改办统捐,另有专局 11 处。专门局卡停抽百货厘,只抽专捐,如鹦鹉洲局专征竹木捐、应城局专征石膏捐等。湖北统捐共分三项,即入口税(专征外省入境客货)、内河出进口税和落地税。外省入口客货征之于入境第一卡;本省土货征之于由产地运出内河第一卡,综计其指运地方沿途经过多少局卡,将原来规定应完厘金总数合并计算,统于此第一卡征收一次,以后概不重征;落地税征之于本省最大市镇,纳税以后若转运他处,除经过各局卡应补统捐外,该货行抵转运销售之地,其落地捐亦概不重征。"此三项仍照各局向章完厘之数,概不加增。"①从前的各项陋规如挂号、照票、灰印等等全行革除。其实湖北在未改统捐之前已有火车货捐类似于统捐。光绪二十八年芦汉铁路由汉口通至河南信阳,两省往来货物大多由火车贩运,致使湖北汉阳、德安等府所属各厘局的厘金收入锐减,于是创办火车货捐以为补救。火车货捐税率为关税之半即值百抽 2.5%,征收一次后湖北、河南均不重征,所以与此后的统捐相同,是一种特殊的统捐。

在张之洞的主持之下,湖北还制定了统捐章程《湖北新定改办统捐章程》,这在各省中也是最积极的。章程规定,废除以往陋规;制作统一的四联统捐票,其第一联为收执票,交商收执;第二联为查验票,由经过前途第一局截留汇缴总局查考;第三联为缴核票,由填票之局申缴总局;第四联为存根票,留局备案。商民有偷漏统捐者除照章补收外加罚五倍。② 可见湖北统捐在切实办理,尤其是四联票将统捐征收程序化,从理论上来说应是操作性强、防止中饱舞弊的较好办法。

江西在光绪三十年又将百货米谷改办统捐,其统捐章程大意是在各总口设局统收,并在邻省交界各处添设分口,按照厘金原章核算

---

① 《张之洞全集》第三册,河北人民出版社 1998 年版,第 1676 页。
② 《东方杂志》第二年第八期。

总完全部统税。船货运经次卡时验照放行,如果运销在四卡以内,不再加征,若超过指运之地则加征二分,若不及指运之地则减征五分。其他试办各省的统捐之法与户部所奏大同小异,其核心内容即是将以往多次抽征改为一次征收。奉天省在赵尔巽的主持下,计划裁撤各种苛捐杂税,改征统税,"一曰出产税,一曰销场税",前者专抽本省土产各货,值百抽一五,在出产地征收之后任其所之,不到销场之地不再纳税;后者值百抽二,就行销之地征收。为鼓励本省出产大宗杂粮,拟两税抽其一,免征销场税,出产税也减为值百抽一。议定在光绪三十二年十月一日为全省统税开办日期,"其原有各税即于是日截消停止"①。

按照户部原意土药本在统捐之外,但各省在土膏统捐方面反倒普遍地走到的百货统捐的前面。两湖、两广、皖、赣、苏、闽八省联合制定了土膏统捐试办章程,规定"如已完土税膏捐,贴有总局印花者,验明单货相符听其在指运省份境内销售,不得留难需索"②。各省土药统捐总局设在武昌,到光绪三十二年,内地除四川、贵州两省正在研究、不久即可开办外,其他各省均已陆续开局,但东三省及新疆则未见行动。③ 鸦片作为另类特殊商品,市场有一定之规,征厘还是统捐,与商与官并无太大的差别,没有日用百货那么复杂,故鸦片统捐反而容易实施。

在清廷倡导统捐时,更多的省份采取拖延、抵制的态度,主张暂缓改办统捐,而继续征收厘金。两广总督与广东巡抚衔奏请广东暂缓改办统捐。通过察访,他们认为一时难改统捐。第一,运销货物有近有远,近者统捐尚易,远者实难,尤其是大宗货物远运时,因成本重,厘金多由所在之过载行垫付或由揽运人代纳,到目的地再结算,而按统捐之法要成总先捐,使商人无从腾挪;第二,商品畅销与否,因时因地变更,故配货远近也随时变化,既有本配远货而转售近地之事,也有相反的情况,前者的未足之捐可以补纳,后者已捐之资则难

---

① 《奉省裁并税捐现拟试办统税情形折》,清朝宫中朱批奏折,财政类。
② 《东方杂志》第二年第八期。
③ 《奏陈开办各省土药统税情形折》,清朝宫中朱批奏折,财政类。

第四章 「裁厘统捐」与「裁厘认捐」的尝试及夭折

145

以退还;第三,不能杜绝司事查验统捐的局卡员司的刁难需索。统捐既有此不便,而广东的厘金征次与"统捐办法仿佛相似",故不必骤然改变。既然江西开办统捐略有成效,广东省拟派员前往考察,参酌广东情形,"推求利弊,必使商情不致重困,然后再议改办统捐。"①

福建通过对江西统捐章程的比较,认为江西设保商局对洋货照单征收半税与闽省福州、厦门两口凡各商领有洋货厘单经过沿途关卡概不重征办法暗相符合,故福建洋货虽无统捐之名,而早有统捐之实。但因福建地理形势与江西大异,依山滨海,山路崎岖错杂,海口港汊纷歧,无法仿照江西在水陆要地设立总局。福建以往的厘金征收本来就不相同,有一起一验者,有二起二验者,断难一时改办统捐。厘金大省江苏则认为江西对本省大宗土货统捐的办法与苏属出产之丝茧、沪属出产之棉花责成行户就地统征之法无异;而外省运入之货一次征收统捐,江苏也举出与广东类似的缓办理由。"况宁、苏系各归各办,即就一省之中,亦难一律举办统捐"②,因此裁厘统捐必须另定妥章方免流弊。

江西大宗货物统捐及厘金总收入表 （单位:两）

年　份	统捐收入	厘金总收入
光绪二十八年	442755	1559421
二十九年	1103848	1964829
三十年	1484346	2103463
三十一年	1687443	1783092
三十二年	1775325	1888887
三十三年	1680899	1781308

其他未办统捐省份的原因据称与广东、福建、江苏等省的原因相同,大意是说各该省的现在征厘办法与江西统捐并无不同。如云南奏报滇省抽厘与江西统捐无异;山东亦此,还说"若与邻省通筹并计,其中窒碍甚多,似不若仍照旧章办理,毋庸更张"③。

---

① 《东方杂志》第一年第八期。
② 《东方杂志》第一年第十二期。
③ 《山东难办统捐折》,光绪三十年三月九日。清朝宫中朱批奏折,财政类。

江西统捐的实际效果还是比较明显的。从光绪十二年到二十七年未办统捐前，江西全省的厘金岁入在 100 万两至 130 万两之间，从二十八年试办统捐之后，厘金岁入有较大幅度的增加，如上表所示。①

可以看出，江西自光绪二十九年正式开办大宗货物的统捐后，厘金岁入比之此前的增长是比较可观的，故以江西而论，它基本实现了整顿厘金、增加财政收入的愿望。但这种情况也只是在江西一省发生。

因此，清政府要求各省在一个月之内筹办统捐基本上失败了，远未达到预期效果。办理统捐的七个省之中，湖北、江西两省之外，广西、甘肃本是接受协济的穷省，新疆地处西北边疆，奉天、吉林则正待开发之中，这五省的厘金在全国来说收数影响极小，无足轻重。与之相反，那些厘金大省如江苏、浙江、广东、福建等均以相似的呈词婉拒裁厘统捐，清政府也无可如何，并无进一步改革的举措。到宣统年间，江苏才议改统捐，江苏藩司拟出了统捐计划，预备分期进行，并制定了《第一期筹办统捐草案》和《第一期改办统捐扼要办事章程》。苏省的统捐规定外省来货收于入口，本省土产收于产运之地，粘贴印花后沿途各卡概不重征，并计划三个月之后逐步裁撤内地分卡。平心而论，这比之旧时厘金征收确有很大进步。但这时广大商民已充分组织动员起来，除弊救时的热情空前高涨，不满足于"统捐"步伐之缓与力度之微，而要求较彻底的改革。"人们忍受着苦难，以为这是不可避免的，但一旦有人出主意想消除苦难时，它就变得无法忍受了。当时被消除的所有的流弊似乎更容易使人觉察到尚有其他流弊的存在，于是人们的情绪便更激烈：痛苦的确已经减轻，但是感觉却更加敏锐。"②他们对改革厘金的期望值大为提高，自己组织筹划全面的"裁厘认捐"，因此官方的统捐此时更多的似乎是为了与商民的认捐对抗，以继续把持厘金财权。

其实，厘金只征一口、不许重收的办法早在刘铭传巡抚台湾时期

① 根据罗玉东：《中国厘金史》下册，商务印书馆 1936 年版，第 533—534 页表格整理。
② 托克维尔：《旧制度与大革命》，商务印书馆 1992 年版，第 210 页。

就已经实行了。台湾的厘金起初只有进口鸦片和茶脑两项,同治四年又开办了船货厘金,无论何项货物,每百石抽收洋银二元四角。但因各地不统一,"征收法令纷歧,办理不能划一,且听委员开报,多寡无稽,侵吞益甚"。于是在光绪十一年(1885年)刘铭传停征船货厘金,改收百货厘金,发给三联票,按成本百元抽厘五元,"只收出口,不许重收"。① 进口货物除鸦片一项照旧抽收外,其余百货以及陆路贩运,概不征厘。米谷一概免厘,不准收取。由于台南以糖为大宗,向来糖商借口洋本,不肯完厘,现则或完子口半税,或照内地一体抽厘。台湾因有台湾海峡与大陆相隔的特殊的地理位置,相对自成市场体系,因此这种办法在台湾比较可行,这与内地各省商情大不相同。但即便如此,台湾的百货一旦进入内地,同样免不了按内地规则而抽收厘金,这就如同清末反对"裁厘统捐"的理由一样,这一省份的规则失灵于另一省份。

三、厘金与印花税

清政府对厘金的另一种转换方式是试行征收印花税。

如前所言,早期改良派的代表人物郑观应在论及改革厘金之弊的诸多措施中,即曾提到"或仿外国行印花税之法",并介绍了两种印花和两种征税办法。"譬如商家合同及地契、租契、揭单、汇票、公司股票等项,一经输纳印花,即作奉准在案",倘遇纠纷,必为按律判断,如无印花,则为私告官不理。在郑观应看来,印花税至少有三利,一是不需勉强,自愿输纳,二是无巡丁、委员勒索等费,三是税虽轻而征税多。他说,英国本土印花税每年收数一千数百万磅,"中国地广人繁,所收当不亚此数"②。为了顺利推广印花税,他还建议饬总税务司先从通商口岸试行,以兴利除弊而纾民积困。

---

① 《刘铭传文集》,黄山书社1997年版,第273页。
② 《盛世危言·厘捐》。《郑观应集》上册,上海人民出版社1982年版,第557—558页。

就目前所见,清政府最早明确提出举办印花税的应是直隶总督兼北洋通商大臣李鸿章。光绪十五年(1889年)清政府欲重整海军,但苦于经费不充,詹事府詹事志锐认为各省厘税杂捐,户部无籍可稽者不少,可令沿海省份年筹若干、不沿海省份年筹若干。李鸿章则以为因近年极意搜括,各省已无有报之款,即使按照志锐所议饬行,恐怕也是一纸空文,回复必无实济。"万不得已,拟仿东西洋印花税一项,令各口试行,或可渐集成数。"但李鸿章同时也意识到印花税"事关创举,闻者以为烦扰,推行或有窒碍,只可姑存是说","仍声明恐与中国政体不合,如不谓然,即请删去"。① 这一最早开征印花税的提议者本身就不自信,清政府更未仔细斟酌,当然被束之高阁了。甲午战败后,因筹款维艰,又有人奏请开设印花税。光绪二十二年(1896年),御史陈璧即奏请开印花税。印花税创自荷兰,盛于英国,遍行各洲,简便易行,有利无弊,连日本每年亦征得二千余万,以中国之大,若仿而行之,"总计每岁所集,当不下一万万两,则不特洋债易于清还,从此罢抽厘停捐纳,举数十年欲除而未能之弊,一旦廓清,全局转机必在于此矣"②。这是晚清政府官员较早以印花税替代厘金的提议。总理衙门奏复也认为印花税利国便民,应该可以仿办,令出使各国使臣考察汇报各国施行印花税的情形,张之洞也电请驻俄、德、法大臣收集各印花税章程及式样,成为其后来主张行印花税的蓝本。

此后官方和民间陆续有开征印花税以替代厘金之说者。各驻外使臣遵旨搜集的泰西各国的印花税情形陆续抄报给清政府,其中驻美使臣伍廷芳1896年的《请仿行各国印花税折》最为详备。他深感中外多故,筹款万难,"参考外邦理财之书,为中华自强之计,惟印花税一事,可以试办",并胪列出印花税的"十便":

> 富商大贾出入巨万,所征之税不过毫芒,揆之群情,当
> 所不吝。其便一。债券地租无征不信,印花既贴,昭然若揭,
> 民必乐从。其便二。懋迁交易,此税出于买者,而卖者不与,

---

① 《李鸿章全集》第7册,时代文艺出版社1998年版,第4009页。
② 陈璧:《请仿行印税折》,《时务报》第五册,页七。

第四章 「裁厘统捐」与「裁厘认捐」的尝试及夭折

149

于穷民无所耗损,不致以厉民为词。其便三。关税、厘金皆征于货物未销以前,此则收之于交易既成之后,千百取一,何嫌何疑。其便四。户部总其成,各省下其法,或设总局督销,或发殷商代售,随时随地皆可分购,无委员检核之繁,无胥吏假手之患。其便五。他项厘税,名目不同,多寡不一,侵渔者众,漏匿者多。此税价值列于纸上,一目了然,无从隐匿,中饱之弊,不祛自绝。其便六。凡开局设卡取材于民,创办之始,必多怨谤。今听民间领购,无所用其抑勒,商民相信,必多购印纸以备用,预缴印税以纳官,奉上急公,自然而致。其便七。外洋之法,凡契券不贴印花纸者,即以废纸。单据已用,不涂销而再用者罚。贸易之人,必不吝小费而雁惩罚,互相稽考,可杜奸欺。其便八。各国通例,此项为内地税,与关税无涉,外人无从借口,他国民人经商我国,我既任保护之责,即有征税之权。通商之埠愈多,印花之数愈旺,不劳口舌,利赖无穷。其便九。欧洲此税,岁数千万。我亦渐次推广,库储既足,应办诸务,均可次第举行。其便十。

在中外多故筹款维艰之时,印花税有此十便,下不病民上可利国,应饬总理衙门会同户部妥筹办法。为避免立即推广导致纷扰,"请饬令总税务司各关监督,于通商口岸先行试办","俟成效既著,逐渐通行,以顺民心,自无窒碍。"①

民间也多有倡议开办印花税者,尤其是有游历、经商海外的学者和商人,对国外的印花税有较多了解,将实行印花税作为自强之道,"今能仿此法附邮政而行之,一年小效,三年大效,其入款必有过于厘税者,其利孰甚,可惜当代之主持其事者,不能急其所急,为可慨也。"②康有为在光绪二十四年奏请坚决裁厘,但他也认识到惟千余万之巨款,非有以抵之,势难高议裁撤,"臣既奏陈印花税纸钞银行,计

---

① 丁贤俊等编:《伍廷芳集》上册,中华书局 1993 年版,第 55—57 页。
② 《汪康年师友书札》第 1 册,上海古籍出版社 1986 年版,第 353—354 页。

岁骤增入款四万万,比今五倍"①。谭嗣同借外人之语"谓中国之厘金,为呛商务喉咙之石灰气",认为西方税法取于坐贾,不取于行商,最合中国古法,而印花税尤为便利商人,并具"八利":无抑勒冤辱;局员、司巡无中饱;自买印花税票于行店,无交纳镣辖之弊;货无隐匿;沿途省去立局卡之劳费;惟于出口及到埠一查验而已,事简易办;无留难阻滞,时速而商利自捷;票轻于携带,无补水补数诸挑剔之弊。"八利具而厘金之弊去,弊去而上下交足焉。"②他建议先在一地一时试行,如在湖南岳州试办一月,然后渐推渐广,由岳州而湖南,由湖南而全国各省。

无论是官方的还是民间的关于开征印花税的提议,都由于戊戌政变的发生而中断。

庚子事变后,面对西方列强的空前压力,慈禧太后被迫改革,倡议新政,在胁持光绪皇帝一路西逃的路上发布变法上谕,宣称"世有万古不易之常经,无一成不变之治法"。还总结说晚近学习西法者,不过是其语言文字、制造器械等西艺之皮毛,而非西政之本源。舍其本源而不学,学其皮毛而又不精,天下安得富强!"总之,法令不更,痼习不破;欲求振作,当议更张。"变法上谕号召中央各部官员、出使各国大臣及各省督抚,"各就现在情形,参酌中西政要,举凡朝章国故,吏治民生,学校科举,军政财政,当因当革,当省当并,或取诸人,或求诸己,如何而国势始兴,如何而人才始盛,如何而度支始裕,如何而武备始精,各举所知,各抒所见,通限两个月内悉条议以闻。"③为了继续维持自己的最高统治地位,慈禧太后不仅拾起了两年前被自己无情镇压的戊戌变法,而且在舆论和效果上都超越了戊戌变法本身。慈禧太后的变法既有讨好列强的心理,更有筹措巨款赔付巨额外债的压力。面对四百五十兆的空前赔款,清政府下令各督抚各就地方情形,悉心筹议,以期凑集抵偿,迅速电奏。因此,所有关于变法的奏折中,如何筹款都是核心内容之一,于是开征印花税被更多的清廷官员

---

① 张涛光编:《康南海经济科技文选》,广东高等教育出版社 1994 年版,第 17 页。
② 《谭嗣同全集》,中华书局 1998 年版,第 413 页。
③ 朱寿朋编:《光绪朝东华录》(四),中华书局 1958 年版,第 4601—4602 页。

提及。在内外大臣纷纷响应慈禧的变法号召而上书言事中,最著名的是两江总督刘坤一和湖广总督张之洞会衔的《江楚会奏变法三折》。在"变法三折"之三《遵旨筹议变法谨拟采用西法十一条折》中,第八即为"行印花税"。张、刘认为,印花税的大意在"抽银不抽货,抽已卖之货不抽未卖之货,抽四民百业凡有进项之人,不仅抽商贾贸易之人。"现在变法筹款,印花税可以仿行;而且新商约谈判正在商议增加关税,西方列强必定要求裁撤内地厘金,如果开征印花税,正好可以借资抵补。张、刘还比较英国和日本的印花税章程,英国的最为详密,日本的具有东方特色。"但中外情形略有不同,外国商富民饶,产业价值贵,银钱往来多,故所抽巨;中国商贫民苦,本业既微,转移亦少",所抽有限;至于遗产税,英国最多,每年可收八兆余镑。但中国产业本廉,又子孙相继,虽然不能多征,即使得英国二十分之一也可征得五六百万元。英法等国开征印花税之初也多有梗阻,后经改革始得畅行。因此"中国初办之时,隐匿必多,推敲过细,不免纷扰,只可稍为从宽,不求算无遗策,必须十年八年以后,稽核之法渐周,自然日臻畅旺",故应"敕查各国章程,斟酌妥议举办"。[1]

除张之洞、刘坤一之外,署理浙江巡抚余联沅致电军机处"请行印花税";江西巡抚李兴税致电军机处请设银行、制银纸、饬圆法、办保险四事之外,尚有印花税,"若各省一律举行,不难骤盈千万巨款";两广总督也致电军机处仿行印花税,"约略计算,每年可得千万之谱,有裨时局匪浅。如钧处谓然,请旨饬下户部,查照各国印税章程,参酌妥善通行照办。"[2]

此外,张謇在响应清廷变法上谕而作的《变法评议》中列举户部应办十二事,"行印税而裁厘金"即是其一。根据统计,光绪二十三、二十四年各省厘金收入总数约为 1500 万两,裁厘之后的印花税须与此数相当。张謇的办法是:"令各省列表,开列五年各物进出(进则落地,出即产地),及经过所收之厘数而汇于部;部为析之,取其中数,匀经

---

① 朱寿朋编:《光绪朝东华录》(四),中华书局 1958 年版,第 4765 页。
② 中国人民银行参事室编:《中国清代外债史资料(1853—1911)》,中国金融出版社 1991 年版,第 950—952 页。

过厘于产地、落地，加收三成，寓于每张印花之内；产地、落地，各收其半。分令各府州县赋税官饬各业立税会承领总数，行用印花，犹江浙包捐之法。稽查检视，责之警察。"①这样下省一切船头查舱红钱黑费，上省一切局卡员司丁役薪费。1906年张謇在答张之洞书中进一步主张"尽裁中国厘捐，改行西洋印花"。尽裁中国厘捐，则可以回已去之人心，留未去之人心；改行西洋印花，则可以保中国之利权，揽各国在中国之利权。其具体实行办法，"凡一印花下签说声明，然后由户部斟酌定式。损益价值，发交总督。每一州县，派员设局经理，优给薪水，明示章程。每一业立一会，每一会立一董，董以印花分发同业。各行铺如领捐票，按月稽其已用之数，未用之数；已用者按直缴钱，未用者留待下月。"②印花税实行之初，厘捐不必全部裁撤，但严饬捐卡遇有印花者，则立即放行，或者另给一旗帜，作为已完纳印花税的标明。这样三五月之后，使大家都知道印花税的便利，而后再尽裁厘卡。

这些开征印花税的主张者由于其所处地位不同，各有侧重。谭嗣同、伍廷芳主要在开办印花税的好处，一为"八利"，一为"十便"；张之洞、刘坤一位高权重，虽然明白开征印花税的好处，而且借鉴英法日本，但他们深知每一项改革的艰难，欲速则不达，因此并不急于求成，而是寄希望于"十年八年"之后达到"日臻畅旺"的目标；作为状元实业家，张謇对厘金之弊有切身感受，对印花之利予深切期望。他对工商实业亲历亲为，故对印花税的论述重在具体实行的操作技术层面。他们的共同出发点和落脚点都在于以印花税取代厘金，如此既可以免厘金积弊，又可以抵补裁厘之损失，于国于商于民均有利而无弊。应该说这些各有侧重的述说基本上厘清了开征印花税以替代厘金的方方面面的问题。但问题的关键还是作为地方督抚大吏的张之洞和刘坤一看得更清楚。他们本身是大清帝国的洋务派改革者，对改革的艰难曲折有深切体认，所以给予了"十年八年"之期。庚子事变后，清政府的新政全面展开，对于一个庞大古老同时又深陷内忧外

---

① 《张謇全集》第一卷，江苏古籍出版社1994年版，第59页。

② 《张謇全集》第二卷，江苏古籍出版社1994年版，第54页。

患的封建帝国来说,其带有资本主义性质的新政改革不知有多少重大矛盾与问题需要解决。一个商人面对厘金的弊害可能亏损、破产甚至赔上身家性命,但这些对于一个正处于激烈变革与转型之中的大清帝国来说可以忽略不计,因为不知有多少比印花税更重要更急迫的要务亟待清政府处置,最终印花税未及实施,大清帝国却黯然退出历史的舞台,而这正好是张之洞、刘坤一所规划的普遍实行印花税的"十年八年"之期,这既是历史的巧合,也是历史的讽刺。

因此,开征印花税以取代厘金的建议朝野都有反对的声音,在清政府也未能得到认真的反应。清末新政时期,为筹款赔款练兵,又有人提议征印花税,清政府以中国警察尚未普办,警学尚未精深,稽核恐难得力为由,诏谕从缓办理。光绪二十八年十二月直隶总督袁世凯曾奏请试办印花税,获得清政府同意。袁世凯向日本印刷局订制了四种印花税票纸样,分两期交收,头批印花票纸运交到筹款总局。①但试办之初即遭商民的极力反对,不到三个月,清廷又下旨"印花税事属创行,恐滋扰累,著从缓办理"。同时庆亲王奏请举办印花税,清廷令户部妥议,户部仍主张从缓,建议俟各省警察办成之后,仿行各国印花税成法,"再行逐渐推广,以昭慎重而裕饷源"②。

巨额赔款之外,新政、练兵等等在在需款孔急,而随着清政府禁烟政策的实施,收数颇丰的洋药、土药税厘渐绌,税款抵补问题必须解决。清政府对此问题的认识虽然不及英、日等列强及时与深刻,但如何抵补毕竟是现实而急迫的问题,开征印花税以资抵补的方案还是被提出来了。内阁学士兼礼部侍郎吴郁生奏请开办印花税,"拟请饬下部臣、疆臣,考察各国新章,或择要先行试办,以为抵补土膏税厘之地。"这一建议得到了清政府的积极回应。新成立的度支部"以实行禁烟,洋土药税绌,奏请仿行印花税"。光绪三十三年九月旨谕度支部:"国家岁入洋土两药税厘为数甚巨,均关要需,现既严行禁断,自应预筹的款,以资抵补。前据度支部具奏,研究印花税办法,当经

---

① 中国第一历史档案馆:《清代两次试办印花税史料》,《历史档案》1997年第4期。
② 《东方杂志》第一年第七期。

允准。惟烟害必宜速禁,抵款必宜速筹,著度支部详细调查东西各国成法,迅速研究,渐次推广,期于可行。限两个月内条例办法章程,奏明办理,勿得稍涉延宕。"度支部认为现拟印花税办法,应先从宽简入手,疏节阔目,略植初基,但求养成人民贴用印花之习惯,不能骤计国家收入巨款,将来设法推行,逐渐周密,商民既遵循有素,财政自可藉以扩充。"谨就各国成法,参酌中国情形",拟定了《印花税则十五条》和《印花税办事章程十二条》,同时提到中国幅员广阔,风俗习尚所在不同,此次定章如有未能推行尽利之处,应由臣部体察情形,随时修改,并准各督抚各就地方情势详细体验,分别奏咨变通办理。"至此次办理印花税,系为筹补洋土药税厘起见,将来收有成数,再当由臣部分别酌量拨给各省,以资弥补。"①

《印花税则十五条》的第一条规定:"凡人民之财产货物,当授受买卖借贷之时,所有各种契据、账簿可用为凭证者,均须遵章贴用印花,方为合例之凭证。"第二条将各种契据、账簿分为二类 29 种,并规定了每种的税额,如提货单、银钱收据等,价值合制钱十千文以上者,贴印花二十文;汇票、期票、借款字据、田地房屋典押契据、铺户或公司议订合货营业合同等五种纸面银数不满一千两者贴印花二十文,一万两以下贴印花一百文,一万两或一万两以上贴印花一千文。《印花税办事章程十二条》规定由度支部设立印花税局,派员管理印花税事务。各直省藩署、或相当局所附设管理印花税处,专司本省发售印花事宜。发售印花,照票面价值提百分之七作经售人费用,其中总发人应得百分之三,分售人应得百分之四。同时要求各省地方以地方官奉到部发印花后三个月为施行之期。未施行以前,应先由地方官将印花税办法、税则及种类式样、开办日期,于各府州县之城镇、村市详细出示晓谕。印花税则及章程奏定后,翰林院侍读学士恽毓鼎曾就某些条文提出异议,度支部一一回复,认为并无不妥。

度支部的征收印花税方案得到清廷批准,光绪三十四年正月饬令直隶先行试办,并令于宣统元年九月在全国开征印花税。但是,在

① 中国第一历史档案馆:《清代两次试办印花税史料》,《历史档案》1997 年第 4 期。

第四章 「裁厘统捐」与「裁厘认捐」的尝试及夭折

印花税推行的过程中,却遇到了言官、地方政府、士人和商界的抗议与阻止,或群起反对,或恳求缓办。尽管度支部仍极力推行,实际效果却极不如意,不仅鸦片税款的抵补目的未能达到,而且招致了沸沸扬扬的反对风潮,直到清帝退位,印花税并无实效。[①]

各省之中,只有湖北省较有实际举措。光绪三十四年,湖广总督赵尔巽在湖北试办印花税,筹拟了办法,并设立了印花税总局,计划分四期实行,第一期包括武昌、汉阳两府于宣统元年开办。由于事起仓促,宣传不周,实行无力,武汉商人要求缓办,遭到湖北地方政府拒绝,故前往购买贴用者仅官、学、军各界,真正应该购买贴用的商界响应极少。如一年的印花税收入中,官、学、军缴印花税制钱两万余串,而汉口和武昌商民所缴税款只有一千余串。在此情况下,湖北的第二期以下不得不停办。其他各省或成效不大,或未及认真实行。清政府所编宣统四年的全国岁入岁出总预算表中,印花税收入预算只有银93187元,几乎可以忽略不计了,由此也可见开征印花税的成效之微。

在西方卓有成效的印花税在大清帝国却走向了另一面的原因很复杂,但最重要的原因在于它此时推行印花税已背弃了先时主张开印花税者的原意。印花税本为替代厘金而设,而清政府却是为了抵补因禁烟而造成的洋药、土药税厘的减少。因此,印花税不仅未能取代厘金,反而成为厘金之外的又一项额外税捐。各地甫一试行,即遭到普遍的反对,这也是情理之中的事了。苏州各业如钱业、典业、纱缎业、绸缎业、米业、酱业、珠宝业、肉业等等纷纷具书反对印花税,苏州商会将其汇编为《苏城各业缓办印花税理由书》。江苏谘议局则以为印花税事属创始,商民未尽熟悉,办理又未必得宜,"近年商情凋敝,既苦于旧有捐税未能分别减蠲,又苦于推行新政辄增种种负担,积困生疑,积疑成阻,系必至之势"[②],故议决从缓实行印花税法案。光绪三十四年三月天津试办印花税时,天津商务总会多次致函天津

① 参见刘增合:《清末印花税的筹议与实施》,《安徽史学》2004年第5期。
② 章开沅等主编:《苏州商会档案丛编》第一辑,华中师范大学出版社1991年版,第1140页。

县衙,禀陈天津自庚子事变,商业破坏已达极点,旋因举办新政,捐税加征,商民困难,哀恳推缓印花。又禀报农工商部及直隶总督杨士骧,陈述天津商业艰难之状,"拟请将印花税暂行缓办"①。杨士骧、农工商部均驳回申请。嗣后各商联合缓办之请纷至沓来。如五月有796家商号、次年八月更多达1877家商号联名上书请求缓办,宣统二年七月各行草拟出津地缓办印花税的十二条理由。常州、保定、成都、正定、汉口等各地商会也为之声援。当广东省实行印花税法时,"商民因而罢市"②。不久辛亥革命首发于武昌,清末试办印花税的方案亦告失败。

四、商民的"裁厘认捐"

清政府的"裁厘统捐"不了了之,未能全面推行。立宪运动开展之后,随着工商业者力量的壮大,资产阶级主体意识的觉醒,他们的政治参与意识也日渐提高,不断促使清政府加快立宪步伐。各省谘议局成立后,他们利用此合法机构推进政治、经济等方面的改革,维护自身利益。广大工商业者身受厘金切肤之害,裁厘统捐既未见效果,他们出面筹划"裁厘认捐"。

认捐实际上可以追溯到早期厘金的包缴制度。商人包缴厘金有认捐和包捐两种方式,前者由同业者经理,后者由业外人承包。采取包缴方式的省份有广东、江苏和浙江等,另外江西、四川和福建等省只对某种货物采用包缴。

早期的认捐之中,因广东的坐厘最为普遍,故认捐亦最为盛行,但也不是全用认捐,而是认捐与官征并行。认捐由捐输演变而来,地方政府令各行缴银若干,予以年限,由各行向商户抽厘补款。咸丰十年始有包商,但包商与官府勾结,贪污中饱,引起商民反对,于是仍改

① 天津市档案馆等编:《天津商会档案汇编(1903—1911)》下册,天津人民出版社1989年版,第1689页。
② 周秋光编:《熊希龄集》上册,湖南出版社1996年版,第389页。

为各行自行认捐。认捐方法是先由各行商酌定岁缴银数,拟定抽厘章程,再由厘务总局核准其承办。相对而言,认捐比官征较为有利于商人,因为经理认捐者为同行商人,故能维护本行商人利益;而对政府来说,免去了征收费用,又不担心偷漏、中饱等诸弊。如八十年代广东厘金最高收入不超过 200 万两,光绪二十五年刚毅在广东将全省厘金全部改为各行商认捐,定额 400 万两,比原来翻了一番。这其中并非商人多缴了厘捐,而是官征时的征收费用及各局卡吏役所侵蚀的部分都收归政府之故。但后来因各包商拖延缴款,积欠甚巨,"商情既不齐一,所举又非其人,遂至讦讼纷纭,万难起色","自应迅令撤退,仍归官办"①。于是广东厘金又恢复为认捐与官征并行的办法。

与广东类似,江苏省也有部分行业在少数地区采取认捐方式。其认捐数额由同业公会根据市场情况拟定,经厘局同意后成立认捐公所,承办认捐事宜。每一同业认捐即设立一认捐公所。光绪季年设在上海的认捐公所有 8 个,即洋货认捐公所、棉纱认捐公所、纸业认捐公所、洋油认捐公所、杂毛角骨牛羊油认捐公所、麻棕认捐公所、锡箔认捐公所和披猪认捐公所。②浙江也有江干纸柴炭认捐公所、萧山烟叶认捐公所等。上海的认捐公所的组织如官方的厘局,在所认捐区域内也设有征收卡及巡船,商人纳捐后,给以三联捐票及分运单,凭此在认捐区域内运行,经过各卡时不再缴捐并免验放行。三联单中,第一联给商人,第二联汇交总局,第三联存留认捐公所。

包捐比较有代表性的是福建省台湾府。如前所述,台湾在商贸上有相对的独立性,比较简单。台湾厘税以进口鸦片为大宗,自张梦元任台澎道时于光绪六年(1880 年)招商承办始,历任道台未作改变。中法战争时,刘铭传督军台湾,饷项万分支绌,正宜设法筹措,当时的承包商陈郁堂虽然照常征收税厘,但却以法军封锁为名,税款"丝毫不解",隐匿厘税四万六千余两。事情败露后才报称台南征收一万五千余两聊为饰辩。刘铭传多次"札提陈郁堂来辕讯究,竟敢抗延不

---

① 《广东商办厘金收回官办折》,光绪二十六年九月二十二日。清朝宫中朱批奏折,财政类。

② 罗玉东:《中国厘金史》上册,商务印书馆 1936 年版,第 112 页。

到”。台湾道刘敖与陈郁堂官、商勾结,致使陈郁堂“吞匿巨款至六万余两之多”,“厘金于正税之外,勒索私费,洋药项下三万元,茶脑项下一万元”。① 刘铭传查实陈郁堂贪污情事后,严加整顿,仍令招商包办,并在原有包缴数额之外加上刘敖及陈郁堂非法私收之费。如茶脑厘金由包商林协和承办,每年原应认缴银洋十三万七千元,现合计为十六万元;洋药厘金由包商黄瑞阶、陈弼臣承办,每年原定包价四十万七千元,现“通年认缴洋四十三万七千元”。②

以上早期的认捐不是以裁厘为目的,而是由包捐者代替官方厘金局卡征收厘金。尽管认捐省却了官征的诸多弊害,但二者没有性质的分别。

清末新政时期的认捐是与裁厘相提并论的,已带有对厘金进行根本性改革的含义,与此前的厘金认捐制度不同。江、浙工商业比其他省份发达,向为厘金大省,厘金局卡众多,商民受累颇深。张謇因经营实业,故对厘金之害亦有切身体验,但厘金于政府岁入关系至重,不能尽裁,可以改革,即以认捐的方式取代厘金。早在1895年他就向署江督张之洞建议在江苏裁厘,改征产地统捐。张之洞奏报清廷批准后委他在通海地区先行试办。张謇经讨认真调查,拟出包认办法及数额。他还建议包捐之后通海地区的57处厘金局卡止留一局,这无疑断绝了以往局卡员司的财路,且因包捐有定数,厘局无从中饱,加之地方官府的苛虐,“醉生梦死之人,甘为误国病民之举而不悟”③,张謇徒唤“奈何”,无能为力,其所主持的通海地区裁厘认捐尝试以失败告终。

随着立宪运动的深入发展,力量相对强大的江浙工商业资产阶级为了自身的政治经济利益,利用清廷推行宪政之机,兴起了较大规模的裁厘认捐活动。1909年11月,江苏谘议局召开第一届常会,在讨论苏抚的改定厘金征收办法时,通过了厘金改办认捐进行方法案。该方案主张先开全体商会之联合大会,逐细研究,议定入手办法,并

① 《刘铭传文集》,黄山书社1997年版,第269—270页。
② 《刘铭传文集》,黄山书社1997年版,第272页。
③ 《张謇全集》第三卷,江苏古籍出版社1994年版,第758页。

"预拟筹备认捐之组织"①。为此,黄炎培、储南强、洪锡范等对江苏全省厘金进行了较详细的调查,并写成调查日记②,各商务总会、分会亦纷纷调查本地厘捐情况,苏州商务总会成立了"筹办江苏全省裁厘认捐苏事务所",还刻印了一枚图章③,等等。裁厘认捐事宜似乎在按照既定方案逐步实施。但江苏地方政府欲以"统捐"代"认捐",正当双方意存龃龉,纷争难解之时,武昌辛亥革命爆发,无论是官方的统捐还是商民的认捐都暂时退到了波诡云谲的历史舞台的幕后。关于清朝末年江苏的裁厘认捐活动,史学界已有多篇论文论及此事,兹不赘述。④

　　清末新政时期的商民"裁厘认捐"活动主要集中在江苏,原因如上所述,江苏厘金局卡最密,厘金收入最多,商民受虐亦相应最深;而江苏的立宪势力也最大,故官商之间围绕厘金转换的矛盾也最为激烈和富有典型性。其他各省不具备江苏上述特点,所以大多没有掀起有组织的裁厘认捐活动。

五、夭折原因分析

　　裁厘统捐与裁厘认捐都是试图革除厘金痼疾,但无论是官方的主持,还是商民的争取,都未能达到预期效果。其根本原因仍是在于厘金在晚清财政中的不可或缺的地位所致。内债外债,练兵筹饷,新政诸事次第并举,现有的财政收入尚万难敷用,恨不能多开财源。清政府迫于内外的压力,此时大规模地开展禁烟运动,已经使收入颇丰的鸦片税厘骤减,当然无法再减少厘金的收数。这其实于官于商都

---

① 《苏州商会档案丛编》第一辑,华中师范大学出版社 1991 年版,第 847—848 页。
② 见《东方杂志》第七卷第五期,《江苏谘议局议员为厘金改办认捐事调查日记》。
③ 《苏州商会档案丛编》第一辑,华中师范大学出版社 1991 年版,第 858 页。
④ 参见马敏:《清末江苏资产阶级裁厘认捐活动述略》,收入《马敏自选集》,华中理工大学出版社 1999 年版;王翔:《从"裁厘认捐"到"裁厘加税"——清末民初江苏商民的两次重要斗争》,载《近代史研究》1988 年第 3 期;张海林:《张謇与清末江苏裁厘认捐活动》,载《江苏社会科学》1995 年第 6 期;申义植:《试论张謇关于厘金税的思想》,载《江海学刊》1996 年第 6 期。

基本上是共识。裁厘统捐与裁厘认捐中的所谓"裁厘"并非裁蠲厘金本身，而是裁减厘金局卡，减少中间苛扰环节，不仅将厘金税捐全部保留下来，甚至对中央政府的收入反而有所加增，只不过是名称的改换而已。从这一意义上说，"裁厘"有其名而无其实。

即使是如此，相对于以往的厘金征抽方式，统捐与认捐从理论上来说，于国家、于商民都是非常有利，而且是可行的办法。但在实际运作时，往往矛盾迭生，体现出设想与现实之间的距离。

以官方的"统捐"而言，裁减局卡亦应是基本要求之一，但揭橥"裁厘统捐"的江西省并未在裁卡上作努力，统捐不仅由原有厘卡办理，甚至还要添设新的专卡，再将部分局卡移位、升级等等，与旧有厘金并无多大差别，原来的额外征收没有废除，如原湖口厘卡所收二分厘金本在江西正厘之外，统捐仍照旧办理。如果说对商民还稍有便利的话，那就是统捐章程规定的统捐货物粘贴印花之后，下卡只准查验，不许再抽。而这一规定一点也不新鲜，类似的内容在以往很多省份的厘金章程中都有规定，这从本书第二章"晚清各省厘金税率及征次表"中就可以看出，凡不是逢卡完厘省份，完厘之后在有效范围内所通过的厘卡即只准查验，不得再征。但是，这些人都是名义上的规定、文本上的文字，实际的操作绝不是如此的规范。广大商民对厘金的最大痛恨大约莫过于厘金局卡的如狼似虎的兵丁吏役的留难需索、刻薄中饱，这在上文"厘金之非"中已有描述。既然如此，统捐时的江西厘卡员弁似乎不可能突然良心发现、改娼从良。其实，统捐之前的江西厘金征收本来就是两起两验，这比其他逢卡完厘的省份要简约得多，因此统捐的阻力也就没有那么强大和顽固。再从江西统捐的直接目的来说，仍不外乎增加地方财政收入，以为分担赔款和推行新政之用。江西巡抚柯逢时在奏报江西统捐时就一语中的："至统捐多收银两仍归厘金造报，并请留为本省凑解新约赔款及举办新政之需。"[①]而在江西也确实达到了目的。但还是这个柯逢时，当他任广西

---

①　《江西厘金改办统捐折》，光绪二十九年二月三十日。清朝宫中朱批奏折，财政类。

巡抚、主持广西改办统捐时,则难以如愿,"梧州至于罢市"①。因为广西的厘金在历史上是逢卡抽厘,与江西情况有别。这里并不是说统捐不应该筹办,它比之于以往积弊丛生的厘金征收当然要合理得多。

改办统捐可谓是对厘金利益重新分配与调整的一次改革。任何改革在改革之初,都不可能使所有的利益集团满意。厘金在中央和地方所扮演的重要角色使之牵一发而动全身。改统捐之后,因数额有增无减,对中央和地方政府在原则上都有利。但厘金上缴与征收实数之间有很大差距,这正是地方政府可资利用腾挪的方式,而统捐是公开的,地方政府将再难以隐瞒蒙蔽。更重要的是,自厘金开办以来,已经养成了一个阵容颇为庞大的厘金局卡吏员兵丁特殊利益阶层。这些"虎狼"之辈依附于厘金局卡,局卡一经裁撤或者减少,他们是最直接的"受害者",所以"统捐"也好,"认捐"也罢,他们自然是最顽固的对立者。大多数省不遵朝命,拖延统捐,这一原因是极为重要的。以张之洞的干练权重、敢于创新,在他试办统捐时,也遭到那些"向来婪索作奸之委员、司事,危言恫喝,多方阻挠"②,但他权其轻重,力排众议,决计行之,一气裁撤了 29 处局卡,只留存 20 处(另有 5 处仅征专厘),虽未能尽裁,改革的力度也不可谓不大。如果换一个谨小慎微、根基薄弱、识见浅陋的督抚,湖北的统捐恐怕也不可能试办。即使是局卡减少,但仍有征收或查验的局卡,尤其是对只负查验之责的局卡来说,正如广东请缓办统捐的奏折中所言,验卡"员司丁役薪水有限,习于弊混,往日收办正厘已不胜留难之苦,今仅司查验,益无聊赖,刁难需索,势所必至,上官虽加察究,行旅总受困累。"③总之减少厘卡不是根本之图。

就清政府来说,户部未作系统研究却要求各省在一个月之内改办统捐的时间未免过于仓促。半个世纪的积弊却幻想在一个月内革除,暴露出清政府在清理财政方面的无奈及其浮躁心态。而各省缓办统捐的申辩理由也不是无理取闹,如广东所言商情变幻,货物并非

---

① 《东方杂志》第一年第八期。
② 《张之洞全集》第三册,河北人民出版社 1998 年版,第 1676 页。
③ 《东方杂志》第一年第八期。

总是按照原定线路运行、市场销售，从操作上来说，统捐数额却很难因之而变，由近改远者，少收之数查验之厘卡尚可补收；由远改近者多捐之数无法退还，如此等等。清政府显然对这些"疑难"缺乏应有的思想准备，对各省的缓改请求也无可如何，没有强有力的制约手段，故既不勉强，更不申斥，顺其自然。这说明朝廷自身对裁厘统捐也无足够信心。全国没有切实可行的统一计划与行动，如果本省货物仅流通于本省，窒碍还不算太甚，但市场是开放的，尤其是各省互通土特产品，更使市场趋于整体的系统之中，这样在改办统捐之省完纳统捐后，到达征厘之省又须再完厘金，使问题更加复杂化。其实清政府自己并非不知道"若此省统捐而他省仍复抽收（厘金）则诸多窒碍，统捐仍不能行"①。

官方的统捐尚且如此艰难，商民自发兴起的裁厘认捐的难度就可想而知了。在官与商之间，虽裁厘而不减少上缴国家的税捐数额，这是二者的共识。但在裁减厘卡方面，商无疑比官走得更远，这本是情理之中的事。如上所言，江西改办统捐基本上没有裁减局卡，张之洞在湖北裁减29处局卡还是"大刀阔斧"的行为。而商民的认捐则希望能较好地解决掉局卡问题。如张謇1895年在通海地区试办认捐，企图将原有57处局卡裁撤56处，仅留下的一处也只作查验之用，而无征取之权。正因如此，张謇的初次认捐尝试难逃失败命运。立宪时期江苏商民在张謇等宪政领袖的领导下，进一步兴起有组织、有计划、全省范围大规模的裁厘认捐活动，尽管风潮甚涌，但官方亦在极力着手"裁厘统捐"，虽说"认捐与统捐之关系，即裁厘与不裁厘之关系"，而商仍无法逾越官的障碍，即使没有辛亥革命的冲击，江苏的裁厘认捐也不可能取得成功。

中央、地方、局卡、商民相互之间的多角利益冲突与矛盾在"裁厘统捐"与"裁厘认捐"的过程中充分表现出来。既要保持厘金收入不致短绌，又要使利益各方满意，互相制约与牵制，都难以有较大的突破，相关各方都处于二难困境之中。尤其是商民，必须照顾到前三者

---

① 《东方杂志》第一年第四期。

的利益才可以勉强认捐,这一困难简直是无法克服的。在难以调和的矛盾网络之中,众多局卡吏役及与之相关的地方官员这一早已形成的一个特殊网络腐化集团的利益是各种矛盾的焦点。对于地方大吏来说,尤其是对于一些想有所作为的洋务大吏来说,他们也并非"民瘼绝不讲求,民情并不详察",相反,他们对于厘金的来源及其流弊也有比较清醒的认识,但碍于清政府的财政体制,更由于兴办早期现代化事业的经费急需,不仅要勉力容忍,还要设法扩大;同时,厘金局卡还可"见好同僚,调剂属吏"[①],有利于培植自己的官僚既得利益集团的势力,从而削减了裁厘的动力。从根本上说,是否解决以及如何解决厘金问题取决于清政府的政权性质及由此决定的政策与方式,它到底是将利益的天平倾向何方。不过是将厘金转换一下征取方式,并不是减蠲上缴税捐实数,就如此难以实现,若提出彻底改革裁撤,则只能是天方夜谭了。这说明直到清王朝灭亡前夕,封建政府仍未能完成制度和体制的转型,仍不能较彻底地革除传统的抑制工商的政策、行为与心态。厘金作为早期资本原始积累的重要构成部分之一,大清帝国并没有很好地扬长避短,尽可能地发挥其积极功能而抑制其消极因素。在厘金的资本原始积累的职能正在弱化和消解的状况下,清政府仍然停留于形式上的整顿改革,而难有实质性的换血突变。

至于行印花而裁厘金本来是可以实施的,但旧制度的惯性与偏好使厘金很难裁撤,而新制度的制定与宣传又使印花税难以在短时期内得到上下的普遍认同。当试图普遍推行印花税时,更是背弃了以印花税替代厘金的初衷,而变成了由于禁烟导致的鸦片税款流失的替代品。如果说以印花税取代厘金还合情合理的话,那么厘金不去印花再开,对于深感税苛捐杂的商民当然是雪上加霜而难以为继了。正如天津行商在请求缓办印花税时说:"外国有印花税者而无各项杂捐,然外国之有者,既仿而有之,而外国之无者,亦宜仿照而无之,杂捐不免,印花又行,而民何以处此乎?"[②]以大清帝国而言,巨额

---

① 花之安:《自西徂东》,上海书店出版社 2002 年版,第 56 页。

② 天津市档案馆等编:《天津商会档案汇编(1903—1911)》下册,天津人民出版社 1989 年版,第 1706 页。

赔款、新政事业,本就备感财源枯竭,又缺少了鸦片税收,此时加征印花税从维持以至增加帝国的财政收入来说虽然可以理解,但终究不能竭泽而渔,更不可杀鸡取卵。

新政是晚清由传统向现代过渡的质变时期,但清廷政策舛误连绵,思维方式及行为方式仍然没有逸出被中世纪的深沟高墙所阻隔的陈旧圭臬,不仅没有满足国人改革时弊与社会进步的渴望,反而进一步加剧了人们离心离德的倾向,大家越来越期盼着干脆彻底推翻不可救药的满清朝廷。一位担任海关税务司的外国人的观察也许更能说明当时国人的心态。他说:"大多数老百姓是希望换个政府的,不能就说他们是革命党,但是他们对于推翻清朝的尝试是衷心赞成的。"他还说:"中国的前途似乎非常黯淡,我看不久的将来,一场革命是免不了的,现在已经公开鼓吹革命,并且获得普遍的同情,而政府并没有采取任何预防措施,却尽在瞎胡闹。"①其实,对于当时黑云压城式的革命局势,清政府也并非没有采取任何预防措施,只是对于满清朝廷来说,其所采取的预防措施并没有釜底抽薪的奇效,而只能是"瞎胡闹",结果不到半年的时间,这位海关税务司所预示的革命果然爆发了。面对即将倾倒的帝国大厦,满清政府的无能与软弱,实在难以承担起完成中国早期现代化建设的重任,二百六十多年的基业葬送于辛亥革命,正是历史的选择和必然。正如有学者指出的那样,辛亥革命虽然是一次以暴力推翻清朝统治的革命运动,但其使用暴力的范围及程度非常有限。从 1911 年 10 月 10 日武昌起义爆发,到 1912 年 2 月 12 日清帝宣布退位,只是在武汉、上海等少数地区发生了革命军与清军之间的战斗,而其他许多省区宣告独立,脱离清朝统治,并非是通过武装革命的方式,只是地方势力离弃清朝响应革命。这一情况表明,当时的清王朝已经丧失人心,遭到历史的唾弃。②

从某种程度上说,自上而下的改革也是一场革命,它甚至比自下而上的革命更复杂、更艰难。自下而上的革命可以采取一切方式和

---

① 《中国海关与辛亥革命》,中华书局 1964 年版,第 87—88 页。

② 参见朱英:《晚清经济政策与改革措施》第十三章"清末新政与清朝统治的灭亡"。

手段动员群众参与,以形成最大限度地壮大自己孤立敌人的局势,最终推翻现政权建立自己的新政权。而自上而下的改革既要顺应体制内的革新派的改革要求,又要兼顾保守势力的既得利益,还要抚慰正在经历转型阵痛的苦难民众,争取正在观望摇摆的中间势力,努力消解体制外的敌对力量。革命可以不择手段,改革必须讲究技巧,亦即政治智慧或执政能力。"再没有比着手率先采取新的制度更困难的了,再没有比此事的成败更加不确定,执行起来更加危险的了。这是因为革新者使所有在旧制度之下顺利的人们都成为敌人了,而使那些在新制度之下可能顺利的人们却成为半心半意的拥护者。这种半心半意之所以产生,一部分是这些人由于对他们的对手怀有恐惧心理,因为他们的对手拥有有利于自身的法律,另一部分则是由于人类不轻易信任的心理——对于新的事物在没有取得牢靠的经验以前,他们是不会确实相信的。"①清末的新政是一场多方位的由传统向现代转型的现代化运动,其政治体制"应当能够成功地同化现代化所造就的获得了新的社会意识的各种社会势力。当这些新生的社会集团要求参与政治体制之时,政治体制或是以各种与现存制度继续存在相和谐的方式提供参与手段,或是将这些集团排斥在政治体制之外,从而导致公开或隐蔽的内乱和叛离。"②现代化改革需要动员新社会势力参与政治,必须具备将现代化造就的社会势力吸收是现存体制中来的能力。

现代化改革需要适当的政治动员与参与,否则许多改革措施不可能得到有效呼应与落实。但是过度的政治参与往往又会给政府造成某些难以解决的问题,特别是一个政治制度化不完善、不正常的政府,不能通过有效的多种渠道将政治参与适时适度地调整到既有利于改革,又对政府不形成过大压力的最佳状态,而只能采取简单粗暴的方式对政治参与进行蛮横压制,结果严重挫伤了参与者的政治热情,加剧认同危机,最终使原本赞同改革的社会力量转变成为威胁政

① 尼科洛·马基雅维里:《君主论》,商务印书馆1985年版,第26—27页。
② 塞缪尔·P.亨廷顿:《变化社会中的政治秩序》,三联书店1989年版,第127页。

府统治地位的危险因素。一旦革命风暴来临,他们就会加入革命阵营,使政府陷入极端孤立而不得不分崩离析。清末的历史正是如此。在新政运动中,已经被政治动员起来的资产阶级及其知识分子在内外革命的刺激之下向清政府步步紧逼,而清政府却严重缺乏领导改革的政治智慧与执政技巧,举止乖谬,民意尽失。"新政时期的清政府已经容许甚至鼓励新的利益集团的发展,它已经在形成新的社会风气和创立新制度方面作出了贡献,它已经放宽了参与公共事务的途径,并把公共事务交给公众讨论。至少在 1908 年以前,它还能够控制新思潮,并防止它们对原有的权力中心构成任何严重的威胁,大部分的商会、自治会和其他新的组织的成员依然是忠实的臣民,但是到了 1908 年以后,这些人的政治期望惊人地增加了。十二年以前,大部分文人感到康有为过于激烈,不得不支持慈禧太后去反对康有为,但当这个清政府自己来了一个一百八十度的大转弯,并超过了当年康有为曾经打算做的一切时,新绅士们却立刻断言朝廷走得还不够远,不够快。在 1910 年到 1911 年,他们坚持新的要求,当不能得到满足时,这些要求就引起了普遍的不满和更为广泛的反清大联合。"①

反观革命派,虽然革命派的纲领是民族、民权、民生三民主义,但对当时绝大多数的革命者来说,他们其实只接受了"民族"一民主义,即使民族主义也不是反对外国列强、争取国家独立,而是将矛头对准大清帝国的创建者、统治者满洲贵族,即"驱逐鞑虏,恢复中华",将三民主义简化为"反满主义"。这充分体现了革命派的革命智慧与斗争技巧,利用并放大了几百年来的满汉矛盾。平心而论,从满洲贵族入关到基本统一全国,清王朝也在不断调整统治政策,杀戮与笼络兼施,监视与利用并行,以争取汉族地主阶级及其知识分子的支持,消除其统治的合法性危机,虽然满汉有别,但也宣称"满汉一家",尽量弥缝满汉矛盾。应该说,清廷的政策是相当成功的,这也是元朝只有不到百年的统治而清朝却能统治长达二百多年的重要原因。长期以来,"反清复明"活动只能转入地下的秘密结社,直至太平天国才重新

① 费正清主编:《剑桥中国晚清史》下卷,中国社会科学出版社 1985 年版,第 567 页。

公开揭开了满汉矛盾的伤疤,并公然号召"除妖";而革命派则在满汉
矛盾之中又融入了现代资产阶级的新知识体系,将满汉矛盾上升到
一个新的层面,"扬州十日"、"嘉定三屠"等满人屠杀、欺压汉人的历史
与现实被革命派广为传播,唤醒了人们潜藏在心底的痛苦回忆与夷
夏思维。

　　在此方面,即使是最具现代资产阶级民主思想的辛亥革命的领
袖孙中山也有深重的满汉观念,有一件事足以证明。1912 年 2 月 12
日清帝被迫退位后,南京临时政府的大总统孙中山即于次日向参议
院提交《辞临时大总统文》和《推荐袁世凯文》,又在 15 日举行民国统
一大典,孙中山亲自率领国务卿士、文武将吏拜谒明孝陵,并发布了
《祭明太祖文》和《谒明太祖陵文》。孙中山在祭文中写道:满清在明末
乘间入据中夏,我邦人诸父兄弟,迭起迭踣,至今已二百六十八年,
"我高皇帝时怨时恫,亦二百六十有八年也"。而辛亥革命"以全国军
人之同心,士大夫之正议,卒使清室幡然悔悟,于本月十二日宣告退
位,从此中华民国完全统一,邦人诸友,享自由之幸福,永永无已,实
维我高皇帝光复大义,有以牖启后人,成兹鸿业。文与全国同胞,至
于今日,始敢告无罪于我高皇,敬于文奉身引退之前,代表国民,贡其
欢欣鼓舞之公意,惟我高皇帝实鉴临之。"①在《谒明太祖陵文》中孙中
山也表达了类似的理念:"武汉首义,天人合同,四方向风,海隅景从,
遂定长江,淹有河滩。北方既协,携手归来,虏廷震惧,莫知所为,奉兹
大柄,还我国人,五大民族,一体无猜。呜乎休哉!非我太祖在天之
灵,何以及此?"②这里孙中山完全是以明太祖赶走元朝异族统治事业
的继承者自居,现在满洲统治结束,华夏光复,可以告慰明太祖的在
天之灵了。实际上,孙中山也好,其他革命派也好,有此满汉之别的
理念是无可非议的,而他们巧妙地充分利用满汉矛盾为其革命服务,
正好说明了以孙中山为首的革命派的四两拨千斤式的革命智慧。

　　相形之下,满洲贵族就要幼稚愚蠢得多。他们明知满汉矛盾被

① 《孙中山全集》第二卷,中华书局 1982 年版,第 95 页。
② 《孙中山全集》第二卷,中华书局 1982 年版,第 96 页。

海内外的革命派所夸大利用,也在一定限度内消弭满汉之别,如准满汉通婚等,但在革命派武装起义的枪声中、在立宪派的请愿浪潮中,他们已经失去了驾驭大清帝国的自信心。作为失去统治权的恐惧的回应,他们不是逐步有序地放权于民,而是成立权力更加集中于满洲贵族手中的"皇族内阁"。于是,连忠心耿耿的立宪派也绝望了,梁启超的言论可谓切中肯綮:"诚能并力以推翻此恶政府而改造一良政府,则一切迎刃而解,有不劳吾民之枝枝节节以用其力者矣。"①武昌起义之后,不仅立宪派、甚至一些清廷地方官员也迅速倒向了革命一边。"皇族内阁"的成立成为压垮大清帝国这头虚弱骆驼的最后一根稻草。

从清末新政的过程来看,不是清政府不改革,也不是改革的步伐太缓,反而是在很多问题上改得太多、走得太快。改革千头万绪,而政府手忙脚乱,捋不清轻重缓急,摸不准主次难易,结果左右遇困,上下难调。如印花税对厘金的转换变成了对鸦片税费的抵补典型表现了清政府的无能与失措,与其说是辛亥革命推翻了清政府,不如说是清政府选择了自己的归宿。

———————
① 梁启超:《中国前途之希望与国民责任》,《国风报》第 2 年第 5 号。

第五章
从厘金看中外资本原始积累的异同

现代资本主义生产方式确立的前提是通过建立在非理性的基础之上的资本原始积累过程的完成而实现。资本原始积累的过程,一方面把社会生活资料和生产资料转化为资本的同时,又将直接生产者转化为雇佣劳动者,这是资本原始积累的对内路径;另一方面,资本原始积累过程中的不可缺少的对外路径,则是国外资本的大量输入,输入的方式各国的差异又极大。

拓展历史考察的视角,将内源型现代化成功典型的英国和外源型现代化成功代表的日本与中国作一比较,具体分析其资本原始积累过程,当可更清楚地看出厘金扮演的中国资本原始积累的角色以及中国资本原始积累在晚清未能完成的原因。

一、中英比较

英国是现代产业革命的发源地,是内源型现代化成功的典型。选择它作为与中国比较的对象之一,可以反衬出中国失败的教训。

英国的资本原始积累在对内上主要是通过"圈地运动"完成的。

"圈地运动"前,14、15世纪英国的绝大多数人口是自由的自耕农。这些自耕农除了拥有属于自己的耕地和房屋之外,还可以利用公有地,在公有地上放牧自己的牲畜以及取得木材和泥炭等燃料。

但到 15 世纪末、16 世纪初演出了为英国资本主义生产方式奠定基础的变革的序幕，即因为羊毛价格的上涨而直接导致的"圈地运动"。

由于地理大发现，世界市场突然扩大，英国的毛纺织业得到了蓬勃发展，从而引起了羊毛价格的上涨，使养羊业成了有利可图的事业。另外，美洲廉价金银大量流入欧洲引起了"价格革命"，货币贬值，物价暴涨。15 世纪末到 16 世纪一百多年中，葡萄牙从非洲运走黄金 27.6 万公斤；而 1521—1544 年间，西班牙从美洲每年运回黄金 2900 公斤，白银 30700 公斤；1545—1560 年，运出的黄金和白银更达到平均每年 5500 公斤和 24.6 万公斤。大量流入的黄金和白银刺激了西欧的"价格革命"，商业突然变成最有利可图的活动。生产的目的是为了销售，销售的目的是为了得到更多的金银。这些促使了重商主义思潮在西欧的形成和流行。从 1510 年到 1580 年粮食价格上涨了 3 倍，纺织品价格上涨了 1.5 倍。这就使那些靠固定的货币收入为生的人，经济状况急剧恶化，特别是依靠传统的固定数额收取货币地租的贵族和领主的实际收入减少，而那些采取资本主义方式进行经营的人的收入却日益增加。领主们为增加收入，不得不改变经营方式以适应新的经济变动，他们将土地圈围起来，掀起大规模的"圈地运动"，把耕地变成牧场，或者自己用新的方式经营，或者以高价出租给租地农业家经营，收取资本主义性质的地租。

圈地萌芽于 12 世纪。一是指圈围公用地，即永久性的公共牧场和荒地；二是指圈围农民的耕地，改为牧场，拆毁农舍，赶走农民。在某一时间和地点，也有将耕地圈围之后继续耕种而不改为牧场，还有的则采取草田轮作制。1548 年王室圈地调查委员会最重要的成员约翰·黑尔斯（Hales）在对陪审员的指示中，对"圈地"一词解释如下："圈地这个词的意思乃是，有人把他人的公用地夺去并圈围起来，或把农舍拆毁，还将土地从耕地改为牧场。"[①]把耕地变为牧羊场成为新的封建贵族的口号。

---

① 蒋孟引主编：《英国史》，中国社会科学出版社 1988 年版，第 278 页。

英国的圈地程度和规模从 15 世纪末开始大规模展开,到 17 世纪末则加速进行。从威廉三世逝世(1702 年)时起至乔治四世即位(1820 年)时止的这段 120 年的时期内,"'规定位于……教区中的敞田和公田、草地和牧场以及公有和荒芜土地的分割、分配和围圈的条例',其中省略号便是某某地方的名称。一开始就写有这种句子的议会法令,数以千百计。"这种法令的数字越到后来越多,1800 年至 1810 年的十年中,"议会通过那些旨在'分割、分配和围圈'的法令,不少于九百零六个。"[①]1760—1815 年间,议会通过大量圈地法案,尤其集中于 18 世纪 60、70 年代和 1793—1815 年的拿破仑战争年代,两者共 3000 余件,占 1750—1850 年 4000 余件的 3/4。[②] 马克思说:"从亨利七世以来,资本主义生产在世界任何地方都不曾这样无情地处置过传统的农业关系,都没有创造出如此适合自己的条件,并使这些条件如此服从自己支配。在这一方面,英国是世界上最革命的国家。从历史上遗留下来的一切关系,不仅村落的位置,而且村落本身,不仅农业人口的住所,而且农业人口本身,不仅原来的经济中心,而且这种经济本身,凡是同农业的资本主义生产条件相矛盾或不相适应的,都被毫不怜惜地一扫而光"[③]。

圈地促使了英国原来的封建农业向资本主义农业的转变,在英国农村出现了许多资本主义农场,这使农业的直接生产者农民与生产资料土地相脱离,自耕农因圈地运动的发展而被逐渐消灭。

"圈地使畜群肥,使穷人瘦。"一位名叫拉蒂默的传教师大声疾呼:"在许多农民前不久所居住的地方,现在只有一个牧人和他的犬了。"[④]大法官托马斯·莫尔在写其《乌托邦》的奇妙计划时,就看到

---

① 保尔·芒图:《十八世纪产业革命——英国近代大工业初期的概况》,商务印书馆 1983 年版,第 111 页。

② 见辜燮高等选译:《一六八九——一八一五年的英国》(下册),商务印书馆 1997 年版,第 51—53 页。

③ 《马克思恩格斯全集》第 26 卷第 2 册,人民出版社 1973 年版,第 263 页。

④ 保尔·芒图:《十八世纪产业革命——英国近代大工业初期的概况》,商务印书馆 1983 年版,第 122、121 页。

"羊吃人"现象对农民的掠夺和农民的贫穷。[①] 1795 年,一位名戴维斯的牧师谈道:因为圈地,"一批数目可惊的农民已从部分独立的舒适状况落到佣工的不安定境地。……在经常存在充裕的劳动力的情况下,当需要时,却正使得劳动价格降到应有的水平以下。"[②]

大批丧失土地的农民成了被迫出卖劳动力的雇佣劳动者,为资本主义的发展提供了必要的劳动力市场。"新被解放的人只有在他们被剥夺了一切生产资料和旧封建制度给予他们的一切生存保障之后,才能成为他们自身的出卖者。而对他们的这种剥夺的历史是用血与火的文字载入人类编年史的。"[③]

在英国革命前的土地占有关系变化过程中,亨利八世的宗教改革的意义也非同小可。当时天主教会是英国相当大一部分土地的封建所有者。1543 年,亨利八世宣布与教皇决裂,国会通过"至尊法案",宣布国王是教会的最高首脑,并拥有任命各种教职和决定教义的权力,从而完全摆脱了罗马教廷的控制。所有的修道院都被解散了,其土地和一切财产收归国有。亨利八世在位时,"共有 645 处寺院,90 个神学院和 110 个教会医院的领土被没收了"[④]。对修道院等的压迫,一方面把住在里面的人抛进了无产阶级行列,另一方面很大一部分教会地产送给了贪得无厌的国王宠臣,或者非常便宜地出卖,落入大商人、银行家以及企业家之手,王室大发横财,新的土地所有者则驱逐原来土地上的农民,按资本主义方式经营这些土地,这对英国农业的资本主义化的发展也产生了深远的影响。

---

① 莫尔借航海家拉斐尔之口说:英国的羊"一向是那么驯服,那么容易喂饱,据说现在变得很贪婪、很凶蛮,以至于吃人,并把你们的田地,家园和城市蹂躏成废墟。"贵族豪绅和主教"使所有的地耕种不成,把每寸土都围起来做牧场,房屋和城镇给毁掉了,只留下教堂当做羊栏。""佃农从地上被撵走,为的是一种确是为害本国的贪食无厌者,可以用一条栏栅把成千上万亩地圈上。有些佃农则是在欺诈和暴力手段之下被剥夺了自己的所有,或者受尽冤屈损害而不得不卖掉本人的一切。这些不幸的人在各种逼迫之下非离开家园不可……离开他们所熟悉的唯一家乡,却找不到安身的去处。"见托马斯·莫尔:《乌托邦》,商务印书馆 1982 年版,第 21—22 页。

② 辜燮高等选译:《一六八九——一八一五年的英国》(下册),商务印书馆 1997 年版,第 59 页。

③ 《马克思恩格斯选集》第 2 卷,人民出版社 1995 年版,第 261 页。

④ 波梁斯基:《外国经济史》(资本主义时代),三联书店 1962 年版,第 28 页。

在 17 世纪最后几十年,自耕农还比租地农民阶级人数多,他们曾经是克伦威尔的主要力量。但到 18 世纪中期,自耕农被消灭了,而在 18 世纪最后的几十年,农民公有地的最后痕迹也消失了。

总之在英国,"掠夺教会地产,欺骗性地出让国有土地,盗窃公有地,用剥夺方法,用残暴的恐怖手段把封建财产和克兰财产变为现代私有财产——这就是原始积累的各种田园诗式的方法。这些方法为资本主义农业夺得了地盘,使土地与资本合并,为城市工业造成了不受法律保护的无产阶级的必要供给。"①

对外的殖民掠夺是英国资本原始积累的完成、产业革命的发生的绝对不可缺少的因素,故有必要给予较详细的考察。

爱尔兰是英国的第一个殖民地,自 12 世纪英国就开始了对爱尔兰的侵略,至 16 世纪完全征服。英国殖民者在爱尔兰侵占土地,建立大规模农场和牧场,役使爱尔兰廉价的劳动力,每年获得巨额利润。

由于西欧工商业在 15 世纪的发展,扩大了对贵金属流通手段和香料等奢侈品的需求。当时欧洲的黄金因抵补贸易逆差而流向东方,东方香料又因阿拉伯人垄断了商路而价格昂贵。马可·波罗的游记当时广为流传,人们对游记中的盛赞中国财富无穷、日本以黄金铺地的文学描述神往不已,产生了一种强烈的绕过阿拉伯人的禁区进入东方以获取黄金、香料等财富的愿望。

为此,葡萄牙人在西非沿海经过八十多年的冒死探险,终于在 1487 年绕过好望角,进入印度洋。西班牙人则避开葡萄牙人的禁区,向西探索,于 1492 年到了美洲。"葡萄牙人在非洲海岸、印度和整个远东寻找的是黄金;黄金一词是驱使西班牙人远渡大西洋到美洲去的咒语;黄金是白人刚踏上一个新发现的海岸时所要的第一件东西。"②黄金是探险家们"置生死于度外"的最强大的内驱力。如 1503 年,哥伦布流落在牙买加濒于饿死时在写给西班牙国王费迪南和王后伊萨拜拉的信上说:"黄金真是一个奇妙的东西,谁有了它,谁就能

① 《资本论》第 1 卷,人民出版社 1975 年版,第 801 页。
② 《马克思恩格斯全集》第 21 卷,人民出版社 1965 年版,第 450 页。

要什么有什么。黄金甚至可以使灵魂升入天堂。"①正是这种黄金拜物教的精神才促使了世界历史具有质变意义的地理大发现。"鄙俗的贪欲是文明时代从它存在的第一日起直至今日的起推动作用的灵魂;财富,财富,第三还是财富,——不是社会的财富,而是这个微不足道的单个的个人的财富,这就是文明时代唯一的、具有决定意义的目的。"②

地理大发现的同时,全世界的财富也大规模地、持续地流向欧洲。"16世纪从美洲西印度群岛输入欧洲的金银绝对数字是16632648.20公斤白银和181234.95公斤黄金,此中尚未计入走私贩运的部分。"③殖民地被看做是主要的原料来源地、过剩人口的迁徙地和增加国库金银的重要来源,"王冠上的宝石就是来自西印度群岛,吃的糖也是来自那里的种植园;1739年爆发的英国与西班牙的战争,就像以前几次战争一样,是为了打进西班牙控制的南美富庶领地,掠夺那里的黄金、白银和热带作物。"④

英国对外的殖民掠夺主要通过两条途径实现,一是海盗式的直接抢劫,一是在武力征服之下的商业贸易形式"赚"钱。

在早期的对外贸易活动中,商人和海盗合二为一。如荷兰经营殖民地的历史"展示出一幅背信弃义、贿赂、残杀和卑鄙行为的绝妙图画","他们走到哪里,那里就变得一片荒芜,人烟稀少。爪哇的班纽万吉省在1750年有8万多居民,而到1811年只有8000人了。这就是温和的商业!"⑤荷兰是这样,葡萄牙、西班牙、英国、法国等早期殖民者概莫能外,而其中英国海盗最为猖獗,因为他们得到英国政府的支持,故拿破仑称英国为"海盗岛国"。1572年,英国著名海盗德雷克率领了两支舰队驶入加勒比海,袭击了巴拿马海峡附近的港口城市。登陆前他对部下赤裸裸地说:"我把你们带到世界的宝库,如果你们

---

① 参看《马克思恩格斯全集》第13卷,人民出版社1962年版,第148页。
② 《马克思恩格斯选集》第4卷,人民出版社1995年版,第173页。
③ 汤普逊:《中世纪晚期欧洲经济社会史》,商务印书馆1992年版,第694页。
④ 肯尼迪·O.摩根主编:《牛津英国通史》,商务印书馆1993年版,第309页。
⑤ 马克思:《资本论》第1卷,人民出版社1975年版,第820页。

空手而归,那不能怪别人,只能怪你们自己。"①英王还是海盗集团的
股东。海盗每次抢劫回国,国王亲自接见他们,接受他们的"献礼",并
赐给他们爵士等贵族称号,晋封他们为殖民地总督。

由于起步较晚,英国在早期海盗殖民活动过程中并非一帆风顺,
而是有一个争霸的过程。当英国开始走向殖民掠夺时,老牌的殖民
国家西班牙和葡萄牙已垄断了世界上大部分殖民地。但英国后来居
上。1588 年,英国海军依靠其灵巧快速的战舰和远程大炮打败了西
班牙"无敌舰队"。以此为转挟,英国开始成为海上强国。随后又通过
一系列战争,先后打败了荷兰和法国,到 18 世纪最后三十年,英国终
于成为世界上最强大的商业帝国和殖民帝国。

在长期的商业争霸过程中,尽管英国付出了许多,但获得的利益
更多。它既向战败国勒索了巨额的赔款,又吞并了战败国的殖民地,
还强迫战败国放弃对其殖民地的贸易垄断权,这些都成为英国资本
原始积累的重要来源。

17 世纪英国加入了欧洲列强入侵印度的行列,经过七年战争
(1756—1763 年)打败法国,英国确立了对印度的支配权,对印度大肆
掠夺和奴役。东印度公司除了拥有在印度的政治统治权外,还拥有
茶叶贸易、同中国的贸易和对欧洲往来的货运的垄断权,正是这种垄
断成为殖民者获取财富的取之不尽的矿藏,巨额财产像雨后春笋般
地增长起来,原始积累在不预付一个先令的情况下进行。马克思在
《资本论》中举过一个实例:有一个名叫沙利文的人,当他因公出差到
印度一个离鸦片产地很远的地区时,接受了一项鸦片契约。沙利文
以 4 万镑把契约卖给一个名叫宾恩的人,宾恩又在当天以 6 万镑转卖
给别人,而这张契约的最后购买者和履行者声称,他从中还赚了一大
笔钱。根据一个呈报议会的报表,从 1757 年至 1766 年东印度公司和
其职员让印度赠送了 600 万镑。在 1769 年至 1770 年间,英国人用囤
积大米、不出骇人听闻的高价就拒不出售的办法制造了一次饥荒。
1866 年仅奥里萨一个邦就饿死了 100 多万印度人。东印度公司用提

---

① 陈紫华:《一个岛国的崛起》,西南师范大学出版社 1992 年版,第 56 页。

高农业税率的办法来掠夺当地的居民,如孟加拉邦最后一个印度统治者当政末年(1764—1765)田赋实得为 817000 英镑,"东印度公司当政的第一年,即 1765—1766 年,孟加拉省的田赋实得为 1470000 英镑,而到 1775—1776 年为 2818000 英镑。于 1793 年康礼勋爵规定永久佃租制时,田赋定为 3400000 英镑。"①通过垄断、掠夺和欺骗性的贸易,印度的社会经济遭到严重破坏,而英国殖民者却巧取豪夺了巨额财富和利润。

垄断公司是资本积聚的强有力的手段,殖民地为迅速产生的工场手工业保证了销售市场,保证了通过对市场的垄断而加速的积累。"在欧洲以外直接靠掠夺、奴役和杀人越货而夺得的财富,源源流入宗主国,在这里转化为资本。"②据估计,从 1757 年侵占孟加拉以后,到 1815 年止,英国从印度掠夺了将近 10 亿英镑的财富。

17 至 18 世纪,英国资产阶级开展的奴隶贸易和在北美建立的种植园奴隶制,也成为英国资本原始积累的重要源泉之一,为英国产业革命准备了充足的货币资本。

美洲印第安人由于遭到西欧殖民者的惨无人道的折磨和屠杀而大批死亡。另外,当时的欧洲舆论将非洲黑人看成是比欧洲人、阿拉伯人、印度人或印第安人都要下贱的人种,有些人极力主张用非洲黑奴去代替印第安人从事劳动。欧洲殖民者在美洲建立起了大规模的甘蔗、棉花、烟草、蓝靛等种植园,需要大批劳动力,因此自葡萄牙从 15 世纪开始从事奴隶贸易起,西班牙、荷兰、丹麦、法国、英国等都参与了这项罪恶的交易。非洲的奴隶贸易大约延续了 400 年的时间。据估计,从 17 世纪至 19 世纪中期,运往美洲的黑奴约为 2000 万人,而每到 1 名黑人,就要牺牲 3 至 4 名黑人的生命,非洲因此而丧失了 6000 万人口,加上运往世界其他地方的黑人,总数约在 1 亿以上。③

英国在黑奴贸易方面也丝毫不逊色于其他殖民国家。奴隶贸易

① 杜德:《今日印度》上册,世界知识出版社 1954 年版,第 106 页。

② 马克思:《资本论》第 1 卷,人民出版社 1975 年版,第 822 页。

③ 参见彭家礼:《十九世纪西方侵略者对中国劳工的掳掠》,载《中国社会科学院经济研究所集刊》第一辑,中国社会科学出版社 1979 年版,第 234 页。

同样获得了伊丽莎白女王和政府的支持,如伊丽莎白就封第一个黑奴贩子霍金斯为爵士。西班牙王位继承战争结束后,1713 年在荷兰的乌得勒支和谈时,英国从西班牙人手中夺得了经营非洲和西属美洲之间贩卖黑人的特权,而在此前,英国只经营非洲与英属西印度之间的这种买卖。奴隶贩子们从本国用船装上廉价的纺织品、玻璃器皿及其他工业制品运去非洲,用欺骗和暴力的手段掠夺奴隶,然后运往西印度群岛和北美,卖给英、法和西班牙的种植园主,再从那里运回英国工业所需要的棉花、烟草和糖,这就是臭名昭著的"三角贸易"。18 世纪末叶,每年从非洲运出的黑奴达 10 万人之多,而其中约有 1/3 都是属于英国奴隶贩子所为。奴隶贸易的利润率高达 100%—300%。利物浦就是靠奴隶贸易发展起来的,并成为奴隶贸易的中心。奴隶贸易使商业冒险精神达到了狂热的地步,产生了出色的海员,带来了巨额的利润。"在八十年代,利物浦奴隶贩子每年纯利润达 30 万英镑。"[①]利物浦用于奴隶贸易的船只 1730 年为 15 艘,1751 年为 53 艘,1760 年为 74 艘,1770 年为 96 艘,1792 年增至 132 艘。

因为大量贵金属流入欧洲,使欧洲市场发生"价格革命"。"价格革命"又加速了欧洲的阶级分化。封建地主阶级和人民群众急剧贫困化,资产阶级则大发其财。而殖民地的征服,则扩大了宗主国的销售市场。"美洲的发现是在此以前就已经驱使葡萄牙人到非洲去的那种黄金梦所促成的,因为 14 世纪和 15 世纪的蓬勃发展的欧洲工业以及与之相适应的贸易,都要求有更多的交换手段,而这是德国——1450—1550 年的白银大国——所提供不出来的。葡萄牙人、荷兰人和英国人在 1500—1800 年间侵占印度,目的是要从印度输入,谁也没有想到要向那里输出。但是这些纯粹由贸易利益促成的发现和侵略,终归还是对工业起了很大的反作用:只是由于有向这些国家输出的需要,才创立和发展了大工业。"[②]英国的海外贸易是为了建立一个

---

① 波梁斯基:《外国经济史》(资本主义时代),三联书店 1962 年版,第 240 页。
② 《马克思恩格斯全集》第 37 卷,人民出版社 1971 年版,第 485 页。

崭新的帝国。"英国越来越多的商品输出不再局限在欧洲市场,而发展到了其他地区,尤其是北美。主要的传统输出商品纺织品因为市场的扩大而受益,但是发展更快的是新的制造业,尤其是与金属工业相关的产业,如家用产品、工具、武器和各种器具的生产等。"[1]这些导致了资本主义新时代的到来。

虽然英国最早进行工业化的纺织业并不需要太多的资本投入,纺织业的机器并不昂贵,工厂的规模也不大,但投资于工业企业仍具有较大的挑战性,需要承担一定的风险。前工业化时期的家庭工业的传统纺织设备的资本,仅相当于建立一座早期工厂所需资本的极小一部分。18世纪80年代,英国纺织厂的平均价值为3000—4000英镑,是家庭工业所需25英镑的手摇纺织机的120—160倍。1788年建立的第一家以蒸汽为动力的工厂价值13000英镑,其中仅蒸汽机就价值1500英镑。在冶金业和采矿业中,各种所需设备的投资更大。[2]

另外,产业革命前后的资本构成也有极大的差别。在家庭工业时期,资本构成中生产工具和厂房等固定资本的比例很小,流动资本所占比例很大。尽管英国工业化初期所需资本并不多,但与前工业相比,机器生产需要大量的机器设备和厂房,设备折旧费、管理费及维修费的开支也很大,固定资本所占比例逐渐增加。所有这些都需要有大量的资本投入。

殖民掠夺而来的巨额财富(这其中当然也有相当部分耗于争霸战争)使英国到工业革命发生时,已有了充足的资本用于非农业投资。18世纪的英国对农业圈地、公路、桥梁、运河、公私建筑、磨坊和纺纱机的投资数量增加了。大土地所有者和农场主把剩余资金直接用于开发矿藏,修筑公路,开办工厂,或把余资存入银行,间接投资于工矿业。在对外掠夺和"贸易"中大发横财的海盗及商人是工业的重要投资者和贷款人。英国海港城市伦敦、利物浦、格拉斯哥的商人和船主都大量投资于采矿、冶金和制造业,许多手工业者从商人处贷款

---

① 肯尼迪·O.摩根主编:《牛津英国通史》,商务印书馆1993年版,第309页。

② Peter N. Stearns, *The Industrial Revolution in World History*, Boulder, colo, West View Press, 1993, p. 26. 转见陈晓律:《世界各国工业化模式》,南京出版社1998年版,第51页。

第五章 从厘金看中外资本原始积累的异同

179

开办工厂。羊毛加工、炼铁、造船、采矿等传统工矿业得到了发展,新兴工业如棉纺织、丝织、玻璃、肥皂等也相继创办。其中采煤发展最快,革命前的一百年中,煤产量从年产 20 万吨增加到 150 万吨。1640年,英国的煤产量比其余欧洲各地所有的煤产量加起来还多 3 倍。采煤工业的发展,既为一些老的工业部门如炼铁、炼钢等采用新技术创造了条件,也为一些新的工业部门如造纸、制糖等的迅速兴起开辟了道路。大规模的工业发展需要大量投资。如当时要发掘一个煤层,至少需要上千镑资金,这是一个普通工人 100 年才能挣到的钱。同时,大规模的工业也需要大量劳动力,当时一个冶炼场雇佣的工人达4000 人。所以在这些大规模的手工业部门中,独立手工工匠无从问津,而只能由手握巨额资本的大资产阶级和新贵族去投资经营。1750年英国国债为 7800 万英镑,而到 1820 年则增加到 84000 万英镑,70年的时间内增长了 10 多倍。债权人大多是地主、农业资本家、富商等。这表明当时国内有大量资本正寻求投资机会。

被剥夺了生产资料的农民的大量存在与巨额的原始资本积累的有机结合终于在 18 世纪中叶触发了英国的产业革命的机关。英国的经济发展、社会变化在量的积累上终于达到了向质的飞跃的临界点。资本原始积累的完成导致了世界上第一个现代化国家从这里诞生。

对比中国和英国,当英国等西欧殖民国家疯狂对外扩张时,中国却拼命向内收敛,国家财政缺乏张力,无力亦无心拓展新的空间,财政主要用于固有的开支,遇有较大的内外战争尚不敷支用。

相对于中国的"单轨社会"来说,英国则是一个"双轨社会"。晚期圈地以及地主对圈围土地的改革,使土地所有者的利益同企业化的商品生产联系在一起,因而"富裕的贵族,乡绅上层商人之间的界限已经变得模糊不清,它们之间的等级秩序也动摇了。在很多情况下,我们很难判断一个人究竟属于这个集团,还是属于另一个集团。这一点构成了英国社会结构的一个最重要的事实"[①]。社会地位大致由财产资格决定,而不论你是贵族、官员、乡绅、地主,还是商人。土地贵

---

① 摩尔:《民主和专制的社会起源》,华夏出版社 1987 年版,第 26 页。

族并未全部成为商品化的障碍,到 17 世纪末,英国已不存在土地贵族同工商业的对立,相反,"公正地说,上层土地所有者中最有影响的那部分人起着资本主义商品化和工业化的政治先驱的作用"①。

在财产继承方面,中国盛行众子均分制,这也是造成资产耗散的重要原因之一。而英国则主要是长子继承制,这样即使财产不增值也不会因为分割而递减;长子继承制对产业革命的另一个积极因素是长子之外的富家子弟因无财产而加入到工商业雇佣劳动者后备军之列。

人口因素也对中英两国产生了决然不同的后果。中国 18 世纪初人口已突破 1 亿,随后加速增长。超过 2 亿、3 亿、4 亿的年份分别是 1762 年、1790 年和 1834 年,每 30—40 年左右就增加 1 亿,对于一个有着几千年历史的传统农业社会来说,其人口的巨大压力可想而知,中国的过剩人口,"早已使它的社会条件成为这个民族的大多数人的沉重枷锁"②。但在英国则呈现出另一道耐人寻味的风景线。"由于有晚婚的习俗,英国人口增长率一直较低",在所有的社会集团里,男女双方往往把结婚年龄推迟到 25 岁左右,17 世纪甚至更大,简陋的避孕方法和节育的现象以及贵族家庭的独身现象也较普遍。"17 世纪后半期,南威尔士每 3 个主要贵族家族的家长中就有一个未结过婚,而在一百年以前,这个比例几乎等于零。而平均每对夫妇生育的孩子,从 5 个降到 2.5 个(在婴儿死亡率较高的情况下,这些家庭中有很多实际上不复存在)。"③这使英国没有类似中国的人口陷阱。中国"人口的压力也已危及整个经济现代化的工作。在别处,工业化通常引起人口的急剧增加。但中国的人口在工业化以前就大大膨胀了。这就在人们面前提出了空前严重的人口问题。"④

如果对英国的现代化启动时的资本原始积累历程缺乏较详细的了解和展示,则无从作中英之比较,这正是本节对英国状况花费较多

---

① 摩尔:《民主和专制的社会起源》,华夏出版社 1987 年版,第 21 页。
② 《马克思恩格斯全集》第 7 卷,人民出版社 1959 年版,第 264 页。
③ 摩根主编:《牛津英国通史》,商务印书馆 1993 年版,第 308—309 页。
④ 费正清:《美国与中国》,世界知识出版社 1999 年版,第 161 页。

第五章 从厘金看中外资本原始积累的异同

笔墨的主旨所在。为避免重复,本章第四节将进一步具体比较、检讨晚清的失误。下节"中日比较"与此同理。

可见,在资本原始积累过程中,无论是对内的路径,还是对外的路径,中英两国差若霄壤,而其现代化的结果亦别如天渊。

二、中日比较

日本是外源型现代化成功的代表,也是近现代史上跻身国际强国的唯一的亚洲国家。选择它与中国相比,更可衬托出中国的失误之处。

中日两国走上现代化道路的起点相似,但结果完全相反。学术界关于中日现代化的比较研究很多,而从资本原始积累的角度进行比较仍然有作深入探讨的必要。

一般以为,日本是在明治维新后才开始移植西方现代机器工业的。但实际上,明治维新前的幕府时期即已开始举办近代工业。幕营和藩营军事工业的举办,主要是由于 19 世纪初叶以来西方资本主义势力频频叩关,边防告急所致。1825 年幕府颁布"异国船只击退令",对出现在日本近海的欧美船只严加防范。同时,努力学习和采用"兰学"。这也是一种相对意义的开放。幕府和各藩在 19 世纪 30—40 年代的"天保改革"(1830—1841 年天保年间幕府及各藩实行的改革)期间,以采用西洋炮术为主实行军事改革。自 19 世纪 50 年代初起,从增强国防出发,引进西方资本主义国家的先进生产设备和技术,聘用外国技术人员和熟练工人,创办铸炮和洋枪军事工业。五十年代开港后,幕藩办的军事工业又有进一步的发展,直到 1868 年幕府垮台和明治维新政权建立为止。1853—1867 年幕府陆续兴建的工业项目有江户汤岛铸炮厂、浦贺造船所、石川岛造船所、长崎制铁所、关口大炮制作所、横滨制铁所、横须贺制铁所等等。此外,为了军事工业生产等的需要,幕府还开办了一些矿业。这些幕营工业都是拥有近代技术设备的与军事有关的重工业。在藩营工业中,除军火造船等重工业外，还举办纺织及其他轻工业企业，以便"富国强兵"、"殖产兴业"，壮大各藩的财政经济实力。幕藩营工业在"富国强兵"、"殖产兴业"的目标下，初步移植西方资本主义先进生产技术，不仅为明治维新后大规模地移植近代资本主义产业起到了开路先锋的作用，而且为此后创办近代资本主义工业打下了一定的基础。

　　明治维新政府为了"富国强兵"、"殖产兴业"需要大量的财政投入，而明治政府财政困难。为筹措资本，对农民的剥夺是当时的主要财源。向农民征收的土地税是明治政府进行资本原始积累、筹集殖产兴业资本的最主要手段。与中国的情景类似，这与明治初年日本的社会经济结构有关，当时农民占全国总人口的80％以上，因此地税几乎是唯一的大宗收入来源。但若不对地税进行改革，大力扩张地税额度，也不可能筹措到巨额资本。为此，明治政府进行了地税改革。1873年公布《修正土地税条例》，1875年正式实施，1881年基本完成地税改革。改革后课税的标准是地价而不是过去的土地的收获量，"税率与丰收、欠（歉）收无关，以地价3％为定率"，并改实物地租为货币地租。[1] "税率之高和封建时代的年贡相仿佛"，其理由"是当时的情况需要如此，即所谓'际此多事之秋，以从前的岁入不足以维持现今的经费。'因此'在修正土地税之初，首先应不以减少从前的岁入为目的'。"[2] 在这一过渡时期之中，"农民不但没有从封建制度的一些最明显的束缚中解放出来，而且必须格外负担新政府的大部分开支"[3]。

　　通过地税改革，新地税在政府岁入中所占的比重极大，"在一个没有活力的农业和缺乏税率自主的国家里，巨大的军费负担和模范厂场的经费，以及一个庞大的官僚集团的扶养，都要依赖于田赋，这是自然的。"[4] 下表数字具体反映了明治前期地税对日本资本原始积

　　① 安冈昭男：《日本近代史》，中国社会科学出版社1996年版，第179页。
　　② 楫西光速等：《日本资本主义的发展》，商务印书馆1963年版，第23—24页。
　　③ 诺曼：《日本维新史》，商务印书馆1962年版，第78页。
　　④ 转自费维恺：《中国早期工业化》，中国社会科学出版社1990年版，第60页。

第五章　从厘金看中外资本原始积累的异同

累的关键意义①。

明治前期的土地税及岁收总额表

（单位：千日元）

年　代	岁　收　总　额	地　税	地税所占比重（%）
第一期（1868）	33089	2009	6.1
第二期（1869）	34438	3355	9.7
第三期（1870）	20959	8218	32.2
第四期（1871）	22144	11340	51.2
第五期（1872）	50445	20051	39.7
第六期（1873）	85507	60604	70.9
第七期（1874）	73445	59412	80.9
第八期（1875）	86321	67717	78.4
1875	69482	50345	72.5
1876	59481	43023	72.3
1877	52338	39450	75.4
1878	62443	40454	64.8
1879	62151	42112	67.8
1880	63367	42346	66.8

说明：1. 第一期至第八期的岁收总额中，除地税外，还包括发行的纸币及公私
债款。

2. 从1875年后开始的岁收总额中不再包括纸币和公私债款，故此年作为
过渡年份有两栏不同的数字。

1882年、1887年和1892年的地税分别占当年岁入总额的59%（43342千日元）、47.8%（42151千日元）和为37.4%（37925千日元）。② 可以看出，自19世纪80年代以降，由于其他税收如所得税、营业税及关税等的逐渐增加，地税所占比例呈下降态势，这也反映了日本现代资本主义经济的初步发展状况。

明治维新后，明治政府废除武士俸禄，改发货币俸禄公债券。1875年，明治政府公布《公债券发行条例》，把原来依靠国家发放实物俸禄供养的华族、士族的俸禄改为公债券，发给现金货币，通过向国

---

① 安藤良雄编：《近代日本经济史要览》，东京大学出版会1990年版。转见朱荫贵：《国家干预经济与中日近代化》，东方出版社1994年版，第212页。

② 《近代史史料》，吉川弘文馆1980年版，转见万峰：《日本资本主义史研究》，湖南人民出版社1984年版，第167页表格。

家投资而使货币转化为资本,这一措施大大加速了货币资本化的进程,也成为资本原始积累的一部分。1876 年发行和交付封建武士的货币俸禄公债券总额达一亿七千三百多万日元,从 1868 年至 1876 年 9 年间,明治政府已支出的封建领主和家臣的俸禄共达一亿四千多万日元,二者合计超过三亿多日元,这还未算公债利息。除了华族等少数高额公债券持有者直接将其转化为资本外,到 1884 年至少大约有 80%的公债券由大批封建家臣武士手中转入到商业高利贷主手中,然后转化为资本。① 明治政府采用发行公债的方式来废除封建武士的俸禄,迫使封建领主阶级向近代产业部门投资,堵塞了他们向土地投资而转化为地主的可能路径,这一意义也非同一般。

另外,明治政府给封建武士们发放货币俸禄公债券,虽然也给他们安排了出路,但能领到高额货币俸禄公债券而又转化为较大资本的毕竟只有极少数,绝大多数一般武士因原来的俸禄本来就低,故所得公债当然不丰,他们无法维持生活而被迫将手中的公债券抵押给商人和高利贷主。中层武士在废除俸禄后大多成为小商人、自由职业者或城市贫民,更多的下层武士则变成靠出卖廉价劳动力为生的无产者。可见武士俸禄的改革也是明治政府自上而下的资本原始积累的重要组成部分之一,这也再次说明了国家政权对后发外源型现代化模式的资本原始积累的重要作用。

地税改革是日本资本原始积累的典型表现。但与内源型现代化国家英国的"圈地运动"又有所不同。英国经过圈地运动,自耕农基本上被消灭了,对内路径的资本原始积累比较彻底。而日本的资本原始积累则不充分。这主要表现在农民小生产者同生产手段分离的不彻底。虽然通过地税改革、改实物地租为货币地租,迫使部分农民与土地分离,但相对过剩的农村劳动力不能完全走出农村,脱离土地。农村人口外流方式以找外水、出外打零工等为主。此外,日本地主制度下的资本原始积累的另一特点不是农民生产手段的被完全剥

---

① 《全订版日本经济史》,转见万峰:《日本资本主义史研究》,湖南人民出版社 1984 年版,第 78 页。

夺,而是农民剩余产品、剩余劳动的被剥夺。其剥夺的主要方式,是国家征收地税。国家靠征收庞大地税来掌握和调度资本,从事早期现代化建设。其实,与其说日本对农民的剥夺不彻底,毋宁说这是日本特色的资本原始积累方式。如上节所述,在英国不存在人口压力问题,而日本的人口相对来说比英国多得多,而且大量下层武士本来就已被楔入了城市雇佣劳动者的队伍,这时如果所有农民再拥入城镇反倒会造成额外的灾难而不利于早期现代化的进行。

明治政府还曾滥发纸币。因支出巨大,"但当时货币金融制度却还没有建立起来,因此公债的发行便难于更加扩大,结果,对财政上的入不敷出,就只有采用滥发纸币的办法来弥补。"[①]造成严重的通货膨胀,这实际上还是对日本广大人民群众的掠夺。

无论是国家资本还是私人资本,其最终来源大都是地租。国家、商业高利贷资本家和地主共同掠夺农民,以农民作为早期现代化建设的牺牲品,故学术界有一种观点认为,在日本早期现代化进程中,农村被置于"国内殖民地"的地位,这对于后发外源型现代化国家来说,确有其必然性。

明治维新之初在对待外债及外资问题上,与晚清政府相似,比较谨慎。明治政府继承了幕府和各藩所办外国债务,为还旧债不得不向外国举债,但面临着如晚清同样的局面,国家贫弱,担心像埃及一样因外债而亡国,故到19世纪90年代中期日本基本上奉行着排斥外债的政策。如福泽谕吉说:"向外国借款,用该款购外国东西,把它运到国内陈列起来,以显示文明现象"等等,"只能招致国家的贫困,长久下去,必然要危害我国的独立"。[②]另外,日本既无丰富的矿藏,日元又在不断贬值,因此列强也不看好日本市场,外国资本家对日本缺乏投资热情和信心。这一政策因中日甲午战争而发生转变。日本迫使中国以英镑支付赔款(3808万英镑,合日元36407万日元),实施了金本位制。"因中日战争,从中国方面获得的赔偿金,解决了实施金

---

① 楫西光速等:《日本资本主义的发展》,商务印书馆1963年版,第31页。
② 福泽谕吉:《文明论概略》,商务印书馆1959年版,第193页。

本位时所必须的兑换准备金问题。"①此后日本资本主义工业化得以迅速发展,国力渐强,进而积极准备对俄开战。随着军费开支的激增,日本开始大举外债。到第一次世界大战前夕,日本全国外债总计达203亿日元,相当于1914年财政收入的五倍多,国民收入的46%强,日本成了当时世界上头号大债务国。后来更在一战中大发横财,不仅偿还了外债,而且还反过来一举成为大债权国。甲午战后的日本大举外债,既满足了军费开支对外实行侵略扩张的需要,又开辟了资本主义工业化的资本来源。

日本的资本原始积累之初,在国内掠夺农民的同时,尽管它仍处于西方列强的奴役之中,但它却很早就开始了对亚洲近邻的殖民掠夺,尤其是甲午战争以后,对外的殖民掠夺更是日本资本原始积累的另一个不可缺少的重要源泉。

由于资源贫乏、资本不足,明治政府刚成立就把对外扩张侵略作为其基本国策,将掠夺朝鲜和中国等亚洲邻国作为其在西方列强霸权下丧失利权的一种补偿,即所谓"失之欧洲,取之亚洲"。为达此目的,它分别效仿英国和德国建立现代海军和陆军,大力扩军备战。尚未完全稳固的明治政权就迫不及待地大肆制造对外扩张的舆论,如鼓吹征韩、遣使来华要求与其签订同列强类似的不平等条约等。1874年悍然入侵我国台湾,勒索50万两白银,吞并琉球,迈出了对外扩张的成功的第一步,初次尝到了甜头,自此胃口大开,欲壑难填。

为了征服世界,明治政府狂妄地绘制了一幅对外侵略扩张的如意蓝图,经过"朝鲜——满洲——中国南部——美国——欧洲"五部曲,最后称霸世界。在这五部曲中,朝鲜和中国首当其冲。朝鲜距离日本最近,是侵略中国的绝好桥梁与跳板。对朝鲜的侵略为日本早期资本主义的发展曾起过巨大作用。1888年至1893年这五年间,日本每年高价出口大米约69万石,同时又低价进口大米59万石,这种"高出低进"的方式,是日本资本原始积累的手段之一,而低价进口的大米主要来自于朝鲜。日本不仅从朝鲜进口大米,还进口大量的黄

① 安冈昭男:《日本近代史》,中国社会科学出版社1996年版,第329页。

金。据《日本帝国统治年鉴》资料记载,从明治初年到 1893 年,日本从外国进口黄金的总值约是 1230 万日元,其中来自朝鲜的就占 68％左右。① 甲午战争,中国惨败,日本获得了对朝鲜的宗主权,向中国勒索白银二亿两,另有"赎辽费"三千万两,霸占了中国的领土台湾,逼迫中国开放沙市、重庆、苏州、杭州为通商口岸,并可在通商口岸设厂制造。甲午战争不仅使日本获得了巨大的经济利益,中国赔款成为日本现代化建设的重要资本来源;而且,作为一个"蕞尔小夷"能够完胜大清帝国,其国际地位一跃而起,这又是一笔难以计量的无形资本。十年后的日俄一战,日本又战胜了老迈的帝国主义国家沙皇俄国,沙俄承认日本在朝鲜的统治权,将其在中国东北南部的利权全部转让给日本,并将库页岛南半部让与日本,以作为不向日本赔款的条件。这两次战争极大地推进了日本早期现代化的高速运转。甲午战争前,日本将主要精力放在军事工业和军队现代化建设上,正是依靠巨额的甲午战争赔款,日本才开始进行大规模的社会经济现代化建设。1898 年至 1907 年间,日本国民经济增长率平均为 4.3％,增长最快的年份增长率达到 23.3％。同期工业生产平均增长率为 9.4％,增长最快年份的增长率达 15.1％,最低年份也增长 2.7％。这一速度在当时世界上名列前茅。纺织、缫丝、制糖和造纸等轻工业部门以及以国营军事工业为主的重工业部门实现了资本主义工业化。另外,甲午战争后,随着日本资本主义工业化的加速实现,自 1900 年起,以"政商"资本为中心,急剧地实行资本集中。日俄战争前夕,在金融及主要工业部门,形成了三井、三菱、住友、安田等四大财阀;日俄战争后,四大财阀发展成为现代财政资本垄断集团的大财阀体系。②

日本对殖民地的掠夺和英国对殖民地的掠夺与其资本原始积累具有同等重要意义。可以说,如果缺少了对朝鲜和中国的殖民掠夺,日本的资本原始积累不可能完成,其早期现代化当然也不可能顺利成功。

---

① 吴潜涛:《日本伦理思想与日本现代化》,中国人民大学出版社 1994 年版,第 78 页。
② 参见吴潜涛:《日本伦理思想与日本现代化》,中国人民大学出版社 1994 年版,第 80 页。

对比中国和日本两国早期现代化的启动,在貌似相同起点、相同国情、相同时代背景和国际环境的外象下实则有着极大的差异。

无论是中国,还是日本,现代化启动前后都没有如西欧早期海外殖民掠夺的优势和条件,但中国的天朝上国理念和地球中心思想的余孽在列强的屡次重击之下仍未作出比较彻底的幡然悔悟,由自傲、自恋的极点顿跌自卑、自弃的深渊,不敢有当真正的天朝上国以一逞天朝雄威的奢望,能够委曲求全就是最大的满足。日本完全是与中国逆向运行的思维。一个已开始沦为半殖民地的小小岛国,维新之初即制订了称霸全球的宏远规划并上下一心全力付诸行动,顽强地创造出了本来可能性很小的对外殖民掠夺的条件,资本原始积累的对外路径因此打通。

在对内方面,日本通过地税改革完成了对农民的剥夺,而中国的田赋仍在严守着圣祖康熙制定的"永不加赋"的圣旨圭臬,不敢越雷池一步。明治时代的日本田赋占土地产值的 10% 左右,而晚清时期大多数地区和省份的田赋只占土地产值的 2%—4%,只有在苏州、上海地区占 8%—10%。[①] 在现代化启动前后,中日两国都有一股保守思潮。不同之处在于,中国的保守派们祭起孔孟祖宗、程朱理学的大旗,力量强大而顽固。著名理学大师倭仁的所谓"立国之道尚礼义不尚权谋,根本之图在人心不在技艺"以及"以忠信为甲胄,以礼义为干橹"的痴人妄语甚嚣尘上,几乎凡与洋务相关者无不遭到他们的反对与攻击,使本来就走着裹脚女人碎步的洋务运动更加步履维艰,社会转型的时滞大大延长。"除了现代的灾难以外,压迫着我们的还有许多遗留下来的灾难,这些灾难的产生,是由于古老的、陈旧的生产方式以及伴随着它们的过时的社会关系和政治关系还在苟延残喘。不仅活人使我们受苦,而且死人也使我们受苦。死人抓住活人!"[②]而在近代中国,死人对活人的束缚与拖累尤显坚韧与顽劣。日本社会和政府内部也有一股如中国类似的保守势力,他们将近代资本主义物

---

① 王业键:《清代田赋刍论(1750—1911)》,人民出版社 2008 年版,第 165 页。

② 《马克思恩格斯选集》第 2 卷,人民出版社 1995 年版,第 100—101 页。

质文明视为"奇技淫巧"（话语方式与中国的保守派如出一辙），政府内部的保守派即公开指责办铁路是"将异端魔术带进神国"①。但相比而言，日本的保守势力本就不强，而且在"全盘西化"浪潮的冲击之下很快边缘化。

其实早在明治维新前，日本的思想界就唱响"开化日新之说"了。中国的先进思想家魏源有感于鸦片战争而著的《圣武记》和《海国图志》在偌大的清帝国引不来几个同道，却很快传入日本，并产生了积极的影响，被其思想先觉佐久间象山引为"海外同志"，真可谓"墙内开花墙外香"。"黑船事件"（1853年）的次年，佐久间象山的弟子吉田松阴即提出了日本对外扩张的发展路径："今急修武备，舰略具，炮略足，则宜开垦虾夷，封建诸侯，乘间夺加摸察加、奥都加，谕琉球朝觐会同，比内诸侯，责朝鲜纳质奉贡，如古盛时。北割满洲之地，南收台湾、吕宋岛，渐示进取之势。"他还主张日本"与俄、美讲和，决不能失信，对章程条规要严守信义，以争取时间生养国力，并从容易夺取的朝鲜、满洲、支那那里索取丧失给俄、美的东西"。② 这就是所谓"失之西洋，补之东洋"的思想，而这一思想也被明治维新后的日本政府确定为国策，其后日本对外扩张的路径也基本上按照吉田松阴的扩张路线图演进。一个刚刚与美国签订了不平等条约被迫打开国门的小小岛国，居然能产生如此的战争狂人。相比之下，大清帝国在对外方面更像是封闭的紫禁城内的一个虚弱的阉宦。

明治维新后，维新人士大力鼓吹"脱亚入欧"。为了接待外国人，1883年明治政府花费18万日元建成鹿鸣馆。1892年4月总理大臣伊藤博文在这里主办了著名的化装舞会，轰动全日本，影响甚至及于西方列强。"在这十年期间，对欧美一切的文化、风俗的模仿和吸取都受到奖励，试图用欧化来改良社会生活的运动和风潮，漫无止境地风靡一时。"一切文化、风俗、服饰礼仪等皆"唯洋风是拟，西人是仿；其

---

① 《日本产业百年史》（上），日本经济新闻社1982年版。转见万峰：《日本资本主义史研究》，第124页。

② 参见冯天瑜：《"千岁丸"上海行——日本人1862年的中国观察》，商务印书馆2001年版，第30—31页。

甚者竟至提倡改良人种,欲以高加索人种改换大和民族。"①连人种也要改良,这对于中国,其激进的程度,即使是五四后的"全盘西化"论者也要瞠乎其后,自愧弗如。如果在洋务运动时期有人提出改良中国人种,那何止是禽兽!食其肉寝其皮也无法稍解那些抱道君子们的心头之恨。他们只知死守祖宗成法,至于祖宗的疆土日侵月削,祖宗的后代受难遭杀,他们似乎不屑于理会。日本的"全盘西化"论无论在学理上还是在实践中虽然不可能完全成立,但它却较彻底地消解、抵消了保守势力的束缚与阻碍,大大缩短了由传统通向现代的时滞,在迈向现代化之路上大刀阔斧地前进。"脱亚入欧"就其摆脱遭奴役之境遇、跻身逞霸权之强国这一意义而言,则完全实现了。中日两国即使是同处折中意义的"中体西用"和"和魂洋才",前者陷入了"体用"纠缠的学理误区,后者则相对简明而深刻,具有比"中体西用"更好的可操作性。

中日两国早期现代化的起步都是自官办始,但结果亦大异其趣。中国在甲午战争前的限制民办、坚守官办或官督商办的政策毋庸细说,政府对新式工业的投资既无正常的财政预算和长远打算,对民用企业的官款接济也只是与企业盈亏无涉的暂时借用。其实日本也遇到了"国营模范企业"随着时间的发展,管理不善、效益低下的弊端日益严重的同样问题,但日本采取了贱卖或赠予的断然措施,即"官业处理"。自上世纪 80 年代初开始将官营企业转让给私人资本家经营。当出售这些官办企业时,价格非常低廉,大部分是以几乎等于无偿的条件出让给享有特权的同政府有关系的商人。如"投资十八万九千多日元的品川玻璃厂,就是以约八万日元的价格,而且五年内不付价款、按五十五年分期付款的条件出售的,投资九万三千多日元的深川工作分局水泥工厂,是以六万一千多日元的价格,按二十五年分期付款的条件出售。因此,出售官办企业,绝不能说是移植近代产业的普通办法,而是意味着政府同享有特权的商人互相勾结,这件事本身就构成了原始积累的一个要素。也就是说,这些工厂大部分出售给

① 远山茂树主编:《近代日本思想史》第二卷,商务印书馆 1991 年版,第 5—6 页。

第五章 从厘金看中外资本原始积累的异同

在维新之初就和藩阀政府保持着特别关系而被扶植起来的三井、三菱和古河等同政府有关系的商人；这些商人由于已经拥有自己的银行资本，充分具备了向财阀发展的条件。"①接受"官业处理"的私人资本如三井、三菱、古河、川崎等后来都成了大财阀，很快向现代资产阶级转化，对日本产业革命的实现和现代资本主义的发展以至于对外经济扩张都有着重大意义。

此外，晚清现代化启动时，主要侧重于对西方资本主义现代工业及其技术的片面引进，日本则进一步对西方资本主义经济制度作整体的移植，如股份有限公司（株式会社），银行、货币、保险、公债等一整套现代金融体系等等。这对两国的现代化建设同样产生了不同的影响。

总之，同为后发外源型现代化道路的中国和日本，两国选择了截然不同的对内与对外的资本原始积累的政策与取向。"要么是灭亡，要么是开足马力奋勇前进。历史就是这样提出问题的。"②中国选择了前者，日本选择了后者。政权性质的不同决定了其政策选定的迥异，而两国早期现代化的命运早已为历史所证明。

三、资本原始积累的一般规律

现代资本主义的产生是世界历史上划时代的转捩点。但是"我们没有发现一个现象是奇迹般一下子出现的，也没有发现一个现象是老早就准备好了的、是预报出来的、早就有了轮廓的。"③如果说，后发外源型现代化国家充分发挥"落后的优越性"，方向、目的十分明确，"工业较发达的国家向工业较不发达的国家所显示的，只是后者

---

① 楫西光速等：《日本资本主义的发展》，商务印书馆 1963 年版，第 41 页。
② 《列宁选集》第 3 卷，人民出版社 1995 年版，第 271 页。
③ 保尔·芒图：《十八世纪产业革命——英国近代大工业初期的概况》，商务印书馆 1983年版，第 388 页。

未来的景象"①,最大限度地利用他国的成功经验和成果,免却了探索的盲目和曲折,而以几十年的时间跳跃性地完成了他人上百年甚至几百年才能达到的境界,那么,世界最早的现代化起初并没有明确的目标与计划,现代化的启动与实现是一个相当漫长的过程。对资本主义经济来说,这一漫长的过程从一定意义上就是资本原始积累的过程。每一个具体国家的现代化启动有早有晚,现代化建设有快有慢,但无一例外地都必须经历一个资本原始积累的阶段。资本原始积累的充分与否直接关系到其现代化建设的最终成败。

在古典经济学家那里,田园诗式的"正义"的"节俭"和"劳动"是财富积累的唯一手段。亚当·斯密认为,如果比较同一国国民的前代与后代,发现那里的土地和劳动的年产出物,后代比前代多了,其土地耕作状况进步了,工业扩大了,繁盛了,商业推广了,"我们就可断言,在这两个时代间,这个国家的资本,必定增加了不少。那里一部分人们的节俭慎重所增加于资本的数额,一定是多于另一部分人们的妄为和政府的浪费所侵蚀于资本的数额。"②资本的积累绝不是"节俭慎重"所致,而是剩余价值的资本化,至于原始积累的方法更不是田园诗式的东西,"在真正的历史上,征服、奴役、劫掠、杀戮,总之,暴力起着巨大的作用"③。

从内源型现代化国家的代表英国和外源型现代化国家的典型日本的现代化建设的历史可以总结出资本原始积累的一般规律。资本原始积累主要通过内外两条路径而实现。

在对内上,通过对农民的剥夺,迫使农民与生产资料分离。"所谓原始积累只不过是生产者与生产资料分离的历史过程"④,一方面积累资本,更重要的是使农民变成现代化建设所必须的以出卖劳动力为生的雇佣劳动者。当然,这一过程在各国并非步调一致。"在原始积累的历史中,对正在形成的资本家阶级起过推动作用的一切变

---

① 《马克思恩格斯选集》第 2 卷,人民出版社 1995 年版,第 100 页。
② 亚当·斯密:《国民财富的性质和原因的研究》上卷,商务印书馆 1981 年版,第 316 页。
③ 马克思:《资本论》第 1 卷,人民出版社 1975 年版,第 782 页。
④ 《资本论》第 1 卷,人民出版社 1975 年版,第 783 页。

革,都是历史上划时代的事情;但是首要的因素是:大量的人突然被强制地同自己的生存资料分离,被当做不受法律保护的无产者抛向市场。对农业生产者即农民的土地的剥夺,形成全部过程的基础。这种剥夺的历史在不同的国家带有不同的色彩,按不同的顺序、在不同的历史时代通过不同的阶段。"①

现代资本主义生产方式产生和发展时,小生产方式"必然要被消灭,而且已经在消灭。它的消灭,个人的分散的生产资料转化为社会的积聚的生产资料,从而多数人的小财产转化为少数人的大财产,广大人民群众被剥夺土地、生活资料、劳动工具,——人民群众遭受的这种可怕的残酷的剥夺,形成资本的前史。这种剥夺包含一系列的暴力方法,其中我们只考察了那些具有划时代意义的资本原始积累的方法。对直接生产者的剥夺,是用最残酷无情的野蛮手段,在最下流、最龌龊、最卑鄙和最可恶的贪欲的驱使下完成的。"②

但农民被剥夺的方式和程度因各国国情差异而有所分别。马克思在分析资本主义的起源时说:"资本主义制度的基础是生产者同生产资料的彻底分离……这整个发展的基础就是对农民的剥夺。这种剥夺只是在英国才彻底完成了……但在西欧其他一切国家都正在经历着同样的运动。"③他认为英国经过圈地运动对农民的剥夺是资本原始积累最彻底的国家。在讲到俄国的情况时他说:"要剥夺农民,不必像在英国和在其他国家那样,把他们从他们的土地上赶走;同样,也不必用命令来消灭公有制","超过一定的限度从农民那里夺取他们的农业劳动产品,那么,尽管你们用宪兵和军队也不能把他们束缚在他们的土地上!"④在国家采取剥夺农民剩余产品的方式以自上而下地推行资本原始积累这一点上,日本与俄国极为相似。如上节所述,日本在其早期现代化启动与发展的过程中,明治政府通过地税改革以剥夺农民剩余产品或剩余劳动的方式作为其对内的资本原始

---

① 《马克思恩格斯选集》第 2 卷,人民出版社 1995 年版,第 261 页。
② 《马克思恩格斯选集》第 2 卷,人民出版社 1995 年版,第 268 页。
③ 《马克思恩格斯全集》第 19 卷,人民出版社 1963 年版,第 268 页。
④ 《马克思恩格斯全集》第 19 卷,人民出版社 1963 年版,第 439 页。

积累的主要内容。对于后发外源型现代化国家而言,对本国农民的剥夺于资本原始积累的意义更显重要。1884 年明治政府制定《新土地税条例》时曾经明确指出:"土地乃国家富强之本,对土地课以重税,原非经济之本旨,固不待言;但不论任何国家,任何政府,在物产尚不丰富,工商业尚未发达之际,土地税必占其岁入之最大部分,据查各国之历史,此事殆不可避免。""何况现在,东洋形势大变,海防的迫急日甚一日呢!"[①]

在对外上,通过对殖民地的残酷掠夺,一方面提供了现代化建设的巨额资本,一方面又为其工业品开拓出广阔的殖民市场。马克思说:"美洲金银产地的发现,土著居民的被剿灭、被奴役和被埋葬于矿井,对东印度开始进行的征服和掠夺,非洲变成商业性地猎获黑人的场所:这一切标志着资本主义生产时代的曙光。这些田园诗式的过程是原始积累的主要因素。"[②]在工业革命完成后,工业上的霸权带来商业上的霸权,但在真正的工场手工业时期,却是商业上的霸权造成了工业上的优势,所以"殖民制度在当时起着决定的作用……殖民制度宣布,赚钱是人类最终的和唯一的目的。"[③]

对于落后的外源型现代化国家来说,虽然资本原始积累的路径仍不外是对内与对外来实现,但其具体的内容已发生了较大的变化。这一变化主要体现在对外的路向上,由于本身已是遭受列强欺凌与掠夺的对象,故不大可能再去开拓和掠夺其他殖民地,因此只好通过大举外债来筹集现代化建设所必需的巨额资本,但这仍属于对外的路径。

综上所述,无论是内源型现代化国家,还是外源型现代化国家,资本原始积累的途径主要不外是两条,即对内和对外。在对内上,二者都是通过对农村和农民的剥夺来实现的;在对外上,二者有较大区别,前者通过殖民掠夺完成,后者只能靠外债维持。关于资本原始积累的一般规律,可由下图直观表示。

---

① 楫西光速等:《日本资本主义的发展》,商务印书馆 1963 年版,第 24—25 页。
② 《马克思恩格斯选集》第 2 卷,人民出版社 1995 年版,第 265 页。
③ 马克思:《资本论》第 1 卷,人民出版社 1975 年版,第 822 页。

资本原始积累一般规律图

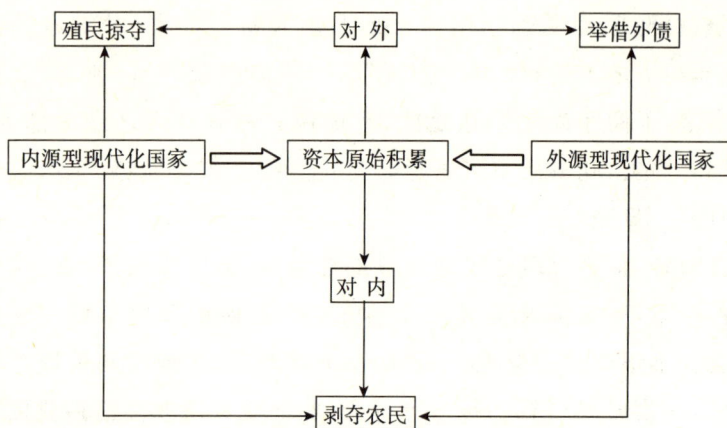

```
┌──────┐        ┌──────┐          ┌──────┐
│殖民掠夺│◄───────│ 对 外 │─────────►│举借外债│
└──────┘        └──────┘          └──────┘
    ▲               ▲                  ▲
    │               │                  │
┌──────────┐   ┌────────┐      ┌──────────┐
│内源型现代化国家│══►│资本原始积累│◄══  │外源型现代化国家│
└──────────┘   └────────┘      └──────────┘
    │               │                  │
    │           ┌──────┐               │
    │           │ 对 内 │               │
    │           └──────┘               │
    │               │                  │
    │           ┌──────┐               │
    └──────────►│剥夺农民│◄──────────────┘
                └──────┘
```

　　在这里,日本的情况比较特殊,这既与其特殊国情有关,也与当时列强对它的压迫和掠夺并不沉重有关。其资本原始积累兼有内源型现代化道路和外源型现代化道路的特点。这大约正是它成功的原因。从一定意义上说,可称之为复合型现代化模式。

　　对资本原始积累的一般规律,因各个国家和民族在现代化启动时所处的国际环境不同,而其历史文化传统、社会发展状况更是各有差异,故对"一般规律"的反映并非是刻板划一的范型,而体现出各自的特殊规律,即一般规律的多样化。前文所述英国与日本的情况就有其本国的特殊规律。

　　第二次世界大战后,早期的帝国主义殖民体系纷纷瓦解与崩溃,用野蛮屠杀、暴力掠夺方式进行资本的原始积累已经逐渐成为历史的陈迹;更为重要的是,以这种方式进行资本的原始积累的早期殖民国家也早已相继完成了资本的原始积累的过程,相继跻身为发达国家之列;与此同时,人类社会也在向着更加人道和文明的方向发展,公开的武力掠夺和侵暴其他弱小国家的强盗行径已为世界绝大多数民族国家所不容。但是,这并不是说广大的落后国家和地区实现自己的现代化时可以不依赖于其他国家各种形式的帮助或援助。发展中国家都在竞相探讨与摸索适合自己的通向现代化之路。在资本原始积累问题上,对外的主要路径已不可能像早期的殖民掠夺,而是转向引进设备、技术、人才,接受援助,举借外债;即使在这方面,各国的政策、措施和效果亦千差万别,如有的以引资为主,有的以借债为主,等等。这不是对一般规律的怀疑和否定,正是对一般规律的运用和丰富。

第二次世界大战以后,落后国家在启动和建设现代化时,其资本原始积累的国外来源大致可分为外债、外国援助和外国私人投资等几种。

首先看外债。二战前后的外债从性质上来说也发生了变化。二战前外债常伴有苛刻的经济、政治、外交等附加条件,如晚清时的外债即是。二战后外债的经济援助性质明显加强。外债对于发展中国家的社会经济发展的作用是十分重大的,有些国家就是借助外债而发展起来的,这方面成功的范例如韩国。韩国主要利用外债改善了基础设施,壮大了基础工业,使之逐步发展成为一个成功的外向型经济的国家,从而被誉为亚洲"四小龙"之一。韩国的出口在上世纪60年代只有几千万美元,到1990年则发展到700多亿美元。而随着其经济的快速发展,外债额度也同时大幅度下降,1985年其外债额为467亿美元,仅仅四年后即降至303亿美元。

但是,如同本书前述晚清时期关于外债的论述一样,外债是一柄双刃剑,如果处理不善,不仅发挥不了其对自己有利的一面,反而会伤害到自己。二战后的发展中国家的外债大多产生了或多或少甚至非常严重的问题,尤其是在拉美国家和撒哈拉以南地区的国家发生的债务危机,使人们对外债这柄双刃剑的不利的一面有了更加深刻的体认。晚清时期的思想家们就提出了要慎重对待外债的限度和用途问题。其实,只要有外债存在,这一问题就不可能回避。外债若超出了应有的限度,就会使社会经济受到拖累,严重者不仅使本国经济停滞和倒退,而且可能影响整个世界经济的发展。外债规模是否合理是一个很复杂的的问题,它既要考虑本国经济适应内外变化冲击的能力、外债用途、外债结构、外债使用效益、调控外债的能力、国际收入状况等等,还要考虑国际市场的变化发展,另外还有一些非经济因素也是不容忽视的。经济学家从纯经济的角度研究了外债在统计数字意义上应遵循如下限度。外债金额占当年国民生产总值的比重（经济债务率）应控制在 30％以下，外债金额占当年出口收入的比重（债务率或出口债务率）应低于 100％，当年还本付息占出口收入的比重（偿债率）应低于 20％。另外，当年内外债还本付息占财政开支的比重应低于 20％，贸易差额占国民生产总值的比重应控制在 5％以内，短期债务占全部债务的比重应低于 25％，外债使用收入净现值应大于或至少等于 0，外债使用的外汇净现值应大于或至少等于 0，流动外汇持有额应保有支付三个月进口额的外汇储备等等。① 从纯经济学的意义上来说，这些数字可能是科学的、合理的，但是一个国家的现代化建设绝不仅仅是纯经济就可以解决问题的。如果一个国家的政府不幸是一个专制独裁、贪污腐败盛行、办事效率低下的政府，那么即使外债的额度再合理，统计数字再准确，也不可能产生良好的建设效果。晚清的以至整个近代的外债史充分说明了这一点。前述韩国是二战后利用外债最成功的发展中国家，与之同步的它也是由专制政府向民主政府过渡、由武人政治向文人政治转换最成功的国家之一。这里还是政治与经济的关系问题，表面上的经济建设，反衬出的却是政治性质。在成熟的现代国家里，政治与经济之间虽然也有矛盾，但政治的变动不会动摇社会经济基础，相反社会经济基础严格地制约着表面的政治运作，二者的矛盾可以通过各种相对理性和合法的途径与渠道有效化解，不会演变为对抗性的矛盾；而对于后发型现代化国家来说，本来就缺乏现代化建设的社会经济条件，这时政治和政府的反作用就特别凸显出来。在特定的环境之下，这种反作用对于一个后发型现代化国家的现代化建设成功与否甚至起着决定性的作用，政治的转型必须走在经济现代化建设的前面。日本和韩国成功的代表以及更多的尚未成功的发展中国家的事例从正反两方面充分证明了这一点。

上个世纪六七十年代，我们曾以我国既无外债又无内债而引以为荣。从一定意义上说，这实际上是历史悠久的小农意识的反映。一个国家是否值得骄傲与自豪，并不是以是否有债务为标准。在文

---

① 参见陶文达主编：《发展经济学》，四川人民出版社 1992 年版，第 271—172 页。

化大革命末期,我国的国民经济已公认到了崩溃的边缘,这时的既无外债又无内债似乎并不是什么值得骄傲和称道的事。

其次看外国援助。外国援助以促使受援国经济发展为目的,因此也可以称之为"发展援助"。它是外国政府或者国际机构对某些国家或地区进行援助,源于二战后美国为复兴欧洲经济而制订的"马歇尔计划"。一般来说,外国援助具有较大的让与性质,属于非赢利性的援助。随着西方主要资本主义国家经济的恢复和发展,上世纪50年代以后国际经济援助的重点转向发展中国家和地区。援助国主要是美国、西欧和日本等发达的资本主义国家以及因石油资源而富裕的石油输出国组织(OPEC)成员。

相对于二战前的帝国主义列强赤裸裸的殖民掠夺来说,二战后的发达国家对发展中国家的援助,无疑是一个巨大的历史进步,这也是人类社会走向更加文明、人道的结果。但是,正如一句俗语所说的:"世上没有免费的午餐"。发达国家对发展中国家的援助绝不可能是无私的,其超经济的政治战略意图是显而易见的。他们援助的数额有限,援助的对象主要是一些小国家,因为同样的援助在小国和在大国的产生的效应是不一样的,小国不仅可以在短期内发挥明显的作用,而且可以使之对援助国产生好感和依赖,进而增强援助国对受援国的政治经济的影响力。此外,援助国还往往按照他们的标准对受援国提出一些苛刻的经济条件,如稳定的财政和货币体系,有些双边援助还规定受援国要以援助款项购买援助国的货物和劳务,这些使"援助"的意义大打折扣。至于援助的初衷就是为了加强地区控制,如法国大力援助其前殖民地马里和塞内加尔、美国不遗余力地援助以色列、韩国、中国台湾、土耳其以及埃及等国家和地区,其政治经济战略和地缘政治目的是一目了然的。不仅如此,有的援助国还以援助为名,将一些传统的污染工业向发展中国家转移。

除了国家援助之外,国际性的援助机构也是当今世界重要的援助组织,他们对促进发展中国家经济、文化、教育、卫生的改良与发展也起了重大作用。其中最重要的是世界银行,另外还有一些地区性的国际金融组织,如泛美开发银行、亚洲开发银行和非洲开发银行等。联合国及其附属的专门机构如粮农组织、世界卫生组织等也在技术等方面对发展中国家给予援助。

正因为援助国有其不可避免的利己因素,外援也有两面性。在积极争取外援的同时,应该对外援的不利一面保持警惕,坚持外援为我所用,而不能因此而受制于援助国。

再次看外国私人投资。它分为直接投资和证券投资。二战后发达国家对发展中国家的私人投资主要采取直接投资的方式,其中绝大部分来自于美、日、德、英、法等为基地的跨国公司,这之中又主要是以美国为基地的跨国公司。

跨国公司的投资与外国援助有很大的不同。后者如前所述,不以赢利为目的,而为促进发展中国家的经济发展为目的;而前者则以利润最大化为首要的目的。外国私人投资在缓解发展中国家现代化建设资金不足、技术人才匮乏、经营管理落后等方面有其积极作用,但是跨国公司的投资所追求的利润最大化与发展中国家所追求的整体社会经济效益之间有着较大的矛盾,因此跨国公司投资给发展中国家所带来的消极作用也是明显的。有学者从下面五个方面说明了跨国公司的投资对发展中国家的弊害。

首先,跨国公司实际上对发展中国家的经济发展并未起到有益的作用,相反还强化了其二元经济结构,加剧了收入分配的不公平。跨国公司扩大了工资差距,从急需的生产如粮食生产等中夺取资源转而制造满足富裕阶层需求的商品。跨国公司企业一般建立在城市、尤其是大中城市,这使城乡经济发展的差距更加拉大。

其次,跨国公司一般是从自己的利益出发,按照其固有的模式去确定产品种类,安排生产和广告宣传,他们所采用的是资本密集型的、不适宜于发展中国家国情的生产技术,不能为劳动力过剩的发展中国家创造较多的就业机会,制造的商品主要不是广大低收入阶层所需。

再次,跨国公司往往凭借其经济势力而影响东道国的政策,使之多方照顾跨国公司的利益。他们还利用一些发展中国家对获取外资的竞争而攫取特殊的政治、经济权益,如额外关税保护、税款扣回、投资优惠、厂址低价购置或租赁以及社会服务廉价提供等等,这使其私家利益远远超过了东道国所得的社会利益,有时跨国公司企业给东道国所带来的社会利益甚至是负数。

第四,跨国公司利用其优越的专业知识、广泛的世界联系、新奇的广告宣传以及完备的辅助性服务,从而压倒东道国同行、特别是中小企业,从而有碍于发展中国家的民族经济的发展。

最后,跨国公司经济上的强大力量,足以在政治上影响东道国的各级政府,干预政策的制定和执行,甚至还间接或直接从事颠覆活动。[①]

当然这些弊端一般不会都同时集中在某一个阶段和某一个国家,但应该引起发展中国家的足够重视,以未雨绸缪。以我国目前来说,引进外资力度愈来愈大,各地为了促进本地的经济发展,竞相制定吸引外资的优惠政策,有的甚至引发恶性竞争,损害了国家权益,类似现象应该尽量减少和避免。总之发展中国家应结合本国实际,注意控制跨国公司投资的规模、速度和行业等等。

可以看出,第二次世界大战前后现代化建设资本积累来源的外来途径与方式尽管有了很大的不同,但外来的资源却是不可缺少的,从这一点来说,二者又是相同的。我国建国初期现代化建设的外来资源主要是苏联援助,中苏关系破裂后,完全依靠"独立自主"、"自力更生"进行社会主义建设。这与当时特定的国际环境有关,但不争取外援、甚至拒绝外援也是主动的选取和心态。我们已经为"宁要社会主义的草,不要资本主义的苗"的极左思潮和政策付出了惨重的代价。改革开放后,我们在"发展是硬道理"的指导下,最大限度地利用外债、外援、外资,但不应忽视它们的另一面。

从理论上来说,对于资本原始积累,只有遵循一般规律,才能较顺利地完成资本的原始积累,反之则不能完成。但完成了资本原始积累,并不一定能顺理成章地实现现代化。完成资本原始积累,可以为工业化、经济现代化提供条件和前提,而工业化不等于现代化。如果只注重经济的现代化,忽略现代化系统工程中的政治、文化、教育尤其是人的现代化建设,则现代化的终极目标将依然是一个可望而

① 　参见谭崇台主编:《发展经济学概论》有关部分,辽宁人民出版社 1992 年版。

不可即的海市蜃楼。这已为历史反复证明,并为现实不断再现。

　　另外,从日本资本原始积累的充分导致其早期现代化成功的历程,可以得出一个至关重要的启示,即对一个后发外源型现代化国家来说,要想完成现代化的历史使命,摆脱遭遇列强压迫和掠夺的命运,只能通过建立一个强有力的政府自上而下地实现现代化。同理,第二次世界大战后以韩国为代表的发展中国家的崛起与此有异曲同工之处。为此,政权性质的转型、国家政府的现代化是其首要的前提。没有政权和政府的现代化就不可能有发展中国家的整体的现代化。这一历史规律至今仍在发挥着作用。

四、晚清路径的失误

　　如果不跳出自身,就中国来研究中国的现代化问题,难免雾里看花,不可能诊断出疾病的症结所在。对照英国和日本,由上节总结出的资本原始积累的一般规律,可以看出晚清早期现代化进程中的资本原始积累违背了一般规律,因此必然要付出代价,受到惩罚。

　　首先看晚清资本原始积累对内路径的政策颠倒。

　　几千年来,中国以农立国,重农抑商、崇本抑末政策未曾有过丝毫的动摇。践商、胺商并不是因为某一朝代、某一皇帝的个人好恶,而是一贯的政策。汉高祖刘邦即位第二年即"令贾人不得衣丝乘车,重租税以困辱之"①,随后又规定商人及其子孙"不得为官仕吏"②,还额外加重商人的税负,如汉初商人和奴隶的人头税比普通人加纳一倍。汉武帝更是以"算缗"、"告缗"无偿剥夺商人的财产。大清帝国开征厘金正是自古以来的贱商理念和政策的继承与发展。厘金制度的创办人雷以諴在咸丰四年奏报抽厘时引征古人"逐末者多,则廛以抑之"的话,并说:"捐厘之法,亦古人征末之微意。"③类似为厘金辩护的

---

① 《史记·高祖本纪》。
② 《史记·平准书》。
③ 《中国工商税收史资料选编》第八辑,下册,中国财政金融出版社1994年版,第58页。

理论在当时并非鲜见。"议者又谓厘卡病民,无异加赋,宜尽撤。……民有四,农为本,商为末也。故病农之事不可行,行之则本先拨;病商之事尚可行,行之而末不伤。"①

李鸿章被公认为洋务运动的巨擘,在近代世界史上亦颇享盛誉,甚至是与统一德国的"铁血宰相"俾斯麦相提并论的国际风云人物。但就是他,1865年在一封信中谈到厘金的重要性时说:"自古加赋则为苛虐,征商未为弊政。"②在另一封信中他谈到"外国猖獗至此,不亟亟焉求富强,中国将何以自立耶!千古变局,庸妄人不知",田赋不足以养兵,"必须厘金济饷。与其病农,莫如病商,犹得古人重本抑末之义。"③李鸿章看到列强猖獗,中国必须亟求富强,否则难以自立于世界,这一开放的眼光诚然可贵,但从他固守古人重本抑末的陈规旧俗这一层意义上来说,他与他所斥责的"庸妄人"并无本质的差别,同样不合时宜。

从资本原始积累的一般规律可以看出,在对内的路径上主要是对本国农民的剥夺。清代中央的田赋征收自康熙五十一年(1712年)起执行"永不加赋"的政策,自此直到清帝逊位,在名义上中央政府所征取的田赋额数变化甚微。下表是历年上缴晚清中央政府的田赋数额。④

清末历年田赋收入总数表　　　（单位:两）

年　代	田赋收数	年　代	田赋收数
道光二十一年(1841)	29431795	光绪十六年(1890)	33736023
道光二十四年(1844)	32813340	光绪二十年(1894)	32669085
同治十三年(1874)	27394065	光绪二十五年(1899)	32004000
光绪元年(1875)	26960000	光绪二十九年(1903)	38860000
光绪十一年(1885)	32356700	光绪三十二年(1906)	30600000

从表中可以看出,自道光二十一年到光绪三十二年,这期间的早期现代化、对外战争、赔款等等,清廷财政困厄至极,但中央征收的田赋数量的增加幅度却很小。

---

① 盛康:《皇朝经世文续编》卷五十六,页八。
② 《李鸿章全集》第6册,时代文艺出版社1998年版,第3290页。
③ 《李鸿章全集》第6册,时代文艺出版社1998年版,第3282页。
④ 《田赋会要》下册,正中书局1944年版,第426—427页。

第五章　从厘金看中外资本原始积累的异同

203

另外,田赋基本不变,而人口却在严重膨胀,所以人均的税负随着人口的增长反而呈下降的态势。

根据有的学者研究,从 1750 年到 1910 年,大清帝国的耕地面积增加了一半,土地产量增加了约 20%,物价增加了 3 倍。因此到 1910 年,按当年的物价计算,全国的土地生产总值已增到 1750 年的 5.4 倍。另一方面,同期实际征收的田赋却少于两倍。所以可以得出结论,"在清朝末期,全国农业部门田赋的实际负担仅为 18 世纪中叶清朝鼎盛时期的 1/3 略多。"[1]虽然各省的情况不同,但清末田赋负担比清朝中期要轻的事实全国普遍存在。田赋的增加跟不上物价上涨的速度,如江苏 1910 年的田赋负担仅为 1750 的一半强,湖南则不到 1/4,四川的田赋实际负担减轻了 1/3 以上。以直隶定州地区为例,田赋在 1874 年至 1899 年完全没有增加,1875 年到 1906 年的 30 年间,由于物价上涨了,土地所有者的负担减轻了。"总而言之,我们没有看到晚清人民赋税负担增加的任何情形,除少数地区外,在清朝的最后几年,所有的情形都指出,田赋负担呈现长期减少的趋势。"[2]

再以湖北田赋为例,因官吏的浮收中饱,确有加重的现象,但以人均税负而论,则有渐少的倾向。康熙七年(1668 年)每丁 2.65 两,到乾隆十八年(1753 年)每人降至 0.24 两,嘉道年间每人进一步降至 0.06 至 0.07 两,如下表[3]。

湖北历年每人年均实际税负估计表

年 代	人 口	每年田赋(两)	每人平均(两)
1668	约 443000(丁)	1173906	2.65
1753	4569000(人)	1089300	0.24
1786	18556000(人)	1089300	0.06
1819	28807000(人)	2056241	0.07
1840	33196000(人)	2056241	0.06
1855	33000000(人)	2305896	0.07

---

[1] 王业键:《清代田赋刍论(1750—1911)》,人民出版社 2008 年版,第 145 页。
[2] 王业键:《清代田赋刍论(1750—1911)》,人民出版社 2008 年版,第 164 页。
[3] 见苏云峰:《中国现代化的区域研究:湖北省(1860—1916)》,台北中央研究院近代史研究所 1987 年版,第 59 页表格。

上述结论与人们的思维贯性极不相称。人们惯有的常识是,晚清政治腐败,人民负担沉重。而上述的研究结果却证实,晚清时期不仅人民的负担没有因半封建半殖民地的加深而加重,反而比清中期更轻。这里也不否认在某些时段、某些地区的田赋由于种种原因而加重,如各种临时性的附加税、铜钱贬值而额外加征、土地的集中、赋税负担的不合理等等,尤其是各种附加税,都会使田赋增加,农民的实际负担加重。但总体来说,清末的田赋负担实际上并不沉重。

因此难怪当时人说:"自我朝丁赋并完,取民之轻不徒千古所未有。"①曾出使国外,识见颇广的黄遵宪也认识到,世人只见英俄法美等国强大富庶,而不知其岁入租税至七千万镑之多,若中国岁入亦有此数,比今日常税骤增五六倍,即铁甲轮路一切富强之具也不难办到。但"正为岁入不足之故,无论外务,即内国政令亦不得不苟且敷衍,能静而不能动,谓非取之过轻之故欤?""上稽百世以上,旁考四海以外,未有如我大清之轻赋者。"黄遵宪讥讽那些只知读古书的守旧士人不识时务,举古人十取三四以议今日,"亦兢兢然议减漕、议减厘,寡识间又上书言事,相聚乞恩,若惟知朝廷应设官以卫民,不知百姓应竭力以奉公者,岂非不达时务之甚乎?"②他主张仿行西法增加租税,并防止中饱之弊,还于朝廷而公于天下,"竭天下以奉一人,固万万其不可,诚能以民之财治民之事,以大公之心行一切之政,则上下交利而用无不足,秉国钧者其何可讳而不言?"可见收取租税的关键不在于轻重而在于是否将其用之于举百废、济贫民等国家现代化建设中。泰西各国理财先有预算后有决算,"其征敛有制,其出纳有程,其支销各有实数,于豫计之数无所增,于实用之数不能滥,取之于民,布之于民,既公且明,上下孚信。"③正是基于此种认识,黄遵宪始终未曾提及裁厘之事。严复也说:"中国地大物博,税薄而民勤。"④相对于清朝中央所得的田赋而言,清代赋轻之说并非无的放矢。关于中国税负的轻重,乾隆末年的马戛尔尼使团的一

① 《时务报》第五册,页七。
② 黄遵宪:《日本国志》,天津人民出版社 2005 年版,第 442 页。
③ 黄遵宪:《日本国志》,天津人民出版社 2005 年版,第 464 页。
④ 《严复集》第四册,中华书局 1986 年版,第 892 页。

个调查可作参考。乾隆五十七年(1792 年),除各地的军政经费和其他特殊费用外,解至清廷国库的税收总额为 3661.4328 万银子。换算为同时期的英国货币单位,等于 1220.4776 万英镑。中国的总税收按人口分配,每人只合五先令多一点。从纳税数额上来说,中国人比欧洲各国人都低。"爱尔兰每人是八先令,法国在帝制时代每人合十六先令,英国每人至少是三十四先令。"①亦即爱尔兰人、法国人和英国人的税负分别是中国人的 1.6 倍、3.2 倍和 6.8 倍。虽然这种比较只具有相对意义,但也能部分说明问题。赋税之轻重并无绝对标准,而取决于诸如社会生产力发展水平、国家性质以及国民收入之多寡等综合因素。但更主要的是赋税的目的与用途。严复认为:"国家之赋其民,非为私也,亦以取之于民者还为其民而已,故赋无厚薄,唯其宜。"②梁启超对此亦有相似的真知灼见。他说:"凡赋税于民者,苟为民做事,虽多不怨,今西国是也。……苟不为民做事,虽轻亦怨矣。中国之税,至本朝而极轻矣。……以轻税之故,乃至官俸亦不能厚,恶知官俸既薄,而彼百官者,仍取之于民之身,而其祸益烈矣?"③

为民做事虽多不怨,不为民做事虽轻亦怨,这话本身完全正确,甚至可以视之为真理,包括财政预算等等也是现代国家的常识,但是否为民做事还有一个社会动员与宣传的问题。当年太平天国定都南京,大清帝国面临倾覆之危,君臣上下都有"覆巢之下岂有完卵"的共识,故对不得已开征的厘金能够容忍赞同,这是非常的形势使然。太平天国被镇压下去后,除主持"善后"的一线地方督抚大吏外,包括如前所述的当时的先进知识分子早期改良派大都一致要求承诺"事平即撤",裁撤厘金。从已基本解除政治与军事危机的角度看,的确应该履行承诺,裁撤兵勇,轻徭薄赋,与民休息,恢复经济。但此时的"善后"已经完全不同于此前历朝历代农民战争后的"善后",而是身处"数千年未有之变局"④下的有着全新意义的社会转型,即走向现代资

---

① 斯当东:《英使谒见乾隆纪实》,上海书店 2005 年版,第 490 页。
② 《严复集》第四册,中华书局 1986 年版,第 915 页。
③ 《戊戌变法》第二册,神州国光社 1953 年版,第 547—548 页。
④ 《李鸿章全集》第 2 册,时代文艺出版社 1998 年版,第 1063 页。

本主义国家之路,亦即洋务运动。对此有着与李鸿章差不多的自觉认识并行动的先驱者极少:"我朝处数千年未有之奇局,自应建数千年未有之奇业。"①当然不乏有此自发认识与行为的少数官员和知识分子,但绝大多数依然昧于时势,而大清帝国的政权性质也决定了它不可能具有现代性质的国家宣传与社会动员意识与机制,没有通官民之邮的办法与传统,上下不通,交相失道,"国家加一赋税,虽出于甚正之途,甚亟之政,而民亦明明然以为厉己"②。现代化绝不仅是国家政府或某一阶级、某一阶层的事,而需要整个社会的积极参与和奉献。

如果晚清农民所缴纳的赋税实数确与中央征取的数量相一致,那么农民的税负的确很轻。然而,农民实际付出的总是超过了甚至大大超过了中央所得,这正是问题的症结与严重之处。当时有些人在谈到赋轻的同时,并未忽视这一现象。冯桂芬就说:"大抵田赋之数,民所出者二、三,而国之所入者一;关税之数,民之所出者十,而国之所入者一。"③严复也看到:"大抵中国赋税之事,尽于取下至多而纳之府库者寡。"④如前文所述厘金的弊端之一相同,田赋被贪污中饱,"民出者多,国得者寡。"⑤就连海关总税务司赫德也洞悉此弊:"官之下取于民者多,而上输于国者少。"⑥

各种浮收、贪污中饱,农民虚背赋轻之美名,而实担额外之重负。社会稳定时尚可应付,一遇灾变则较难支撑,而晚清社会又多灾多难,变故频仍,农民苦况可想而知。鸦片战争的规模相对于后来的变乱来说尚属较轻,但"比年以来,地方官……每于近海之区,借防堵以派费,于征兵之境,借调发以索财,以及道路所经,辄以护送兵差,借给夫马为名,科敛无度。"⑦宣统二年,有人指出:"夫国中贫民,以农为唯一之职业。虽有永不加赋之祖训,而官吏相沿,巧设名目,十年以

<hr>

① 《李鸿章全集》第 3 册,时代文艺出版社 1998 年版,第 1560 页。
② 《严复集》第四册,中华书局 1986 年版,第 912 页。
③ 冯桂芬:《校邠庐抗议》,中州古籍出版社 1998 年版,第 137 页。
④ 《严复集》第四册,中华书局 1986 年版,第 915 页。
⑤ 《严复集》第四册,中华书局 1986 年版,第 916 页。
⑥ 宝鋆等编:《筹办夷务始末》(同治朝)第四册,中华书局 2008 年版,第 1670 页。
⑦ 文庆等编:《筹办夷务始末》(道光朝)第四册,中华书局 1964 年版,第 1704 页。

来,田赋之暗增于旧者,已不啻二三倍。故负担此赋之小农,前此仅足自给者,今则岁暖而号寒,丰年而啼饥矣。"①近人的研究亦认为,以正额而论,清末田赋甚至比明代还轻,但正额之外的各种浮收,以及漕役、劣生、刁监等的舞弊中饱,使清末农民的实负赋役繁重不堪。②

关于清代田赋之轻与实征之重,可举四川为例。雍正七年(1729年),四川承赋田地总数(459027.83顷)是明朝万历年间(656426顷)的3.4倍,而田赋总额(1348.47两)仅为万历年间(1616600)的40.6%。③可见田赋之轻。乾隆中期,四川共有民田460071.26顷,征银66.091万两,粮13440石,比雍正七年增长极少。④故光绪元年有人上疏说:"四川古称饶沃,国初定赋,以为荐经寇乱,概从轻额,故其地五倍江苏,而钱粮不逮五分之一。"⑤但田赋之外,另有各种附加摊派捐输,尤其是到晚清附加更重,已远逾正赋。为了偿付庚子赔款,清政府将大部分赔款分摊地方各省(东北除外)负担,地方各省只好提高各项税收,江苏、四川、广东、浙江、江西、湖北、安徽、山东、河南、山西、福建和陕西12个省还强迫征收田赋附加税。晚清四川田赋总额与由布政司统一征收的附加税年常岁额逐年增加情况如下表⑥。

清代四川附加税增加情况表 (单位:两)

项　目	始派时间	停派时间	常年征派总额	%
地丁正耗	顺治十一年(1654)	宣统三年	669131	100.00
闰　银	康熙九年(1670)	同上	23290	3.46
火　耗	雍正二年(1724)	同上	平年 100107	14.96
			闰年 103599	15.48
津　贴	咸丰四年(1854)	同上	540000	80.70
常捐输	同治元年(1862)	同上	1900000	283.95
新捐输	光绪二十七年	同上	1000000	149.45
合计平年	—	—	4209238	629.06
闰　年	—	—	4236020	633.06

---

① 李文治编:《中国近代农业史资料》第一辑,三联书店1957年版,第301页。
② 王毓铨:《清末田赋与农民》,《食货》第三卷第五期,1936年2月1日。
③ 参见彭雨新:《清代土地开垦史》,农业出版社1990年版,第117页。
④ 《清代四川财政史料》上,四川社会科学出版社1984年版,第275页。
⑤ 薛福成:《谨上治平六策疏》。王树敏、王延熙辑:《皇朝道咸同光奏议》卷一,治法类,通论,页二十六。
⑥ 《清代四川财政史料》上,四川社会科学出版社1984年版,第801页。

浮收附加中饱等等又超出了田赋问题本身,它又涉及到财政体制、税收制度的现代化问题,晚清朝廷在此方面同样显得无能为力。

为征收厘金辩护者还认为,厘金并不病商,因为商又加价于物,物售于民,最终负担者仍是买者。水涨船高,这诚然是事实。雷以诚就说:"名为行铺捐厘,其实仍出自买客。"①胡广总督官文也说过:"其实商贾已将厘金并入物价,特民间采买稍形昂贵耳。"②薛福成同样认为:"所抽之厘仍加诸所售之货之价,则于商并无所损而其利实取之众人,所以积少成多,而民无大怨。"③这些在表面上都符合逻辑。而且,鉴于中国以农立国,农民占人口的绝大多数,其商品交易量的绝对数仍是可观的,特别是食盐是生活的必需品,不能不通过市场购买。厘金征于货物,出自买客,似乎主要是出自农民之手。厘金既然作为晚清资本原始积累的重要构成部分之一,这应该暗合了对农民的掠夺。但是稍作深入探究,不难发现,事情并不是那么简单。首先,中国封建农业宗法自然经济耕织结合、自给自足的特点十分明显和牢固,农民与市场的联系极少,购买力极其有限。其次,各类厘金之中最主要的是货厘。根据从同治八年到光绪三十四年的统计数据,货厘占整个厘金的比例光绪十五年为最低,但也达到 86.31%,最高为光绪末年,达到 98% 以上,平均值则为 93.33%。食盐虽为农民所必需,但盐厘占整个厘金比例平均不到 0.8%。各类厘金的比例见下表④。米谷土产百货主要是在城镇消费,如果考虑到人口因素,厘金出自农民的相对数应该更远少于城镇消费者。

晚清历年各类厘金比例表

年 代	货 厘	茶 税	洋药厘	土药厘	盐 厘	总计(%)
同治八年	91.66	2.10	4.17	0.47	1.61	100
九年	92.34	1.78	3.79	0.43	1.66	100
十年	93.62	1.97	3.40	0.38	0.64	100

---

① 《中国工商税收史资料选编》第八辑,下册,中国财政金融出版社 1994 年版,第 58 页。
② 罗玉东:《中国厘金史》上册,商务出版社 1936 年版,第 23 页。
③ 《薛福成选集》,上海人民出版社 1987 年版,第 548 页。
④ 据罗玉东:《中国厘金史》下册,商务印书馆 1936 年版,第 470—471 页表格改制。

(续表)

年 代	货 厘	茶 税	洋药厘	土药厘	盐 厘	总计(%)
十一年	92.91	2.16	3.40	0.37	1.15	100
十二年	93.29	1.95	3.37	0.38	1.01	100
十三年	93.30	2.26	3.17	0.37	0.89	100
光绪元年	92.67	2.23	3.68	0.37	0.97	100
二年	94.00	2.08	2.36	0.35	1.20	100
三年	92.80	2.18	3.42	0.33	1.27	100
四年	92.50	2.53	3.67	0.25	1.06	100
五年	92.13	2.15	4.31	0.21	1.21	100
六年	92.87	2.49	3.85	0.19	0.61	100
七年	92.88	2.20	4.22	0.26	0.45	100
八年	92.74	2.12	4.29	0.35	0.51	100
九年	92.27	2.22	3.71	1.15	0.65	100
十年	92.74	2.18	3.60	0.85	0.63	100
十一年	91.87	2.17	4.47	0.80	0.69	100
十二年	89.94	2.41	5.91	1.66	0.68	100
十三年	91.52	1.98	3.27	2.61	0.63	100
十四年	89.28	1.81	3.05	4.60	0.66	100
十五年	86.31	1.50	6.94	4.61	0.64	100
十六年	87.39	1.34	5.56	5.05	0.66	100
十七年	87.63	1.32	6.06	4.34	0.64	100
十八年	89.67	1.25	4.93	3.54	0.62	100
十九年	87.96	1.57	5.82	4.00	0.65	100
二十年	88.73	1.46	4.81	4.34	0.66	100
二十一年	88.89	1.30	4.70	4.54	0.57	100
二十二年	89.69	1.26	4.90	3.59	0.56	100
二十三年	91.43	1.21	3.19	3.56	0.61	100
二十四年	92.23	1.09	1.92	4.12	0.63	100
二十五年	91.65	1.24	1.68	4.46	0.98	100
二十六年	94.52	1.01	0.37	3.50	0.60	100
二十七年	95.21	0.87	0.35	3.08	0.49	100
二十八年	92.68	2.28	0.20	3.05	1.80	100
二十九年	93.59	2.27	0.01	3.45	0.69	100
三十年	96.13		0.02	3.32	0.54	100
三十一年	95.58		0.02	3.91	0.49	100
三十二年	98.38		0.01	1.08	0.52	100
三十三年	99.49				0.51	100
三十四年	98.29				1.17	100

说明:茶税是指福建茶税。

何况,商品售价的提高总会对货物的销路产生负面影响,而其不利于与洋货的竞争前文已阐述过了。尤其是现代企业创办以后,清廷并未忘记对新式企业的勒索。如 1894 年慈禧太后六十庆典招商局报效 52000 两,1899 年到 1903 年四年中从折旧项下"垫支三十八万余两"报效银①。据统计,自 1884 年至 1911 年,轮船招商局、漠河金矿和电报局合计分别向清政府报效银达 1688400 两、1147101 两和 1293532—1491196 两②。近代厂矿企业是日本政府极力扶持的目标,在中国却成为清政府"报效"勒索的对象。"与东京相比,北京完全缺乏实现一次社会的基本变化的必要洞察力。"③名震一时的"红顶商人"胡雪岩在与外国资本家的蚕茧大战中,大清帝国从中央到地方,各级政府作壁上观,坐视胡雪岩的失败破产,这是清廷漠视近代工商的典型案例之一。其实,只要清廷稍加援手,胡雪岩不至于落到那样的惨局。一定程度上说这实际上就是近代民族工商业命运的缩影。著名早期资产阶级改良思想家与企业家郑观应以其切身的体验,认识到清政府"但有困商之虐政,并无护商之良法"④,"名为保商实剥商,官督商办势如虎"⑤,感受切肤之痛,揭露入木三分。这一严重的政策颠踬说到底还是清廷的政权性质问题。

可能会有人以为,依靠对农民的剥夺来实现现代化是不道德的。但是,应该注意,道德评价绝不能够替代历史发展规律本身。"诉诸道德和法的做法,在科学上丝毫不能把我们推向前进;道义上的愤怒,无论多么入情入理,经济科学总不能把它看做证据,而只能看做象征。"⑥如果以道德与罪恶而论,鸦片贸易丑恶无比,在斥责西方殖民者贩运鸦片来华时,似乎更应该检讨中国的鸦片消费者。晚清社会每年耗银几千万两吸食鸦片,"东亚病夫"并非空穴来风。这一巨额财富的耗费于人、于社会之有百弊而无一利人所共知,但它确实是

① 《交通史航政编》第一册,1935 年印,页二七五。

② 朱荫贵:《论晚清新式工商业对政府的报效》,《中国经济史研究》1997 年第 4 期。周育民认为:"从财政学的角度看,甲午战前洋务企业的'报效',有相当一部分是向政府交纳营业税的一种特殊形式,具有半封建半资本主义的性质。"周育民:《晚清财政与社会变迁》,上海人民出版社 2000 年版,第 312 页。

③ 费维恺:《中国早期工业化》,中国社会科学出版社 1990 年版,第 66 页。

④ 《盛世危言·商务二》。《郑观应集》上册,上海人民出版社 1988 年版,第 609 页。

⑤ 《商务叹》。《郑观应集》下册,上海人民出版社 1988 年版,第 1370 页。

⑥ 《马克思恩格斯选集》第 3 卷,人民出版社 1995 年版,第 492 页。

被中国人消费掉的。如果将这每年吞云吐雾的几千万两白银移用于现代化建设,同样的负担,是否会产生异样的效果?

现代化之前必须有一个资本原始积累的过程,既然称之为"原始","原始"的本意就是与文明相对立的野蛮、罪恶、缺乏理性。资本与剥削本来就是一对孪生姊妹,马克思形容资本罪恶的话语常为人们所引用:"资本来到世间,从头到脚,每个毛孔都滴着血和肮脏的东西。"①但是,"暴力是每一个孕育着新社会的旧社会的助产婆。暴力本身就是一种经济力"②;"恶是历史发展的动力的表现形式","自从阶级对立产生以来,正是人的恶劣的情欲——贪欲和权势欲成了历史发展的杠杆。"③即以资本主义和资产阶级而论,经典作家们一方面无情地谴责资本和资本家的冷酷与肮脏,但另一方面又高度肯定了资本主义和资产阶级给人类所带来的翻天覆地的变化:"资产阶级在它的不到一百年的阶级统治中所创造的生产力,比过去一切世代所创造的全部生产力还要多,还要大。"④历史的每一发展与飞跃都必须付出相应的代价,有时甚至付出了惨重的代价但并未获得应有的回报。固执地守定重农抑商,刻意保护小农自然经济,只能使社会在封建中世纪的泥泞中停滞徘徊,永远不可能实现现代化,而结果也绝不可能保护好国家和农民的利益。国家不能富强,随时有遭遇他国的侵略、沦为殖民地的危险,近代中国的历史演变就是最好的教材。如果以对农民的剥夺进行资本原始积累,完成现代化,农民暂时的牺牲换取的是社会质的跃进,最终使整个社会包括农民自己获益。"要使资本主义生产方式的'永恒的自然规律'充分表现出来,要完成劳动者同劳动条件的分离过程,要在一极使社会的生产资料和生活资料转化为资本,在另一极使人民群众转化为雇佣工人,转化为自由的'劳动贫民'这一现代历史的杰作"⑤,就需要经受种种苦难。英国"为

---

① 马克思:《资本论》第 1 卷,人民出版社 1975 年版,第 829 页。
② 马克思:《资本论》第 1 卷,人民出版社 1975 年版,第 819 页。
③ 《马克思恩格斯选集》第 4 卷,人民出版社 1995 年版,第 237 页。
④ 《共产党宣言》,《马克思恩格斯选集》第 1 卷,人民出版社 1972 年版,第 256 页。
⑤ 马克思:《资本论》第 1 卷,人民出版社 1975 年版,第 828—829 页。

奠定工业基础,牺牲了两代人"①,而恩格斯在《英国工人阶级的状况》一书中对英国早期工人阶级的悲惨境遇的描述更是科学社会主义批判资本主义罪恶的经典范文。英国每一个大城市都有一个或几个挤满了工人阶级的贫民窟。几百万的工人阶级穷困不堪,他们昨天挣得的今天就吃光。"工人知道他今天有些什么东西,他也知道明天有没有却由不得他。……他知道,如果他今天还能够生存,那么,他明天是否还有这种可能,就绝对没有把握了。"而对于女工来说,"工厂是地狱的真正入口","工厂中的十四岁到二十岁的女工有四分之三已经丧失了童贞"。"不言而喻,工厂奴隶制也和任何别的奴隶制一样,甚至还要厉害些,是把 jus primae noctis(初夜权)给予主人的。在这方面厂主是女工的身体和美貌的主宰。"②但这一切黑暗与罪恶都早已随着英国现代化的完成而成为历史的尘埃。这就是历史的辩证法。

对清廷来说,现代化的启动时,大规模的农民运动刚刚平息,因战争的破坏,急需恢复与重建,"田亩尽荒,钱漕难征"③,原有的田赋有的还要蠲免减缓。清政府即使有意以剥夺农民来进行资本原始积累,面对当时的情境,又是一个二难选择。更不幸的是,晚清社会的天火人祸连绵。中国早期现代化启动阶段,正逢中国自然灾害多发频发期④,这是迟滞中国早期现代化的因素之一,更极大地加重了晚清政府的选择难度。

其次看晚清资本原始积累对外路径的政策失误。

对内源型现代化国家来说,对外路向的资本原始积累是对殖民地的野蛮掠夺。一般认为,晚清现代化启动时,基本上不具备殖民掠

---

① 费尔南·布罗代尔:《15 至 18 世纪的物质文明、经济和资本主义》第 3 卷,三联书店 1993 年版,第 715 页。
② 恩格斯:《英国工人阶级的状况》,人民出版社 1956 年版,第 61、194—195 页。马克思在《资本论》中也描述和谴责了早期资本主义时期资本家的残忍和无产阶级的辛酸,如雇佣女工童工、超长的劳动时间、超负荷的劳动强度、残暴的监工管理、低廉的工资报酬、恶劣的工作环境以及低劣的安全条件和居住生活条件等等。
③ 《李鸿章全集》第 6 册,时代文艺出版社 1998 年版,第 3282 页。
④ 参见李文海等:《中国近代十大灾荒》,上海人民出版社 1994 年版;夏明方:《中国早期工业化阶段原始积累过程的灾害史分析》,《清史研究》1999 年第 1 期。

夺的国际条件,世界主要的殖民地已被列强分割。但这种说法亦欠缜密。大清帝国以天朝上国自居,拥有对周边藩国的宗主权。藩国是一种变相的属国,晚清现代化启动时,清王朝与其宗藩关系仍在维系。但这与殖民与被殖民又有着性质的不同,清廷并不是从经济上掠夺藩属国,更多的是以藩国的所谓朝贡来满足天朝朝廷的徒有虚名的可怜的虚骄面子。至于向海外殖民,真是匪夷所思。薛福成在1893年写过一篇《论中国不勤远略之误》的小论文,不足千字,篇幅虽短,却极有识见,可惜未引起学界的注意。鉴于此文不长而又极能说明问题,故特引征全文如下:

> 昔宰孔讥齐桓公不务德而勤远略,后世庸愦避事者流,借为畏难自恕之辞,而天下益以多事。不知桓公之病,在暮年多欲,内政不修,管仲死而贤才衰,内宠多而群小进。葵邱之会,虽称极盛,乱机已兆。则不务德一语,足以概之。盖非远略之不当勤,正因不知修德,无以立远略之基也。且桓公居方伯之任,尊周攘夷,乃其职耳。独惜其德量不宏,见小欲速,昧之远者、大者,则君子不能无病焉。窃尝以谓古今事变不同,即所以御之者亦异。齐桓公之时,当北伐山戎,南伐楚,势也,不得谓之远也。汉武帝之时,当攘匈奴,开滇粤,运也,不得谓之远也。唐太宗之时,当翦突厥,抚回鹘,权也,不得谓之远也。迨元太祖,囊括俄罗斯,席卷五印度,余威震于欧罗巴,远则远矣,何尝非审乎机以奋厥武哉?今者环瀛五洲,近若户庭,通商万国,迩于几席,任事者尤当高视遐瞩,恢张宏猷,然后有以导其窾,持其变。数十年来,中国不勤远略之名,闻于外洋各国,莫不欲夺我所不争,乘我所不备,瞷瑕伺隙,事端遂百出而不穷。夫惟不勤远略,是故琉球灭而越南随之,越南削而缅甸又随之。其北则黑龙江以南、乌苏里河以东,勘界一误,蹙地五千里。其西则布哈尔、布鲁特、哈萨克、浩罕诸回部,尽为俄罗斯所吞并,而哲孟雄、什克南、廓尔喀诸部,皆服属于英吉利。即朝鲜之

近居肘腋，台湾之列在屏藩者，亦恒启他国眈眈之视。夫惟不勤远略，是故香港、西贡、小吕宋、噶罗巴等处，各有数十万华民，而不能设一领事；美属之三藩谢司戈，英属之澳大利亚，华民皆自辟利源，而无端失之，反受他人驱逐。夫惟不勤远略，是故商务无一船越新嘉坡而西，小吕宋而南者；而兵船游历，亦不逾此。出使大臣，或懵然于条约之利病，而不知久远之计；封疆大吏，或惘然于边防之得失，而惟偷旦夕之安。以此应敌，以此立国，其不至召寇纳侮者几希。邑有富人，擅陂田之利。天雨，湖水溢，堤将坏，或告之曰："堤坏，田必没，盍筑诸？"富人曰："堤去吾田远，何筑为？"无何堤果坏，田尽没，年谷不登，家以骤贫。彼富人固知田之当护，而不知不护堤之不能护田也。呜呼！时局之艰危甚矣，强邻之窥伺深矣。当事者漫不加察，苟图自便，玩愒岁时，犹偃然曰："不勤远略也。"此之谓无略，此之谓舍远而不知谋近，此之谓任天下事而不事事！[①]

薛福成病逝于 1894 年，假如他亲眼看到甲午战争，马关签约，不知他又要作出何等痛心疾首的感慨！用现代话语来说，"不勤远略"就是不事对外争强和扩张。固然不能将本国的强盛建立在他国的痛苦之上，但也不能因此而甘心以自己的屈辱奉呈他人的富强。身陷列强环伺霸权政治、人为刀俎我为鱼肉的险恶国际环境，不进则退。满清朝廷委曲求全，妥协苟安，其结果如何自不待言。如果说晚清缺少对外殖民掠夺的条件，面对日本的成功，这一假设不攻自破。

如上节所总结，后发外源型现代化国家的资本原始积累的对外路径可以通过举借外债来实现。在前文"厘金与内外债"一节中已有分析，晚清外债举借虽早，却不是为了资本原始积累。从清廷本意来说，清政府并非情愿借债。甲午战败的巨额赔款，非大借外债无以筹措。尽管清廷财政极端竭蹶，但从对日赔款及归还洋债的情况看，清

---

① 《薛福成选集》，上海人民出版社 1987 年版，第 478—479 页。

第五章 从厘金看中外资本原始积累的异同

215

政府并非没有大借外债以进行现代化建设的财政能力。与其此时借债赔款，不如彼时借债建设。

无论是对内的颠倒，还是对外的失误，根源于政治。要效仿西方，"首贵在上之人，知中国时势之急，西国强盛之美。"①

1903 年亦官亦商的周学熙受命赴日本考察工商币制。经过三个月的实地考察，周学熙切身感受到这个"蕞尔岛国，幅员不过一百三十五万方里，其内港外海商轮大小一千三十余艘，铁路纵横一万二千数百里，电报得律风则无村无市无之，其民生而习乎交通洞达之场，智慧日增而不自觉。"他总结日本维新最注意者，"练兵、兴学、制造三事。其练兵事专恃国家之力，固无论已。而学校、工场由于民间自谋者居多，十数年间，顿增十倍不止。"进步之速，为古今中外所罕见，现全国男女几无人不学，其日用所需洋货几无一非本国所仿造，近且返运欧美，以争利权。周学熙认为，其实在明治以前，日本民情之顽固更甚于中国，"而何以一旦翻然，能使庸夫俗子心志如此之灵敏，盖所以开通风气者，必有要领。其铁路、轮船、电报、得律风之数者，之足以大启民智"。而中国民众安土重迁，囿于乡里积习，大率足所未至，身所未经，则以为异；目所不见，耳所不闻，则以为怪，"如此，则朝廷虽有良法美意，何由而施？即勉强设施，其不激而生变者幸也，安望其能响应若饥渴之于饮食不可须臾缓也"。在周学熙看来，"练兵、兴学、制造"三事中，练兵以国家力量操办，而兴学与工场则主要由民间举办，即"一学堂之善法，一工场之新制"是日本"新政之易行，而收效如此之速"的原因。这种认识并非全无道理，但周学熙没有认识到造成中日差距的深层次原因，即政治的原因。周学熙对照日本，反思中国落后在于中国十里之间，往往风气迥异，"何况二十数行省，言语不通，嗜欲不同。朝廷虽有德意，民辄惊疑观望，甚且流言四起，以阻挠煽惑，卒至于扞格不行，无他，民气涣散之已久，而无藉以联络贯通之也。"②地域、语言、风俗的差异虽大，却不是中国落后的原因，而"民气

---

① 花之安：《自西徂东》，上海书店出版社 2002 年版，第 254 页。
② 周学熙：《东游日记·跋》。虞和平、夏良才编：《周学熙集》，华中师范大学出版社 1999 年版，第 50—51 页。

涣散"，换成后人的话语方式就是"一盘散沙"，则接近于政治腐败上下阻隔的根源。

"政治上的失败乃是解释中国对现代化起步缓慢的一个最重要原因。"①郑观应在写作《盛世危言》时，"穷究中外政治盛衰利弊有年，遂知我国之贫弱由于政治不良"②，又说："政治不改良，实业万难兴盛。"③长期在中国传教、可视做中国通的英国著名传教士李提摩太认为清政府是"近百年来一直阻碍中国进步的人"。④ 自鸦片战争开始，大清帝国对外战争虽无胜迹，但都是败于欧洲列强，外人对清王朝的虚弱本质还缺乏清醒的认识，而清帝国也可以自我安慰，保留一丝"天朝上国"的虚骄面子。然而，中日甲午一战，世人终于看清了大清帝国衰弱无能的真实面目。日本人向世界"展示出了已经病入膏肓的政治腐败、深入骨髓的野蛮习性和无可救药的愚昧无知正在怎样地让这个腐烂之中的巨兽摇摇欲坠"⑤，大清帝国的最后一缕遮羞布被彻底撕碎。即使如此，清王朝的实际最高统治者慈禧太后依然将一己的淫威与极端的私欲凌驾于帝国的命运与民族的前途之上，囚禁光绪皇帝，捕杀变法分子，掐灭了刚刚点燃的变革图强的星火。熟稔中国情事的海关总税务司赫德在《局外旁观论》中说："中华情事，一曰内情，一曰外情。今日之外情，系由前日之内情所致；而日后内情，亦必由外情所变。"⑥赫德的本意是阐述清朝与列强的外交纠纷，告诫清政府要严格遵守与列强签订的不平等条约，但无意之中却提供了一个观察晚清历史演变的别样视角。对外屡战屡败备受列强欺凌之外情是由于清廷政治腐败的内因所致，而庚子之变后慈禧太后主持的新政之内情则源于八国联军攻占北京之变故。

———————————

①　罗兹曼主编：《中国的现代化》，江苏人民出版社 1995 年版，第 276 页。

②　《盛世危言后编》卷四，"政治"。《郑观应集》下册，上海人民出版社 1988 年版，第 423 页。

③　《盛世危言后编》"自序"。《郑观应集》下册，上海人民出版社 1988 年版，第 11 页。

④　谢缵泰：《中华民国革命秘史》。《孙中山与辛亥革命史料专辑》，广东人民出版社 1981 年版，第 331 页。

⑤　郑曦原编：《帝国的回忆：〈纽约时报〉晚清观察记》，三联书店 2001 年版，第 108 页。

⑥　宝鋆等编：《筹办夷务始末》(同治朝)第四册，中华书局 2008 年版，第 1667 页。

这样的政府是不可能担负起领导中国变革振兴、奋发图强的重任的,除推陈出新之外别无他途。日本的福泽谕吉说:"目前的政府即使出现如何伟大的人物,即使出现一百个李鸿章也无济于事。如要使人心更新、国家文明,除推翻中央政府一途之外恐别无良策。然而推翻政府之后,是否即能顺利地走向日本'王政维新'之路,这是很难保证的。"①除了对李鸿章的评价略嫌夸大之外,这些分析可谓击中要害。清政府在资本原始积累过程中的缺误正当做如是观,而此后的中国历史的演变亦不幸被这一日本"文明开化"的先驱者所言中。

在这方面,一个并不显眼的清朝官员张荫桓的个人命运也许更能说明问题。

甲午战争期间,户部侍郎、总理衙门行走张荫桓以全权大使身份在赴日和谈途经上海时,著名的在华英国传教士李提摩太特意登门拜访,向张提出了"中国扭转颓势的办法",如派出两位亲王担任对日议和全权代表,有限考虑金钱补偿而不是其他方面的要求;与一个强大的国家结盟,以推进有益的改革;朝廷及地方督抚都应聘用外国专家等。李提摩太的这些建议当然也不全是救世良方。在张荫桓的十条答复中,有六条涉及清廷及其官员的腐败与无能。如中国官员的腐败是可怕的、无可救药的;把任何改革方案摆在朝廷面前都毫无用处;"本人曾提出派皇室成员出国考察的办法,但却被劝告不要把建议提交朝廷,因为那只会削弱我的影响力";官员之间以各种罪名相互攻击,但上边从来不调查一下谁是谁非;中国派往国外的使臣,极少合格的观察者;虽然张荫桓个人对李提摩太的改革方案大都表示赞同,"但现在采取什么措施都晚了"。李提摩太提议应该大力诱导改革,张荫桓则认为"不经过巨大的、激烈的变动,在北京什么事也干不成"。②

作为大清帝国的高级官员,张荫桓非常清楚上述话语的严重性质。这些迹近"谋反"的话不仅不能公开讲,也不能私下说,甚至不能

---

① 福泽谕吉:《福泽谕吉自传》,商务印书馆 1980 年版,第 229 页。
② 李提摩太:《亲历晚清四十五年——李提摩太在华回忆录》,天津人民出版社 2005 年版,第 220—221 页。

在自己的日记中写,万一被清廷获知,其后果不言而喻。唯一的只能对如李提摩太这样的外国传教士们稍露心迹。张萌桓能有这样的认识也源于其特有的经历。他曾经充任出使美国、日斯巴尼亚和秘鲁三国大臣,见过世面,能够正视西方的长处及中国的黑暗现实。甲午战争后他还曾出使美、英、法、德、俄等国,回国后具陈所闻及主张改革。戊戌变法期间曾受命管理京师矿务和铁路总局。与康有为、梁启超、严复、翁同和及戊戌六君子等相比,由于既非位高权重,又无特别的事迹,所以在戊戌变法史上一般并不会留意张萌桓。从他主张变革的角度看,可以将他归为改良派之列。正因如此,戊戌政变时他受到牵连而被流戍新疆,并最终在庚子年间被杀。

张萌桓个人的命运似乎是大清帝国命运的预兆。虽说张萌桓死后,随着八国联军侵华、《辛丑条约》的签订,清政府开始了"新政"运动,慈禧太后为了保住自身的地位,不仅将几年前自己亲手镇压下去的变革措施一一出台,而且其激进程度如预备立宪等比戊戌变法有过之而无不及。但由于清政府的无能反而使人心思变,正如张萌桓所言:"不经过巨大的、激烈的变动,在北京什么事也干不成。"慈禧太后"有幸"没有亲眼看到大清帝国的覆灭,但她却似乎听到了革命的隆隆炮声正越来越近。既然体制内的改革无法挽救大清帝国,就只好寄望于体制外的"巨大的、激烈的变动"——辛亥革命了。

晚清现代化的目标无疑是正确的,但正确的目标需要正确的路径,否则只能是南辕北辙,速度越快,离目标越远。这就是晚清现代化建设的历史启示。

余 论：

成败之间——裁厘加税的最终完成
与早期现代化的命运

　　因应战事偶然而生的厘金，事平而不能撤。中国早期现代化启动时，它不自觉地构成了资本原始积累的重要组成部分，实际上它已置于裁留之间的尴尬处境；甲午战争以后，随着清政府财政被主要用于对外赔款，在财政岁入中占 1/5 左右的厘金也不能幸免被用于赔款偿债，其对早期现代化建设的资本原始积累意义被无形消解。随之而来的空前绝后的庚子赔款，厘金更不可能轻言裁撤，必须有所补偿和转换。《辛丑条约》后的"裁厘加税"谈判，中外同处"裁"与"加"的两难之中，最后只有维持原状。直至辛亥革命爆发，清政府仍未能解决厘金困局。

　　南京临时政府时期，新生的资产阶级革命政权面临许多重大问题，其中财政的困难严重影响到了临时政府的生存。为了解救财政的燃眉之急，孙中山不惜与日本"合办"汉冶萍公司，结果引来了临时政府内外的一致反对，只好作罢。[①] 在此情况之下，裁厘加税当然不会提上议事日程。但一些地方仍在探讨裁厘问题，南京临时政府成立之前，江苏省临时议会即制定了裁厘抵补方法，"暂定本省出产之货及外省运入之货所有应征税项，总名为货税。本省旧有之水陆各卡、局一律裁撤，通过税一律停止。本省常关抽税法性质与厘卡相

---

　　① 　参见杨华山：《论南京临时政府期间汉冶萍"合办"风波》，《学术月刊》1998 年第 11 期。

同,应一并裁撤。"①货物税由各县本业殷实董事拟定捐数后认捐,并拟定了税率。江苏都督程德全并未批准该方案,同时一些行业也申请暂缓认捐货物税。

北洋政府时期继续致力于厘金整顿和"裁厘加税"。1914年财政部拟定了《征收厘税考成条例》29条②,报呈大总统批准执行。本条例只是对厘税征收任务完成情况的奖励与惩罚。同时,北洋政府派员对苏皖赣等各省的厘金情况进行调查,提出整顿办法,以为裁厘加税做准备,中华全国商会联合会也纷纷提出裁厘建议。1917年财政部向国务院提交《加税免厘进行手续及抵补方法案》,提出先将事实上的值百抽三关税提高到切实值百抽五,再与各国一同谈判加税,执行《马凯条约》,进口关税加至值百抽十二五,出口七五。1921年财政部再呈国务院,认为加税裁厘有"五利",一是减轻成本,奖励出口,吸收外资,疏通国内金融;二是增加关税既补厘金之失,而与国家岁入丝毫无损;三是裁撤厘卡,使国货畅销,全国生产事业可期发达;四是废除厘金后,整理销场税和出产税,普及营业税,"恶税去而良税行";五是厘卡全裁,"各地货物运输自由,内地僻陋之商场,亦可变为繁盛之区"。财政部建议裁撤所有厘卡,但保留常关。为与各国谈判,应预筹洋货进口办法、国货出口办法和外国人在中国制造货物的课税办法。③北洋军阀时期局势动荡,内外战事连绵,缺乏解决裁厘加税的内部和外部的环境与条件。海关总税务司安格联在1925年的《关于裁撤厘金说帖》中即认为裁厘加税难于实行,其中的一个重要原因是厘金裁撤之后,以往归于各省省库的厘金将由增加的关税替代而转移于中央国库,"必将使国库、省库之冲突益增剧烈"。④说到底还是中央与地方的矛盾。

---

① 马敏等主编:《苏州商会档案丛编》第二辑,华中师范大学出版社2004年版,第454页。

② 中国第二历史档案馆编:《中华民国史档案资料汇编》第三辑财政,江苏古籍出版社1991年版,第33—37页。

③ 中国第二历史档案馆编:《中华民国史档案资料汇编》第三辑财政,江苏古籍出版社1991年版,第1446—1450页。

④ 中国第二历史档案馆编:《中华民国史档案资料汇编》第三辑财政,江苏古籍出版社1991年版,第1451页。

南京国民政府成立时,1927年7月发布《国民政府为裁撤厘金并实施关税自主的布告》,定于9月1日为裁撤厘金之期,同时宣告关税自主,"即将江苏、安徽、浙江、福建、广东、广西六省境内各种通过税完全裁撤"①。并将进口货物改照国定税率征收,工厂制造货物依照出厂税条例征税。本次裁厘的出发点是为了增加财政收入,筹措军费,以增加蒋介石的实力,所以虽然按照计划增加的关税已经超过厘金,但裁厘之后还要开征出厂税。这样遭到商民的反对就是情理之中的事了;再说只在六省裁厘而无全国统一行动,显然也不可能做到真正的裁厘。地位尚未稳固的蒋介石首次裁厘失败。次年7月15日国民政府财政部成立了裁厘委员会,专门讨论裁厘方案。1929年财政部议决江苏、浙江、江西、福建和安徽五省裁厘要点十项,实行分期裁厘后,征收特种消费税。全国商会联合会等15家商会胪举六条理由,认为征收特种消费税失去了"裁撤厘金增加关税"的目的,"其性质与税额宛然一百货厘金","此税果行,多见其违反民意,阻害民生,剥夺民权,而又不衡于学理,不符合原则,不适于施行,兴利除害,适得其反",向行政院请愿停办特种消费税。② 由于商民的反对及地方势力的阻挠,本次裁厘亦未成功。

随着北伐战争的胜利,国民政府外交部发表宣言,宣布废除一切不平等条约,争取关税主权独立。到1929年底,与中国订有不平等条约的12个国家中只有日本顽固拒绝中国关税自主要求,1930年5月日本方勉强同意。根据新关税条约,废除了以往值百抽五的低税率及协定关税,将进口货物分为不同等级,按不同税率征收关税,税率最高者达到80%。因关税自主,海关税收大有增加。1930年中原大战后,国民政府的统治得到巩固,裁厘也有了实质性的进展,本计划于1930年10月10日以前分期分批裁撤全国厘金及一切类似厘金,共计12项:厘金、商埠五十里内五十里外之常关税及附税(海陆边境

---

① 中国第二历史档案馆编:《中华民国史档案资料汇编》第五辑第一编财政经济(二),江苏古籍出版社1994年版,第287页。

② 中国第二历史档案馆编:《中华民国史档案资料汇编》第五辑第一编财政经济(二),江苏古籍出版社1994年版,第299—302页。

常关征收国境进出口税者不在裁撤之列)、统捐、统税、货物税、铁路货捐、邮包厘金、落地税、不问其名目为何凡含有国内通过税之性质者、海陆新关之子口税及附税、海陆新关之复进口税及附税、海陆新关由此口到彼口之出口税。但因军事尚未结束,财政部请予展缓两月施行。行政院于 10 月 11 日训令务于 1931 年 1 月 1 日裁撤厘金及类似厘金之一切杂税苛捐。本次裁厘蒋介石亦下定决心,认为裁厘与否是"革命之能否完成之唯一关键","今日一切皆可牺牲而裁厘之政策万不能不贯彻,万不能不如期实行"。裁厘之后,蒋介石还下令"嗣后中央地方一切对于人民强制之征收,无论其称为税或捐或费或他种名目,一切事业企图或契约订定之含有专卖、独占、特许,或其他特殊利益性质,无论其为官办、商办,抑或华洋合办,非因执行法律所发生者,其设定及废止,均应先经中央政治会议决定原则,立法院审核内容,既得成立。"①厘金至此逐步退出了历史的前台。

厘金废除后,南京国民政府改征货物统税。开征统税者先后有卷烟、麦粉、棉纱、火柴、水泥、熏烟和啤酒等。裁厘改统虽然在一定程度上具有保护民族工商业的积极意义,但有些政策还是有利于外国资本主义的商品倾销。如棉纱统税条例规定,纱支愈细,税率愈轻,反之税率愈重。而由于技术和历史的原因,粗纱多为民族工业生产,细纱多为外国工厂生产,这当然对外国纱厂有利。占统税收入首位的卷烟,等级屡次变更,由最初的七级简化为二级,低等级卷烟的实际税率由 14.67% 上升为 57.97%,高等级卷烟则由 17.69% 降为 16%②。而高等级烟多为外国工厂所出,低等级烟多为民族企业所产,这一统税征收办法当然也不利于民族企业的发展。1934 年 24 家民族企业烟厂就曾联名请求修改税率,"依历年之经验,七级税制最有利于华商,三级税制次之,二级税制则英美显受特惠,华商无抗争之力。故七级税时代华商烟厂共有百五六十家,二级税行,纷纷倒

---

① 中国第二历史档案馆编:《中华民国史档案资料汇编》第五辑第一编财政经济(二),江苏古籍出版社 1994 年版,第 316 页。

② 《英美烟草公司在华企业资料汇编》第一册,中华书局 1983 年版,第 11 页。

闭,今则仅存四五家,年来且销数锐减,并多亏累。"①这正是统税不能保护民族工业的反映。

厘金向为地方势力的重要财源,裁厘统税对地方势力不利。为了弥补地方的财政损失,国民政府将向由中央控制的田赋划归地方征收。地方政府因财政之需,各种田赋附加由此更加层出不穷,经常大大超出田赋正额,实在没有合适的名目,还有田赋预征,如在四川,有些地区1931年的田赋已预征到1961年,1933年时"复开征(民国)五十七、五十八年粮"②。

当然,总体来说,裁厘改统使裁厘虽不彻底,但与厘金相较,不仅负担大为减轻,更重要的是免去了中途的额外留难需索,有利商品流通和民族工商业的发展。"加税裁厘"的完成的确一定程度上促进了民族工商业的发展。从1930—1936年,国内工农业生产都以较快的速度增长。1936年,工业总产值比1935年增长11.1%,比1927年增长83.3%;农业总产值比1935年增长5.9%。这一年成为1949年之前我国经济发展的最高峰。③ 1927—1937年之所以成为中国资本主义发展的"黄金十年",原因固然很多,但裁厘加税的完成应是重要因素之一。虽然如此,中国的现代化并未完成,相反,官僚垄断资本迅速膨胀,随着中日战争全面展开,中国被拖入全国性战争的深渊,中华民族面临着生死存亡的考验,现代化建设的任务被迫服从于抗战救国第一要务。八年抗战结束,内战硝烟复起,到中华人民共和国成立时,中国依然是一个以传统农业占绝对优势的社会。

建国后,摆在面前的不仅是复杂的国际环境,国内的经济的落后与困难更是一大难题。1949年工农业总产值中,工业占30%,农业占70%。传统农业和手工业占国民经济的90%,现代工业只占国民经济10%左右,远不及同类型国家的水平。如1942年罗马尼亚现代工业产值占工农业总产值的30%以上,保加利亚占到20%,也比中国高出10个百分点。在制造业产值中,约有75%来自手工业。1949年美

① 《申报》1934年3月20日。
② 章有义编:《中国近代农业史资料》第三辑,三联书店1957年版,第1018页。
③ 金碚:《中国工业化经济分析》,中国人民大学出版社1994年版,第77页。

国国务卿艾奇逊在编完《美国与中国的关系》的白皮书后给总统杜鲁门的信中说:"中国人口在十八、十九两个世纪里增加了一倍,因此使土地受到不堪负担的压力。人民的吃饭问题是每个中国政府必然碰到的第一个问题。一直到现在没有一个政府使这个问题得到了解决。"①这还仅仅是从人口问题为观察点,实际的问题远比这复杂而严重。关于工业化与现代化的落后问题,建国五年后毛泽东还曾形象地说:"现在我们能造什么?能造桌子椅子,能造茶碗茶壶,能种粮食,还能磨成面粉,还能造纸,但是,一辆汽车、一架飞机、一辆坦克、一辆拖拉机都不能造。"②至于仅能制造出的现代工业产品的质量就更不用说了。

但是新生的政权也自有其极为有利的条件。正如一位英国的社会学者所总结的那样:"1949年中国开始建设社会主义时的世界形势是很特殊的。"那时不必对付任何来自发达资本主义"中心"的威胁,因为当时各个资本主义大国刚刚经历了第二次世界大战的创伤,"胜利"之后的"复苏"任务很艰巨。美国对通过马歇尔援助计划振兴西欧很感兴趣,因为这样就可以占领欧洲市场。在远东地区,中国相对孤立于世界事务之外。"毛泽东建立了一个统一的、强大的中央集权国家,其政府官员和士兵通力合作,消灭了传统的上层阶级残余势力。国家控制了农业和工业劳动力,保证了资源的有效利用,并通过降低人民的消费水平来保证投资。后来,中国得到苏联的援助,在东北地区建立了大规模的工业企业。""相对闭塞、农民阶级的支持、革命斗争和强大的国家机器,这就是中国能够比较成功地建设社会主义的四个因素。"③最关键的是历经百年屈辱的中国人民渴望安定和富强,对党和政府寄予了全身心的无限的信任和忠诚,积极心、责任心和奉献精神被充分调动起来,这是比任何物质环境上的优越条件更可宝贵的无形巨额财富。

在一个落后国家里,利用新诞生的国家政权的最高权威和力量

① 转见《毛泽东选集》第四卷,人民出版社1991年版,第1510页。

② 中共中央文献研究室编:《毛泽东文集》第六卷,人民出版社1999年版,第329页。

③ 安德鲁·韦伯斯特:《发展社会学》,华夏出版社1991年版,第150—151页。

余论:成败之间——厘加税的最终完成与早期现代化的命运

推进现代化,无论是从理论上还是在实践中都是可以起到事半功倍之效的。"每当工业能在最不富有的国家中立足生根时,工业必定繁荣兴旺,贫穷对这些国家是个有利条件。谓予不信,请看今日的南朝鲜、香港或新加坡,以及过去意大利以北的欧洲地区。"①但有利的条件我们却并未能很好地把握和利用,反而遭遇了许多本不应有的曲折和磨难。

建国后的工业化的资本积累仍未超出资本原始积累的一般规律。在对外上,由于意识形态的原因,外交上的"一边倒"政策,排除了利用西方资本主义国家的技术和资本的可能与条件,完全依靠社会主义的"老大哥"苏联的经济援助。中国在上世纪 50 年代初,利用苏联经济援助 54 亿元,占"一五"(1953—1957 年)计划期间国民收入的 0.9%。可以看出,即使在当时,也不能高估苏联对我国建国初期的经济援助;何况,当年苏军自我国东北撤军时"运走了所有日伪留下来的工业设备"②。即使是民用工厂,苏联认为,凡是为关东军服务过的都是军用工厂。因为谁也不能说关东军不抽烟卷儿,不洗衣服,不点电灯,不住房子,不用瓦。日军一投降苏军即开始拆装机器设备,然后分海(大连)陆(向北经黑河,向西经满洲里,向东经绥芬河)两路运往苏联。对重要工厂采取"摧毁"式的拆卸,如鞍山钢厂、奉天飞机制造厂等。被拆卸后的工矿企业一片惨景。当时中外通讯社作了大量报道,如美联社报道说"中国接管东北工业的希望已粉碎无余",合众社报道说:"东北不复为富庶工业区,'九一八'后日本辛苦经营之结果,已尽付东流,盖东北无数工厂,已被按部就班搬运一空,各种机器,不论大小,自火车头至旋凿,皆被苏军当做战利品车载而去。"③至于这些被苏联拆运的机器设备的总价值多少,有不同的统计口径与具体数字,司徒雷登认为这些工业装备价值"二十亿美元"④。新中国

---

① 费尔南·布罗代尔:《15 至 18 世纪的物质文明、经济和资本主义》第三卷,三联书店 1993 年版,第 698 页。

② 夏衍:《懒寻旧梦录》,三联书店 1985 年版,第 559 页。

③ 参见薛衔天:《苏联拆运我国东北机器史实》,《炎黄春秋》2005 年第 3 期。

④ 司徒雷登:《在华五十年》,北京出版社 1982 年版,第 171 页。

成立、中苏结盟后这些巨额工业设备苏联既未归还,亦未补偿;而苏联对新中国的援助不仅非常有限,而且既不是单方面的,更不是无偿的。中苏关系破裂后,中共中央在写给苏共中央的信中提到,我国从苏联进口的货物比国际市场上的价格还要贵得多,苏联对中国贷款的最大部分是我国从苏联购进军事物资,而这些军事物资中的大部分又都使用和消耗于抗美援朝的战争之中,"长期以来,我们每年都在为苏联的这些贷款偿本付息,它占去我国对苏联出口的一个相当份额。这就是说,连在抗美援朝战争中向中国提供的军事物资,也不是无偿援助。"更重要的是,中苏关系恶化后,非常有限的苏联援助也完全停止了,中国实行闭关锁国政策,全部依赖本国非常有限的资金进行社会主义建设;不仅如此,我们还时常勒紧自己的裤腰带,大力援助亚非拉人民的革命与建设。直到 1978 年中共十一届三中全会后,实行对外开放政策,才开始大规模引进外资,社会主义现代化建设由此进入到一个崭新的阶段。

在对内上,主要是利用工农业产品价格剪刀差的方式从农业中高度积累工业化所必需的资金和原料。中国工业化的突出特点之一是资金的高积累。1952—1990 年的 38 年中,除第一个五年计划时期和三年经济调整时期(1963—1965 年)之外(从国际比较看,这 8 年的积累也是较高的,分别为 24.0% 和 22.7%),其余 30 年的积累率平均占国民收入的 32%,最高年份 1959 年高达 43.8%,1978 年也达到 36.5%。这样高的积累无论是从中国近现代经济发展史上看,还是从国际比较看,都是非同一般的。

中国工业化筹资的手段和特点是行政型纵向筹资,即主要采取行政性手段,把国民收入中除用于个人现期消费以外的部分尽可能集中到国家财政部门和政府可以直接控制的国营经济中,通过政府储蓄或政府命令的强制储蓄来实现工业化所需资金,其关键环节之一是实行低工资(低收入)制度。新中国成立后,特别是从 1958 年开始的加速工业化以来,直到上世纪 70 年代末,中国职工的平均工资几乎没有增长,平均实际工资甚至还有所下降。为了使低工资的劳动者能够维持最低限度的生活水平,必须向他们提供低价的生活必需品。因此,中国政府采取了强有力的行政措施,管制生活必需品价格,使之长期保持稳定而偏低的价格。在生活必需品中,最重要的是主要农副产品,保持主要农副产品的较低相对价格水平,是实施行政型纵向筹资并由此实现极限积累的前提。中国工业化第一阶段,在国家严格控制下,农副产品价格一直保持较低水平,这使得农业劳动者的收入也处于较低水平。据外国学者计算,"中国农村中单位劳动力的收入水平指数直至 70 年代末仍停留在 1957 年的水平,而 1957 年还低于 1952 年的水平。"[①]压低农产品价格的结果是使工农业产品之间的贸易条件更有利于工业。工农产品间的交换同时成为农业向工业转移部分经济剩余的过程。这就是工农产品价格"剪刀差"现象,也有的外国学者称之为农业向工业提供"贡税"的现象。

　　1955 年开始对主要农产品实行统购统销(其中对粮食的统购统销始于 1953 年冬),长期实行向工业倾斜政策,压低了农产品价格,形成了巨大的工农业产品价格的剪刀差。这实际上也是苏联老大哥社会主义工业化经验的复制。1956 年党和国家领导人曾经表示不赞成苏联通过价格机制剥夺农民以积累工业化资本的做法。毛泽东在《论十大关系》中说:"苏联的办法把农民挖得很苦。他们采取所谓义务交售制等项办法,把农民生产的东西拿走太多,给的代价又极低。他们这样来积累资金,使农民的生产积极性受到极大的损害。"毛泽东还形象地比喻道:"你要母鸡多生蛋,又不给它米吃,又要马儿跑得好,又要马儿不吃草。世界上哪有这样的道理!"[②]他还说要研究和避免苏联的错误:"我们学习苏联,要包括研究它的错误。研究了它的错误的那一方面,就可以少走弯路。我们是不是可以把苏联走过的弯路避开,比苏联搞的速度更要快一点,比苏联的质量更要好一点?应当争取这个可能。"但在实际运作中却不得不遵循苏联模式,并未争取"这个可能",没有遵照"我们对农民的政策不是苏联的那种政策,而是兼顾国家和农民的利益"的最高指示。其实这是不以任何人

---

① 金碚:《中国工业化经济分析》,中国人民大学出版社 1994 年版,第 249—250 页。
② 《毛泽东文集》第七卷,人民出版社 1999 年版,第 29—30 页。

的意志为转移的，正如本书第五章所总结的，对本国农民的剥夺是资本原始积累的重要途径之一；而在一个闭关锁国的落后的农业大国里搞社会主义工业化，剥夺农民所具有的资本原始积累的意义更显巨大。一位当事人曾说："如果不在相当一个时期内，要求农民多提供一点积累，工业化资金哪里来？"[①]因此，当时的中国不仅对农产品实行统购统销，而且认为"统购统销是实行社会主义的一个重要步骤"。在反右时期，统购统销作为建设社会主义的一项基本政策是不容反对的，否则就被划为右派分子。中共八届三中全会通过的《划分右派分子的标准》中规定凡反对统购统销者即应被划分右派分子。

据有关部门的一项研究，以 1957 年、1965 年、1971 年和 1978 年四年为例，工农产品价格背离价值的情况如下表[②]。农产品的价格低于价值，农民的收入减少；工业品的价格高于价值，农民多付出。两项累加计算，农民的损失就不是一个小数目了。这是我国工业化筹资方式和途径的最为显著的特点。

工农业产品价格剪刀差概况表

| 年份 | 农产品 | | 工业品 | | 农民合计无偿贡出金额（亿元） |
	低于价值比例（%）	农民少收入金额（亿元）	高于价值比例（%）	农民多付出金额（亿元）	
1957 年	38.8	137.9	53.9	82.6	220.5
1965 年	45.6	257.4	43.7	100.8	358.2
1971 年	40.6	252.2	36.7	132.2	384.4
1978 年	35.6	308.4	19.7	133.4	441.8

1952—1978 年，国家通过工农"剪刀差"，从农业和农民中抽取了 7000 多亿元农业"剩余"资金，农民以自己的牺牲为新中国的工业化作出了巨大的贡献。据估计，发展中国家以价格形式提供的农业转移资金约占国民生产总值的 10%，而我国农业 1977 年共向国家提供

---

① 薄一波：《若干重大决策与事件的回顾》（修订本）上卷，人民出版社 1997 年版，第 290 页。

② 根据孙培均主编：《中印经济发展比较研究》，北京大学出版社 1991 年版，第 145 页的有关数据编制。

积累 432.2 亿元,相当于当年财政收入的 55%,其中以剪刀差形式提供的积累资金占 94.4%。[1] 1952 年,工农业总产值中农业占 56.9%,工业为 43.1%;到 1979 年,农业比重下降到 26.6%,工业上升到 73.4%。经过 30 年的建设,终于建立起了独立的、门类比较齐全完整的工业体系和国民经济体系,我国工业实力大为增强,初步奠定了工业化的基础。这也反证了晚清资本原始积累对内路径上的选择错误。

但因诸多政策的失误,尤其是十年"文革",国民经济损失惨重。"文革"十年损失国民收入 5000 亿元,共损失财政收入 15002 亿元左右。[2] 由于片面强调平均发展、平衡布局,在许多没有基础和条件的中西部地区投资兴建现代化厂矿企业,形成很多"经济飞地",从而造成了大量的浪费;伴随着对国际形势的错误估计,以"靠山、分散、隐蔽"以至"进洞"为原则的许多分布于深山老林中的"三线"厂矿可谓"经济飞地"的典型,虽然其中不乏平衡区域经济发展的部分实际效果,但总体上来说这种巨大的浪费和亏损无疑也在很大程度上延缓了新中国现代化的步伐。在经济建设过程中不尊重经济规律,造成损失或浪费时又常以"花钱买教训"或"交学费"予以搪塞。

中国的农民已经为中国的社会主义现代化建设贡献了超负荷的力量,即使改革开放以来,中国的现代化建设依然离不开对农业、农民、农村的掠夺。1979—1994 年,通过工农产品剪刀差供应约 15000 亿元,通过农村税费制度供应约 12986 亿元。[3] 通过廉价征用农民土地,从农民手中抽走资金大约 2 万亿元,城乡居民收入差距不仅没有缩小,反而持续扩大。

人口政策的失误更是一个将在长时期内严重制约我国完成现代化的极为重要的因素。中国农民对新中国的工业化作出了巨大的牺牲和贡献,但又被早已严重膨胀的、文化素质低下的农村人口逐渐抵消。当然,农村人口问题主要责任并不在农民自身,而在于党和国家

---

[1] 姚志学主编:《中国和其他发展中国家现代化之比较》,湖北人民出版社 1993 年版,第 124 页。

[2] 《当代中国财政》上,中国社会科学出版社 1988 年版,第 261 页。

[3] 《关于中国新城乡关系的解读》,《人民日报(海外版)》2005 年 3 月 16 日。

的政策。从这一侧面进一步说明了政府角色和行为在落后国家进行现代化建设的意义和影响。

19世纪初，拿破仑曾说："中国是一头睡狮，一旦醒来，世界都要为之震动，还是让他睡着吧。"而尼克松在1988年写的《1999：不战而胜》中也援引了拿破仑的"睡狮"名言后写道："这个巨人现在苏醒了。他的时候到了，他准备震动世界。""如果中国继续走邓小平的道路，我们孙辈的世界将有三个超级大国，而不是两个——美国、苏联和中华人民共和国。"①新儒家们也满怀信心地认为和宣传21世纪将是中国人的世纪。但在21世纪已经过去了10年，当西方纷纷倡导着"反现代"、"后工业"时，我们却无法回避眼前的严酷现实：中国在今后相当长的时期内仍将蹒跚踯躅于完成现代化的道路上。历史沉重的车轮艰难地碾过了一个多世纪的旅程，似乎又迂回到了最初的起点，提出了一个与一百多年以前几乎相同原理的问题：国家、政府在现代化进程中究竟应该如何扮演好自己的角色？

幸运的是，无论如何艰难如何曲折，无论付出了多大牺牲多少血汗，中国的现代化建设已经取得了举世瞩目的成就。世纪之交中国实现了全面小康，基本完成了工业化。此时农业支持工业、城市剥夺农村的历史就应该开始反转。对此，胡锦涛总书记在2004年9月召开的中共十六届四中全会上提出了"两个趋向"的重要论断："纵观一些工业化国家的发展历程，在工业化初始阶段，农业支持工业、为工业提供积累是带有普遍性的趋向；但在工业化达到相当程度后，工业反哺农业、城市支持农村，实现工业与农业、城市与农村协调发展，也是带有普遍性的趋向。"在同年12月召开的中央经济工作会议上，胡锦涛总书记强调指出：我国现在总体上已到了"以工促农、以城带乡"的发展阶段。"两个趋向"的重要论断，是在对世界工业化、现代化发展史研究总结的基础上得出的真理性认识，对我国现代化建设的现实具有非常重大的指导意义。2005年中央一号文件《中共中央国务院关于进一步加强农村工作提高农业综合生产能力若干政策的意

---

① 尼克松：《1999：不战而胜》，世界知识出版社1989年版，第253页。

见》中指出：坚持"多予少取放活"的方针，"要适应我国工业化发展阶段和政策趋向的变化，按照工业反哺农业、城市支持农村的要求，切实把农业和农村经济发展放到国民经济全局中统筹安排，更加自觉地调整国民收入分配结构，更加主动地加强农业基础地位，进一步加大农村改革力度，加大对农业的支持力度，加大对'三农'工作的领导力度。"2005年12月29日，十届全国人大常委会第十九次会议经表决决定，《中华人民共和国农业税条例》自2006年1月1日起废止。中国延续了二千六百多年的"皇粮国税"——农业税从此退出历史舞台，不仅如此，国家还给种粮农民以补贴。这无疑是一个具有里程碑式的重大转折，中国历史进入了一个全新的阶段。

但是，回到本书的"导论"，工业化绝不等于现代化。中国虽然实现了工业化，"中国制造"虽然遍及世界，但实现全面现代化依然是一个相当长远的愿景。

实现全面现代化的目标是正确的，但正确的目标需要正确的路径。这既是历史的启示，也是现实的警示。

参考文献举要

一、经典著作

《马克思恩格斯选集》、《资本论》、《列宁选集》、《毛泽东选集》等。

二、档案、资料汇编、近代报刊

清朝官中硃批奏折,财政类。中国第一历史档案馆藏。

朱寿朋编:《光绪朝东华录》,中华书局 1958 年版。

王彦威、王亮编:《清季外交史料》,书目文献出版社 1987 年版。

中国近代经济史资料丛刊编委会主编:《辛丑和约订立以后的商约谈判》,中华书局 1994 年版。

中国近代经济史资料丛刊编委会主编:《中国海关与辛亥革命》,中华书局 1964 年版。

文庆等编:《筹办夷务始末》(道光朝),中华书局 1964 年版。

宝鋆等编:《筹办夷务始末》(同治朝),中华书局 2008 年版。

中国第一历史档案馆:《清代两次试办印花税史料》,《历史档案》1997 年第 4 期。

中国第二历史档案馆编:《中华民国史档案资料汇编》,江苏古籍出版社,第三辑 1991 年版,第五辑 1994 年版。

赵尔巽等撰:《清史稿》,中华书局 1977 年版。

汪敬虞主编:《中国近代工业史资料》第二辑,科学出版社 1957

年版。

孙毓棠编:《中国近代工业史资料》第一辑,科学出版社 1957年版。

陈真、姚洛编:《中国近代工业资料》第一辑,三联书店 1957 年版。

聂宝璋编:《中国近代航运史资料》第一辑,上海人民出版社 1983年版。

李文治编:《中国近代农业史资料》第 1 辑,三联书店 1957 年版。

章有义编:《中国近代农业史资料》第 3 辑,三联书店 1957 年版。

宓汝成编:《中国近代铁路史资料》第一册,中华书局 1963 年版。

王铁崖编:《中国旧约章汇编》,三联书店,第一册 1957 年版,第二册 1959 年版。

千家驹编:《旧中国公债史资料》,中华书局 1984 年版。

严中平编:《中国近代经济史统计资料选辑》,科学出版社 1955年版。

张侠等编:《清末海军史料》,海洋出版社 1982 年版。

章开沅等主编:《苏州商会档案丛编》第一辑,华中师范大学出版社 1991 年版。

马敏等主编:《苏州商会档案丛编》第二辑,华中师范大学出版社 2004 年版。

天津市档案馆等编:《天津商会档案汇编(1903—1911)》,天津人民出版社 1989 年版。

中国人民银行参事室编:《中国清代外债史资料》,中国金融出版社 1991 年版。

孙翊刚等编:《中国工商税收史资料选编》,中国财政金融出版社,第七辑(清代前期部分)1993 年版,第八辑(清代后期部分下册)1994 年版。

贺长龄辑:《皇朝经世文编》。

盛康辑:《皇朝经世文续编》。

中国史学会主编:《鸦片战争》(中国近代史资料丛书),神州国光社 1954 年版。

中国史学会主编:《洋务运动》(中国近代史资料丛书),上海人民出版社 1961 年版。

中国史学会主编:《戊戌变法》(中国近代史资料丛书),神州国光社 1953 年版。

胡滨译:《英国蓝皮书有关义和团运动资料选译》,中华书局 1980 年版。

天津社会科学院历史研究所编:《1901 年美国对华外交档案——有关义和团运动暨辛丑条约谈判的文件》,齐鲁书社 1984 年版。

刘锦藻编:《清朝续文献通考》,商务印书馆 1936 年版。

赵靖、易梦虹主编:《中国近代经济思想资料选辑》,中华书局 1982 年版。

徐雪筠等译编:《上海近代社会经济发展概况(1982—1931)——〈海关十年报告〉译编》,上海社会科学院出版社 1985 年版。

鲁子健编:《清代四川财政史料》,四川社会科学出版社 1984 年版。

魏源:《海国图志》,岳麓书社 1998 年版。

黄遵宪:《日本国志》,天津人民出版社 2005 年版。

梁方仲:《中国历代户口、田地、田赋统计》,上海人民出版社 1980 年版。

上海社会科学院经济研究所编:《英美烟草公司在华企业资料汇编》,中华书局 1983 年版。

《申报》、《东方杂志》、《商务官报》、《食货》、《时务报》等。

三、人物文集

《曾国藩全集》,岳麓书社 1987 年版。

《李鸿章全集》,时代文艺出版社 1998 年版。

《郭嵩焘诗文集》,岳麓书社 1984 年版。

刘锡鸿:《刘光禄遗稿》,台北文海出版社 1988 年影印版。

苑书义等编:《张之洞全集》,河北人民出版社 1998 年版。

夏东元编:《郑观应集》,上海人民出版社,上册 1982 年版,下册

1988 年版。

　　冯桂芬:《校邠庐抗议》,中州古籍出版社 1998 年版。

　　马建忠:《适可斋记言》。《采西学议》,辽宁人民出版社 1994 年版。

　　王韬:《弢园文录外编》,辽宁人民出版社 1994 年版。

　　胡珠生编:《宋恕集》,中华书局 1993 年版。

　　赵树贵、曾丽雅编:《陈炽集》,中华书局 1997 年版。

　　汤志钧编:《康有为政论集》,中华书局 1981 年版。

　　张涛光编:《康南海经济科技文选》,广东高等教育出版社 1994 年版。

　　蔡尚思、方行编:《谭嗣同全集》(增订本),中华书局 1998 年印本。

　　王栻主编:《严复集》,中华书局 1986 年版。

　　周秋光编:《熊希龄集》,湖南出版社 1996 年版。

　　丁贤俊、喻作凤编:《伍廷芳集》,中华书局 1993 年版。

　　梁启超:《饮冰室合集》,中华书局 1989 年影印版。

　　郑大华点校:《新政真诠:何启、胡礼垣集》,辽宁人民出版社 1994 年版。

　　薛福成:《庸庵笔记》,江苏人民出版社 1983 年版。

　　薛福成著、蔡少卿整理:《薛福成日记》,吉林文史出版社 2004 年版。

　　丁凤麟、王欣之编:《薛福成选集》,上海人民出版社 1987 年版。

　　虞和平编:《经元善集》,华中师范大学出版社 1988 年版。

　　王茂荫:《王侍郎奏议》,黄山书社 1991 年版。

　　郭嵩焘:《郭嵩焘奏稿》,岳麓书社 1983 年版。

　　马昌华、翁飞点校:《刘铭传文集》,黄山书社 1997 年版。

　　王延熙、王树敏辑:《皇朝道咸同光奏议》。

　　盛宣怀:《愚斋存稿》。

　　张謇研究中心等编:《张謇全集》,江苏古籍出版社 1994 年版。

　　刘晴波主编:《杨度集》,湖南人民出版社 1986 年版。

　　虞和平、夏良才编:《周学熙集》,华中师范大学出版社 1999 年版。

王之春:《清朝柔远记》,中华书局 1989 年版。

《孙中山全集》第二卷,中华书局 1982 年版。

欧阳哲生编:《胡适文集》,北京大学出版社 1998 年版。

李秉新等校勘:《清朝野史大观》,河北人民出版社 1997 年版。

中共中央文献研究室编:《毛泽东文集》,人民出版社 1999 年版。

罗荣渠主编:《从"西化"到现代化——五四以来有关中国的文化趋向和发展道路论争文选》,北京大学出版社 1990 年版。

四、近人论著

罗荣渠:《现代化新论》,北京大学出版社 1993 年版。

章开沅、罗福惠主编:《比较中的审视:中国早期现代化研究》,浙江人民出版社 1993 年版。

罗荣渠:《现代化新论续篇》,北京大学出版社 1997 年版。

陈旭麓:《近代中国社会的新陈代谢》,上海人民出版社 1992 年版。

章开沅、朱英主编:《对外经济关系与中国近代化》,华中师范大学出版社 1990 年版。

罗玉东:《中国厘金史》,商务印书馆 1936 年版。

何烈:《厘金制度新探》,台北东吴大学出版社 1972 年版。

罗荣渠、牛大勇编:《中国现代化历程的探索》,北京大学出版社 1992 年版。

许纪霖等主编:《中国现代化史》,上海三联书店 1995 年版。

罗荣渠、董正华编:《东亚现代化:新模式与新经验》,北京大学出版社 1997 年版。

丁弘主编:《发达国家的现代化道路》,北京大学出版社 1999 年版。

钱乘旦等:《世界现代化进程》,南京大学出版社 1997 年版。

陈晓律:《世界各国工业化模式》,南京大学出版社 1997 年版。

姚志学主编:《中国和其他发展中国家现代化之比较》,湖北人民出版社 1993 年版。

张国辉：《洋务运动与中国近代企业》，中国社会科学出版社1979年版。

夏东元：《洋务运动史》，华东师范大学出版社1992年版。

汪敬虞：《十九世纪西方资本主义对中国的经济侵略》，人民出版社1983年版。

严中平：《中国棉纺织史稿》，科学出版社1955年版。

彭泽益：《十九世纪后半期的中国财政与经济》，人民出版社1983年版。

汤象龙：《中国近代财政经济史论文选》，西南财经大学出版社1987年版。

马敏、朱英：《传统与近代的二重变奏》，巴蜀书社1993年版。

罗福惠：《湖北通史·晚清卷》，华中师范大学出版社1996年版。

马敏：《过渡形态：中国早期资产阶级构成之谜》，中国社会科学出版社1994年版。

朱英：《晚清经济政策与改革措施》，华中师范大学出版社1996年版。

周育民：《晚清财政与社会变迁》，上海人民出版社2000年版。

侯厚吉、吴其敬主编：《中国近代经济思想史稿》，黑龙江人民出版社，第二册1983年版，第三册1984年版。

葛剑雄主编：《中国移民史》，福建人民出版社1997年版。

马敏：《官商之间：社会剧变中的近代绅商》，天津人民出版社1995年版。

朱英：《转型时期的社会与国家》，华中师范大学出版社1997年版。

许涤新、吴承明主编：《中国资本主义发展史》第二卷，人民出版社1990年版。

陆仰渊、方庆秋主编：《民国社会经济史》，中国经济出版社1991年版。

严昌洪：《在商业革命的大潮中》，华中理工大学出版社1997年版。

张后铨主编:《招商局史(近代部分)》,人民交通出版社 1988 年版。

当代中国丛书编辑部:《当代中国财政》,中国社会科学出版社 1988 年版。

金碚:《中国工业化经济分析》,中国人民大学出版社 1994 年版。

张海鹏、王延元主编:《徽商研究》,安徽人民出版社 1995 年版。

杜恂诚:《民族资本主义与旧中国政府》,上海社会科学院出版社 1991 年版。

张仲礼:《中国绅士》,上海社会科学院出版社 1991 年版。

林家有:《孙中山与中国近代化道路研究》,广东教育出版社 1999 年版。

薄一波:《若干重大决策与事件的回顾》(修订本),人民出版社 1997 年版。

马敏:《马敏自选集》,华中理工大学出版社 1999 年版。

徐鼎新、钱小明:《上海总商会史》,上海社会科学院出版社 1991 年版。

虞和平:《商会与中国早期现代化》,上海人民出版社 1993 年版。

袁伟时:《中国现代思想散论》,广东教育出版社 1998 年版。

刘小枫:《现代性社会理论绪论》,上海三联书店 1998 年版。

彭雨新:《清代土地开垦史》,农业出版社 1990 年版。

陈锋:《清代盐政与盐税》,中州古籍出版社 1990 年版。

李文海等著:《中国近代十大灾荒》,上海人民出版社 1994 年版。

汤在新主编:《近代西方经济学史》,上海人民出版社 1990 年版。

陈诗启:《中国近代海关史(晚清部分)》,人民出版社 1993 年版。

北京经济学院财政教研室:《中国近代税制概述》,北京经济学院出版社 1988 年版。

许毅等著:《清代外债史论》,中国财政经济出版社 1996 年版。

施正康:《困惑与诱惑》,上海三联书店 1999 年版。

萧功秦:《危机中的变革:清末现代化进程中的激进与保守》,上海三联书店 1999 年版。

关文斌:《文明初曙——近代天津盐商与社会》,天津人民出版社1999年版。

刘佛丁主编:《中国近代经济发展史》,高等教育出版社2001年版。

郑备军:《中国近代厘金制度研究》,中国财政经济出版社2004年版。

丁名楠等:《帝国主义侵华史》第二卷,人民出版社1986年版。

汪敬虞:《赫德与近代中西关系》,人民出版社1987年版。

夏良才主编:《近代中国对外关系》,四川人民出版社1995年版。

刘天纯:《日本现代化研究》,东方出版社1995年版。

冯天瑜:《"千岁丸"上海行——日本人1862年的中国观察》,商务印书馆2001年版。

朱荫贵:《国家干预经济与中日近代化》,东方出版社1995年版。

吴潜涛:《日本伦理思想与日本现代化》,中国人民大学出版社1994年版。

万峰:《日本资本主义史研究》,湖南人民出版社1984年版。

孙培均主编:《中印经济发展比较研究》,北京大学出版社1991年版。

严中平:《老殖民主义史话选》,北京出版社1984年版。

蒋孟引主编:《英国史》,中国社会科学出版社1988年版。

辜燮高等选译:《一六八九——一八一五年的英国》,商务印书馆1997年版。

伊文成、马家骏主编:《明治维新史》,辽宁教育出版社1987年版。

苏云峰:《中国现代化的区域研究:湖北省》,台北中央研究院近代史所1987年版。

王树槐:《中国现代化的区域研究:江苏省》,台北中央研究院近代史所1985年版。

李国祁:《中国现代化的区域研究:闽浙台地区》,台北中央研究院近代史所1982年版。

王尔敏:《清季兵工业的兴起》,台北中央研究院近代史所1978

年版。

张玉法:《近代中国工业发展史(1860—1919)》,台北桂冠图书有限公司1992年版。

五、西人(含日人)著述

斯当东:《英使谒见乾隆纪实》,上海书店出版社2005年版。

马士:《中华帝国对外关系史》,三联书店,第二卷1958年版;第三卷1960年版。

骆惠敏编:《清末民初政情内幕》,知识出版社1986年版。

亚当·斯密:《国富论》,华夏出版社2005年版。

亨特:《旧中国杂记》,广东人民出版社1992年版。

布罗代尔:《十五至十八世纪的物质文明、经济和资本主义》,三联书店1993年版。

费正清主编:《剑桥中国晚清史》,中国社会科学出版社1985年版。

布莱克编:《比较现代化》,上海译文出版社1996年版。

罗兹曼主编:《中国的现代化》,江苏人民出版社1995年版。

阿历克斯·英格尔斯等:《人的现代化》,四川人民出版社1985年版。

亨廷顿:《变化社会中的政治秩序》,三联书店1989年版。

亨廷顿:《文明的冲突与世界秩序的重建》,新华出版社1999年版。

亨廷顿编:《现代化——理论与历史经验的再探讨》,上海泽文出版社1993年版。

马克斯·韦伯:《新教伦理与资本主义精神》,三联书店1987年版。

何炳棣:《明初以降人口及其相关问题:1368—1953》,三联书店2000年版。

佩雷菲特:《停滞的帝国——两个世界的撞击》,三联书店1993年版。

古德诺:《解析中国》,国际文化出版公司 1998 年版。

李提摩太:《亲历晚清四十五年——李提摩太在华回忆录》,天津人民出版社 2005 年版。

郑曦原编:《帝国的回忆:〈纽约时报〉晚清观察记》,三联书店 2001 年版。

花之安:《自西徂东》,上海古籍出版社 2002 年版。

王业键:《清代田赋刍论(1750—1911)》,人民出版社 2008 年版。

滨下武志:《中国近代经济史研究:清末海关财政与通商口岸市场圈》,江苏人民出版社 2008 年版。

李明珠:《中国近代蚕丝业及外销》,上海社会科学院出版社 1996 年版。

霍夫享兹、柯德尔:《东亚之锋》,江苏人民出版社 1995 年版。

任达:《新政革命与日本——中国,1898—1912》,江苏人民出版社 1998 年版。

依田熹家:《日中两国现代化比较研究》,北京大学出版社 1997 年版。

楫西光速等:《日本资本主义的发展》,商务印书馆 1963 年版。

升味准之辅:《日本近代史》,商务印书馆 1997 年版。

安冈昭男:《日本近代史》,中国社会科学出版社 1996 年版。

费正清、赖肖尔:《中国:传统与变革》,江苏人民出版社 1996 年版。

黄仁宇:《资本主义与二十一世纪》,三联书店 1997 年版。

黄仁宇:《放宽历史的视界》,中国社会科学出版社 1998 年版。

孔飞力:《叫魂:1768 年中国妖术大恐慌》,上海三联书店 1999 年版。

黄宗智:《长江三角洲小农家庭与乡村发展》,中华书局 1992 年版。

孙普逊:《中世纪晚期欧洲经济社会史》,商务印书馆 1996 年版。

保尔·芒图:《十八世纪产业革命》,商务印书馆 1983 年版。

费正清:《美国与中国》(第四版),世界知识出版社 1999 年版。

费尔南·平托等著：《葡萄牙人在华见闻录》，奥门文化司署等1998年版。

克拉潘：《现代英国经济史》，商务印书馆，上卷1964年版，中卷1975年版。

肯尼思·O.摩根主编：《牛津英国通史》，商务印书馆1993年版。

陈锦江：《清末现代企业与官商关系》，中国社会科学出版社1997年版。

莱特：《中国关税沿革史》，三联书店1958年版。

费正清编：《剑桥中国晚清史》，中国社会科学出版社1985年版。

托马斯·莫尔：《乌托邦》，商务印书馆1982年版。

波梁斯基：《外国经济史》（资本主义时代），三联书店1962年版。

摩尔：《民主和专制的社会起源》，华夏出版社1987年版。

诺曼：《日本维新史》，商务印书馆1962年版。

费维恺：《中国早斯工业化》，中国社会科学出版社1990年版。

福泽谕吉：《文明论概略》，商务印书馆1959年版。

远山茂树主编：《近代日本思想史》第二卷，商务印书馆1991年版。

福泽谕吉：《福泽谕吉自传》，商务印书馆1980年版。

安德鲁·韦伯斯特：《发展社会学》，华夏出版社1991年版。

尼克松：《1999：不战而胜》，世界知识出版社1989年版。

六、今人论文

彭泽益：《论鸦片战争赔款》，《经济研究》1962年第12期。

汪敬虞：《威厚阔、李德立与裁厘加税》，《中国社会经济史研究》1990年第4期。

徐鼎新：《1902年在上海举行的中英"商约"谈判》，《社会科学》1983年第11期。

《清末财政状况恶化对社会的影响》，《中国财经报》1999年6月11日。

《"厘金"的弊害及费税改革》，《中国财经报》1999年6月18日。

杨华山:《略论晚清内外债的发生及其作用》,《贵州社会科学》2001 年第 4 期。

杨华山:《厘金与晚清早期现代化——湖北个案研究》,《江汉论坛》2002 年第 7 期。

杨华山:《中国早期现代化建设的二难困境——晚清专利与官利制度述评》,《安徽史学》2002 年第 2 期。

杨华山:《论中国近代早期改良派的"裁厘加税"思想》,《辽宁大学学报》2002 年第 1 期。

杨华山:《论晚清"裁厘统捐"与"裁厘认捐"的尝试及夭折》,《史学月刊》2004 年第 2 期。

杨华山:《论晚清资本原始积累的失误》,《江海学刊》2004 年第 6 期。

汪敬虞:《威厚阔、李德立与裁厘加税》,《中国社会经济史研究》1990 年第 4 期。

龙登高:《商人资本向生产领域渗透的历史进程》,《云南社会科学》1998 年第 4 期。

王翔:《从"裁厘认捐"到"裁厘加税"》——清末民初江苏商民的两次重要斗争》,《近代史研究》1988 年第 3 期。

张海林:《张謇与清末江苏裁厘认捐活动》,《江苏社会科学》1995 年第 6 期。

申义植:《试论张謇关于厘金税的思想》,《江海学刊》1996 年第 6 期。

夏明方:《中国早期工业化阶段原始积累过程的灾害史分析》,《清史研究》1999 年第 1 期。

朱荫贵:《论晚清新式工商业对政府的报效》,《中国经济史研究》1997 年第 4 期。

朱荫贵:《引进与变革:近代中国企业的官利制度分析》,《近代史研究》2001 年第 4 期。

彭泽益:《清代财政管理体制与收支结构》,《中国社会科学院研究生院学报》1990 年第 2 期。

陈锋:《清代财政支出政策与支出结构的变动》,《江汉论坛》2000年第5期。

俞志生:《晚清"厘金"起源新探》,《学术研究》1992年第6期。

吴钦缘:《晚清"十年专利"的产生及其法律特征》,《研究与发展管理》第12卷第4期。

黄文模等:《晚清厘金制产生的年代及其社会危害研究》,《现代财经》2000年第3期。

朱树谦:《浅议厘金产生的必然性和偶然性》,《扬州大学税务学院学报》1997年第4期。

刘增合:《清末印花税的筹议与实施》,《安徽史学》2004年第5期。

刘梅英:《厘金制度和子口税制度比较浅析》,《学术论坛》1998年第4期。

李永春:《郭松焘与晚清厘金》,《史学月刊》2001年第3期。

袁成毅:《南京国民政府三次"裁厘"述评》,《民国档案》1998年第2期。

丁巧林:《关于社会主义资本原始积累的若干问题》,《贵州师范大学学报》1999年第3期。

后　记

　　本书是在 2000 年 6 月通过的博士学位论文的基础上修改增补而成的,原题目是《中国早期现代化建设的二难选择——晚清"裁厘加税"研究》。

　　1997 年硕士毕业后,我有幸继续在华中师范大学历史研究所(现中国近代史研究所)攻读博士,师从章开沅、马敏、朱英诸位老师,从事中国近现代社会经济史的学习与研究,论文写作还得到了罗福惠、严昌洪、陈锋、皮明麻、吴剑杰以及周育民等老师的指导。在此特向各位老师表示衷心感谢。

　　论文答辩通过至今已逾 11 年了,期间博士研究生队伍不断壮大,以博士学位论文为基础的学术著作也不断涌现。我之所以拖了十几年才出版,有多方面的因素,重要原因之一就是当初论文篇幅不长,而自己又一贯懒散,难有集中的时间进行较大幅度的修改增订。还有一个原因就是我也想用时间来检验一下我的学术观点。马敏老师在本书"序"中提到"一本学术专著的写成到出版应当有一个适当长的周期"。在此方面,我们师生达成了某种程度的默契。

　　说到论文的篇幅,时下很多博士论文、学术著作动辄三四十万言,甚或上百万言乃至多卷系列,我很美慕与佩服这些作者的写作能力。大家都在强调学术创新,也都知道创新殊非易事。正如章开沅老师 1998 在我们的开题报告会上所说:"不要动言填补学术空白,哪有那么多学术空白让你来填补,能做一点补充完善的工作就不错了!"循此原则,我在做论文时尽量"自说自话"而少说费话,别人说过的我大都一笔带过以为佐证,并在注释中说明来源以资查验。如关于清末江苏的"裁厘认捐"是论文的重要内容,本应加大分量,但已有多位学者如马敏、王翔、张海林、申义植等做了较深入研究,如果我再过多重复他人的研究并无新意,无非是增加了论文的篇幅。为此我在文中只说了一句"关于清朝末年江苏的裁厘认捐活动,史学界已有多篇论文论及此事,兹不赘述",再以注释的方式标示了相关研究成果的信息。如此一来,论文自然不够"厚重",答辩时只有12万字,不便出版。

论文、著作的字数不等于学术质量,这是常识。近年来学术不端与学术腐败现象日益引起社会的关注,甚至一些著名学者、各方领导也卷入其中。剽窃与抄袭别人成果、他人代写代为、买卖及其他方式交易文凭等等固然是学术腐败,但大量地重复他人成果以凑成"厚重",即使有些注明了出处,也应该是学术不端、学风不正。我曾当过10年的高校科研管理负责人,对各种学术腐败与不端现象有更深地体认。反对、打击学术不端与腐败行为是各界共识,但仅就学术谈学术是远远解决不了问题的。我们自中学政治课上就开始接受马克思主义唯物辩证法的教育,如事物是联系的、不能静止孤立地看问题等等,但在处理很多问题时,我们常常又恰好犯了"头疼医头,脚疼医脚"的形而上学的毛病。学术界从来不是孤立的学术界,"打假斗士"方舟子被打就充分说明了仅在学术界反学术腐败只是扬汤止沸。现年39岁的德国前国防部长古滕贝格虽然是德国最受欢迎的政界明星之一,但他的博士论文被曝大量引用他人文章而未注明出处,存在严重抄袭现象,今年2月被母校拜罗伊特大学取消博士学位,不久迫于压力只得宣布辞去国防部长职务。

本书的核心内容在博士学位论文中即已有了较充分地阐释,后来除校对了一些错误外,主要是微调结构、充实资料和增补论述,以使全书更趋饱满与透彻。初略地看,本书结构似嫌散漫,但细读会感到散漫之中有关联,形散而神未散,其间的关联点即在于厘金与晚清早期现代化建设资本原始积累的关系。

其实,书中部分章节在2000年以后陆续以论文的形式在《史学月刊》、《江汉论坛》、《江海学刊》、《贵州社会科学》、《安徽史学》等期刊上发表,这也是对我学术观点的检验。本书的出版不敢说填补了什么空白,能做到如章开沅老师所说的"补充与完善"就很庆幸了。无论学术观点成立与否,在厘金与中国早期现代化建设的研究问题上,本书及相关论文应该在学术界留下了些许印迹,不确之处,请学界方家正之。

感谢马敏老师在百忙之中为本书写"序"及其鼓励,感谢人民出版社的马长虹先生为本书出版所付出的辛苦劳动,感谢指导与支持我工作和学术研究的众多师友,感谢所有关心我的人。

按照贯例,学位论文、学术著作等的后记一般都要感谢家人。我曾以为这是俗套,但既然我本俗人,索性一俗到底,多说几句吧。

我的母亲是一位大别山的农村妇女。她以她特有的勤劳、刚强与坚韧支撑起一个贫穷却不失温馨的家,历经风雨,趟过苦难,将我们兄弟四人养育成人,其中两兄弟在上世纪 80 年代初考上大学成为当年的一方美谈。虽然生活的艰难使我们很早就领略了人生百味,但如果没有母亲,无法想象我们会漂向何方。长年的劳累使她老人家有生以来首次大病住院,今年 68 岁的生日也在病床上度过。近些年来,交通越来越便捷,回家却越来越稀少……

我的妻子也是一位大学教师。她做事认真,心直口快,嫉恶如仇,热心助人却时常换来不愉快的结局。结婚近 20 年,我们别离的岁月多于聚集的时光。除了她自己的学习与工作外,操持家务、教养女儿基本上是她一个人承担。如果没有她,我不可能顺利地从硕士到博士再到博士后出站,而我回报于她的却少有欣喜而多是遗憾,甚至到现在仍不能给她一个真正安定的家,"百无一用是书生"……

我的女儿是 90 后。她既有中国独生子女的某些通病,更有勤奋好学、朴实节俭、善良正直的优秀品质,尤爱读书并惜书。幼年时曾因亲见杀死小鱼的情景而不忍落泪,上学前班曾因掉车而摸黑独自步行十多里路回家,小学时曾带领几位小朋友做环保义务劳动。今年她高中毕业,即将进入大学。我为她骄傲,同时也很惭愧未能很好地履行一个父亲的职责,转眼间她长大了……

谨以此书献给我的母亲、妻子和女儿三位不同时代的平凡女性,衷心祝愿她们健康、平安、幸福!

杨华山

2011 年 6 月 20 日凌晨